Else Lasker-Schüler:
Die Wupper
und andere Dramen



Deutscher
Taschenbuch
Verlag

Von Else Lasker-Schüler
ist außerdem im Deutschen Taschenbuch Verlag erschienen:
Helles Schlafen – dunkles Wachen (1616)

September 1986
Deutscher Taschenbuch Verlag GmbH & Co. KG,
München
Mit freundlicher Genehmigung des Kösel-Verlags, München, entnommen aus: Gesammelte Werke in drei Bänden, Bd. 2, Prosa und Schauspiele, hrsg. v. Friedhelm Kemp, 1962; IchundIch. Eine theatralische Tragödie, hrsg. u. mit einem Nachwort versehen von Margarete Kupper, 1980 (s. a. Editorische Notiz zur Taschenbuchausgabe, S. 350)

Umschlaggestaltung: Celestino Piatti unter Verwendung des Selbstporträts von Else Lasker-Schüler vom Einband der Ausgabe der ›Wupper‹ aus dem Jahre 1919 (Verlag Paul Cassirer, Berlin)
Gesamtherstellung: C. H. Beck'sche Buchdruckerei, Nördlingen
Printed in Germany · ISBN 3-423-10647-6

## Das Buch

Über ›Die Wupper‹ sagte Heinrich Böll: »Ein Stück ... voll Dunkelheit, dunklen Humors, Verhängnis, Untergang, auf diese Stadt geschrieben, für sie geschrieben von ihrer großen Tochter, ein Stück voller Poesie und Schmutz, voller Hoffnung auch.« Als Peter Handke ›Arthur Aronymus und seine Väter‹ zum erstenmal aufgeführt sah, war er tief beeindruckt: »Else Lasker-Schüler macht dem Zuschauer die Dramaturgie des Massenmordes deutlich, indem sie für seine Darstellung die Dramaturgie des Weihnachtsmärchens verwendet.« ›IchundIch‹ wurde erst 1979 uraufgeführt. Armin Juhre schrieb darüber: »Else Lasker-Schülers dramatischer Anschlag auf den ›größten Feldherrn aller Zeiten‹ ist wahrlich von besonderer Art. Sie zeigt in einer politischen Faust-Variation, wie Hitler auch noch die Hölle erobern will. Das geht selbst Mephisto zu weit, er verbündet sich mit Gott – gegen Hitler. Welcher der vielen deutschen emigrierten Schriftsteller hat sich je zu solcher Kühnheit aufgeworfen?«

## Die Autorin

Else Lasker-Schüler wurde am 11. Februar 1869 als Enkelin des Oberrabbiners von Nordrhein-Westfalen und Tochter eines Bankiers in Wuppertal-Elberfeld geboren. Ihre ersten Gedichte erschienen 1899. 1932 wurde sie mit dem Kleist-Preis ausgezeichnet. Sie lebte lange Jahre in Berlin, war in den literarischen Cafés zu Hause und traf mit vielen Künstlern und Schriftstellern ihrer Zeit zusammen. 1933 mußte sie emigrieren; sie starb am 22. Januar 1945 in Jerusalem und liegt am Ölberg begraben.

Else Lasker-Schüler:
Gesammelte Werke in acht Bänden

Gedichte 1902–1943 (10641)
Mein Herz (10642)
Der Malik (10643)
Der Prinz von Theben und andere Prosa (10644)
Konzert (10645)
Das Hebräerland (10646)
Die Wupper und andere Dramen (10647)
Verse und Prosa aus dem Nachlaß (10648)

Auch als Kassette (5927)

# DIE WUPPER

*Schauspiel in fünf Aufzügen*

*Personen*

FRAU CHARLOTTE SONNTAG, Fabrikbesitzerin

| | |
|---|---|
| HEINRICH<br>EDUARD<br>MARTA | ihre Kinder |

DR. JUR. BRUNO VON SIMON

GROSSVATTER WALLBRECKER

AMANDA PIUS, seine Tochter

CARL PIUS, sein Enkel

MUTTER PIUS, Carls Großmutter väterlicherseits

| | |
|---|---|
| DER PENDELFREDERECH<br>LANGE ANNA<br>DER GLÄSERNE AMADEUS | drei Herumtreiber |

AUGUST PUDERBACH, Färber

LIESCHEN, sein Schwesterchen

GRETE STOMMS, Lieschens Freundin

WILLEM, Zuhälter, ehemaliger Weber

ROSA, die Riesendame

DIE HERREN MIT DEN GRAUEN ZYLINDERN

| | |
|---|---|
| AUGUSTE<br>BERTA | Dienstboten im Hause Sonntag |

Fabrikarbeiter, Fabrikarbeiterinnen, Herumtreiber, Kroatenjungen, Jahrmarktleute, Kinder usw.

*Der erste und vierte Aufzug spielen im Arbeiterviertel, der zweite im Garten vor einer Villa, der dritte auf dem Jahrmarkt, der fünfte in einer Art Gartenzimmer derselben Villa. Die Schlußverwandlung des fünften Aufzuges spielt im Arbeiterviertel.*

## *Erster Akt*

*Arbeiterviertel einer Fabrikstadt im Wuppertale. Hintergrund bergiger Wald. Links im Tal fließt ein schmaler Wupperarm, nach hinten in einer Biegung auslaufend. Über den Fluß führt eine Brücke zu einem Weg, an dem Pius' zerfallenes, einstöckiges Häuschen liegt. Rechts hinten ein Gäßchen mit hohen, alten, schmutzigen Arbeitermietshäuschen. Im ersten, nur noch halbsichtbaren Hause wohnen im obersten Stockwerk Puderbachs.*
*Links von der Wupper eine Wiese – in der Ferne sieht man dampfende Schornsteine von Fabriken und andere Häuser usw.*
*Vor Pius' Häuschen steht eine Bank, neben dieser ein breiter Strauch. Vor einem Steg, der im Hintergrund in den Wald führt, brennt eine alte Laterne, die während des ersten Aufzuges langsam erbleicht.*

*Großvatter Wallbrecker; Carl Pius; Frau Amanda Pius; Mutter Pius; Lieschen Puderbach; August Puderbach; der Pendelfrederech; Lange Anna; der gläserne Amadeus; zwei Helfershelfer; Kroatenjungen.*

GROSSVATTER WALLBRECKER: Hör auf dein alten Großvatter, Carl, schmeiß den Gelehrtenkrams beis Gerömpel. Du bist man so recht was für'n Meister, Gesellen müßt de unter dein Kommando hab'n.

CARL: Laß mich man erst Pastor sein, Großvatter, dann werden die Meister meine Gesellen.

GROSSVATTER WALLBRECKER: Und das Liesken drüben sollst du doch frein.

CARL *(überlegen wie zu einem Kind)*: Die heirat mich um so lieber.

GROSSVATTER WALLBRECKER: Fünfundzwanzig Jahr hab ich mit dem Liesken sein Großvatter am Webstuhl gesessen, und doch war das Leichentuch zu klein für uns zwei. – *(Pause)* – Es nimmt en Pastor schon, aber, zum gelehrten Mann gehört en feines Weib un zum Pastor eine Pastorin – un der alte Großvatter gehört auch nicht rein ins Treibhaus!

CARL: 'nen bequemen Sorgenstuhl kauf ich dir, Großvatter, auf einem weichen Polster sitzt du und tust den ganzen Tag nix andres wie schlafen, spazierengehen und schmöken. Was sagst de dazu, Vatter Wallbrecker?

GROSSVATTER WALLBRECKER: Mit die Kaplans komm ich in Kollektion, daß Vatter Wallbreckers Enkelsohn Pastor is, sie haben mich schon das Haus eingelaufen wegen dein Vater sein lutherschen Glaubens.

CARL: An was du alles denken tust.

GROSSVATTER WALLBRECKER: Tum Tingelingeling, Carl, die alte Truthenne hat auch dein Vater immer in die Ohren gelegen. Ein fleißiger Färber wars; *(zeigt auf das Wasser der Wupper)* da rinnt sein Blut. – Fällt dem mit einmal ein, er taugt für die Arbeit nich mehr, un giftig is er geworden auf sein Herrn und seine Gemahlin. Aufgeblasen war se ja man mit die seidene Röck, aber en Hochmut darf sie ja hab'n bei so viel Geld. Am hellen Tag auf dem Marktplatz hat er ihren adeligen Bloßen verhaun.

CARL: Das hat dir woll großen Kummer gemacht, Großvatter, weil du es nicht vergessen kannst.

GROSSVATTER WALLBRECKER: Tum Tingelingeling, ein Jahr hab'n sie ihm für seine Missetat ins Loch gesteckt.

*Carl Beileid bezeugend.*

GROSSVATTER WALLBRECKER: Er war ja sonst ein ehrlicher Arbeiter gewesen. *(Carl nickt.)*

GROSSVATTER WALLBRECKER: Un die alte Truthenne hat ihm bald besucht. Mit ihre Quacksalben hat sie eine feine Madame den Brand an de Waden geschmiert. Siehst de, Carl, un nu meint Amanda, dir steckt man auch mal rein wie dein überdrüssiger Vatter und deine studierte Großmutter.

CARL: Die Zeiten hab'n sich geändert, Großvatter.

GROSSVATTER WALLBRECKER: Siehst de, da hab'n wirs, bald denkst de auch an dein alten Großvatter Taback nich mehr *(Kindlich schlau)*.

CARL: Laß man gut sein.

GROSSVATTER WALLBRECKER: Wie alt bist de nu, Jung! Puderbachs Aujust bringt schon zehn Taler nach Haus. Da läuft er mit seine Schwester, wie mit sein Schatz.

*Man sieht beide geschwisterlich vom Wald heimwärts kommen.*

CARL: Und ich werd das Dreifache verdienen, laß mich man Zeit, bin ich erst Pastor, tust de alle Tage dein Leibgericht knappern.

GROSSVATTER WALLBRECKER *(bedenklich)*: Wenn es de alte Truthenne mich nich auffressen tut.

CARL: Die bleibt hier an der Wupper in ihr Haus wohnen.

GROSSVATTER WALLBRECKER: Und du willst in de fremde Residenz predigen? Tum Tingelingeling, in die luthersche Lutherkirche hier mußt de von de Kanzel herunter auf all die reichen Muckerköppe brüllen. *(Kleine Pause)* Und ich werd auch auf meine alten Tag en Ketzer werden, wenn es not tut – dich zulieb, Carl. Ich hab das *(schlägt ein Kreuz)* doch verlernt *(weinerlich)*, wenn man so immer dran hängen tut.

CARL: Es ist schon spät, Großvatter, ich bring dich in de Klappe.

GROSSVATTER WALLBRECKER: Jung, Jung, Jung, wenn ich es erleben tu.

*Sie schreiten ihrem kleinen Häuschen zu; im Begriff einzutreten, umhalst hinterrücks den Großvatter Lieschen Puderbach, die ihrem Bruder vorangesprungen ist. Arbeiter sieht man in der Ferne und hört ihre rauhen Stimmen.*

GROSSVATTER WALLBRECKER: Was willst de vom Großvatter, kleines, leckeres Dier? Seh se dich mal an, Carl, die meint es mit dem alten Großvatter gut.

LIESCHEN *(vergnügt)*: Kriegst morgen zu dein Geburtstag 'ne neue Piepe von mich, ich hab dem Aujust seine kleine im blauen Sametetui weggekläut un sie Herr Stomms gebracht heut. Ich kann mich für sie eine *lange* aussuchen wie deine is, eine nagelneue, Großvatter, *(ganz hoch zu sprechen)* mit en Hirschkopf drauf.

GROSSVATTER WALLBRECKER *(freut sich wie ein Kind)*: Die meint es gut mit dem alten Großvatter, Carl. *(Er kitzelt Lieschen am nackten Hälschen.)* Ich klopf ihm auch immer, wenn der junge Herr Eduard kommen tut; was, Liesken?

*Lieschen schämt sich.*

GROSSVATTER WALLBRECKER *(blinzelt Lieschen vertraulich an)*: Er fragt mir immer nach es.

LIESCHEN *(altklug zu Carl)*: Herr Eduard sagt, ich wär seine Königsbraut.

CARL *(sagt, um etwas zu erwidern)*: Un mich willst de also nich heiraten.

GROSSVATTER WALLBRECKER: Tum Tingelingeling, er ist molz ein reichen Herr; was, Liesken?

LIESCHEN: Zwei große Bilder aus England, hat er gesagt,

bringt er mich mit hier – siehst de! siehst de! Ich glaub, er kömmt gleich dir besuchen, Carl.

CARL *(schiebt das Kind ungeduldig zur Seite):* Dein Bruder sucht dich, Liesken.

GROSSVATTER WALLBRECKER: Ein blaues Maul hat das Luder von'n Beerenfressen.

LIESCHEN: Kuck mal seine Nas an, Großvatter!!

GROSSVATTER WALLBRECKER: Die is man wie'n Affe seine gemalen.

LIESCHEN: Aujust, Aujust, wie siehst de aus!!!!

AUGUST *(blickt neidisch auf Carl):* Ich bin man bloß ein einfacher Färber, ich schäm mir nich, von Gottes Waldes Natur zu fressen; du, Großvatter Wallbrecker?

GROSSVATTER WALLBRECKER *(schüttelt mit dem Kopf):* Nä.

AUGUST: Du, Liesken?

*Carl stellt sich an einen Seitenbalken des Häuschens, die Arme verschränkt.*

LIESCHEN: Wenn de de Mutter fragen tust, August, ob ich die Tante noch ein bißchen waschen helfen darf, dann sag ich dich auch, wo deine kleine Piepe im blauen Sametetui is.

AUGUST: Sag!!

*Großvatter schüttelt hastig Lieschen mit dem Kopf zu. Lieschen lacht.*

AUGUST: Sag es doch, dummes Weib!!

LIESCHEN: Molz! Ich weiß es doch nicht.

*Großvatter und Lieschen lachen August aus, der in komischen Wendungen im Begriffe ist umzukehren, Lieschen verhindert es aber.*

LIESCHEN: Aujust, lieber Aujust, frag die Mutter, ja? Ich geb dich auch en Dicken.

AUGUST: Steck den Schmatz man in de Kiste, wenn de heiraten tust.

LIESCHEN: Meine Klümken und de Stange Süßholz kannst de dich nehmen aus Mutter ihre Kommode, Aujust.

FRAU AMANDA PIUS *(tritt ans offene Fenster, sie hat die letzten Worte Lieschens gehört)*: So en süßen Kater bist de, Aujust? Warum kömmst de eigentlich nich mehr beim Carl herüber?

*Mutter Pius tritt hinter Amanda ans Fenster.*

AUGUST: Bei so'n feinen Herr – nä, Frau Pius!

MUTTER PIUS: Was soll auch unser Carl mit so einen gemeinen Baumwollenfärber anfangen? *(August verzieht sich furchtbar komisch mit einem Katzenbuckel.)*

MUTTER PIUS *(zu Lieschen)*: Und du müßt schon in de Klappe liegen.

LIESCHEN *(etwas schüchtern auf Frau Amanda blickend)*: Ich will die Tante noch waschen helfen, daß se morgen dem Großvatter sein Leibgericht kochen kann.

MUTTER PIUS: Und hat kein Zahn im Maul.

LIESCHEN: Ich kann *doch* nicht schlafen bei so'n Mond, der guckt so rot wie Pendelfrederech sein ausgelaufen Aug.

FRAU AMANDA *(geheimnisvoll)*: Hast de das schon gesehen, Liesken?

LIESCHEN: Einmal hat er es mich und Gretchen Stomms gezeigt.

MUTTER PIUS *(zynisch)*: Un hast de sonst niks anderes in sein Keller gesehn, Liesken?

LIESCHEN: Ich hab immer bloß in sein runden, roten Mond geguckt.

MUTTER PIUS: Aber en wacker Mädchen bist de geworden; Amanda, guck mal, Brüst hat es schon, wie junge Salatköppe.

*Carl tritt aus seinem Winkel auf den Großvatter zu.*

GROSSVATTER WALLBRECKER: Carl, ich komm jetz.

*Mutter Pius tritt in die Stube zurück; Lieschen klettert durchs Fenster, Frau Amanda ist ihr dabei behilflich. Dann schließt sie das Fenster. Der Großvatter und Carl schlendern langsam ins Haus.*

GROSSVATTER WALLBRECKER: Nä, wie mich das alles aufregen tut – – –

CARL: Was denn?

GROSSVATTER WALLBRECKER: Mit deine Carliäre, Carl.

CARL: Schlaf man ruhig, Großvatter.

*Sie treten beide ins Häuschen. August schleicht aus seiner Gasse, umlauert das kleine Häuschen von Pius und versteckt sich vorsichtig zwischen Strauch und Bank. Unterdessen wird das Dachkämmerchen von einem matten Öllämpchen erleuchtet, das kleine Fenster ist halb geöffnet. Betrunkene Arbeiter passieren den Weg, fluchen, lachen usw. August gebärdet sich, da er durch den Lärm nicht zu hören glaubt, wie ein wütender Clown. Die Arbeiter biegen rechts in die Gasse ein. Man hört von oben Amandas Stimme.*

FRAU AMANDA: Vatter – – –

GROSSVATTER WALLBRECKER: Jjo – – –

FRAU AMANDA: So eilig hast de 's ja sonst nich, wach auf!!

GROSSVATTER WALLBRECKER: Was soll ich um Mitternacht, meine Tochter?

FRAU AMANDA: Was hat Carl gesagt?

GROSSVATTER WALLBRECKER: Was?

FRAU AMANDA: Was er gesagt hat. Du hast doch gesprochen mit ihm.

GROSSVATTER WALLBRECKER: Jjo, es is mich man so am Maul

vorbeigeschlichen, was für 'n schönen Posten der Aujust hat.

FRAU AMANDA: Un was sagt er drauf?

GROSSVATTER WALLBRECKER: Nä, er will nich, de Pastor spuckt ihm in Kopf herum.

*Drei Männer kommen langsam schweigend über die Brücke, der eine murrt unheimlich, es ist der Pendelfrederech, sein linkes, ausgelaufenes Auge bedeckt eine schwarze Klappe. Der zweite ist Lange Anna, der trägt eine Handharmonika an einem verschossenen Band um die Schulter. Der dritte ist der gläserne Amadeus, der nimmt vorsichtig Platz auf der Stufe, die von der Brücke zum Weg führt. Die beiden anderen setzen sich auf das Geländer der Brücke. August bückt sich tiefer unter den Strauch.*

*Währenddessen setzt oben das Gespräch fort.*

FRAU AMANDA: Du kannst nich kallen! Ich hab auch keine Lust mehr, den ganz Stall zu füttern.

GROSSVATTER WALLBRECKER: Gered' hab ich, ihr Weiber denkt woll, ihr habt allein en Schnabel, was? *(Frau Amanda heult.)* Laß das Heulen. *(Sie gluckst.)* Freuen tu ich mir doch auf Carl in Ornaments. *(Schlau kindlich)* Noch ein paar Jährkes, Amanda, meine liebe Tochter, dann kömmt der Lohn. Glaub dein alten Vatter.

*Er kräht noch einmal und schläfert.*

FRAU AMANDA: Die Pius hat an alles Schuld, hat se de Finger an mein Mann gehabt, soll se mein Jung zufrieden lassen.

GROSSVATTER WALLBRECKER *(aus dem Schlaf triumphierend):* Er wird se auch nich einladen zu sich in sein Filla neben Kaiser Wilhelm Schloßkirche.

FRAU AMANDA: Du träumst wohl?

*Sie schüttelt ihn ärgerlich, man hört das Bett krachen.*

GROSSVATTER WALLBRECKER: Alles präzise Wahrheit, Amanda, diesmal hat de alte Pius gut spekuliert.

*Kurze Pause.*

FRAU AMANDA: Seitdem du nich mehr zum Heiland beten tust, is alles so gekommen.

*Sie heult wieder.*

GROSSVATTER WALLBRECKER: Ich bet jeden Abend, meine liebe Tochter, ich lüg lieber, als daß ich mir nich bedanken tu für seine große Gnade.

*Leise singt die Türe.*

FRAU AMANDA: Kömm man herrein! – Liesken will dich gute Nacht sagen, Vatter, und denn kannst de schlafen meinetwegen.

*Man hört die Tür roh ins Schloß werfen.*

LIESCHEN: Großvatter, ich freu mir so auf deine neue Piepe; *(ganz hoch sprechend)* en Hirschkopf hat se!!

*Großvatter Wallbrecker lacht wie ein Kind.*

LIESCHEN: Klopfst de un pfeifst de mich, wenn er bei euch kömmt?

*Großvatter pfeift sehr gelungen.*

LIESCHEN: Dein dicken Zeh guckt ja aus de Federn heraus, Großvatter! Warte, ich deck dir zu wie 'n Wickelkind.

GROSSVATTER WALLBRECKER: Mach auch noch weiter das Fenster offen, ich leid an de Luft.

LIESCHEN *(öffnet das kleine Fensterchen ganz):* Aujust, hier bin ich.

*August fährt erschrocken in die Höhe und winkt ab.*

LIESCHEN: Ich komm jetzt runter; gute Nacht, Großvatter Wallbrecker!

GROSSVATTER WALLBRECKER *(halb schlafend):* Tum Tingelingeling, wenn ich noch so en jung Weib im Bett hab'n könnt.

*Lieschen ist im Nu unten.*

AUGUST *(tritt aus dem Versteck, Lieschen eilt zu ihm, August zu den Herumtreibern):* 'n Abend zusammen, kömmt ihr schon von de Arbeit?

LANGE ANNA *(hohe Weiberstimme):* Wo sonst her, alter Duckmäuser?

LIESCHEN: Amadeus, du blutest ja.

LANGE ANNA: Laß es man bluten aus de Nasenrinnen; was fängt er auch an, gescheit zu reden aus sein Traumbuch.

AMADEUS *(legt angstvoll die Hand aufs Herz):* Un en Sprung hat es abgekriegt, Liesken, es tröppelt immer.

LANGE ANNA: Laß ens lutschen ran.

AMADEUS: Seid man still: es gibt noch was hinter de Düsterkeit, wart man, wenn es erst Licht wird.

AUGUST *(steckt ein Streichholz an):* Hier hast de Licht, das können wir auch machen. *(Zu Lieschen)* Versteck de Visage in dein Schabbesdeckel, Lieschen, Frederech hat wieder sein Pendel raushängen.

*Frederech murmelt grausig.*

LIESCHEN: Ich hab so 'ne Angst, Aujust, wir wollen bei Mutter gehn.

LANGE ANNA: Bange Hippe!

AMADEUS *(mitleidig):* Es ist auch Zeit, macht euch nach Haus, so 'n kleines Balg gehört nicht mehr auf de Straße.

*Oben hüstelt der Großvatter. August und Lieschen biegen ins kleine Gäßchen ein und treten in ihr Haus.*

AMADEUS: Ich sag euch, lang mach ich so en Leben nich mehr mit. Pendelfrederech, was hast de von dein Leben?

PENDELFREDERICH *(grausig murmelnd):* Ich hab nix von's Leben, aber es hat mir zum Zeitvertreib.

LANGE ANNA *(höhnisch):* So ein verfaultes Zeitvertreib.

PENDELFREDERECH: Nix für seine feinglasierte Finger, aber wenn es einen en Schabernack spielen will, dann holt es mir aus seine Kiste *(murmelt böse).*

LANGE ANNA *(lacht):* Von de Türen rannten de Kochmamsells, und die Herzen fielen ihnen in de Buxen. *(Er klopft Pendelfrederech auf die Schulter und lacht noch höher auf.)* Mit dich mach ich oft so 'ne Opern.

AMADEUS: Und daß de Polizisten dich nich kriegen tun, Pendelfrederech.

LANGE ANNA: Die lachen selber.

AMADEUS: Wat hast de eigentlich von de Sauereien?

LANGE ANNA: Und guckst man immer so mit das eine Aug in dein Kopf rein?

PENDELFREDERECH: Rot seh ich immer, lauter Rot *(murmelt grausig).*

AMADEUS: De Mutter Pius, die hat en Mittel dafür. Aus dem Zuchthauskirchhof holt sie die Totenköpfe und reibt sie zu Zucker. *(Sie lachen alle drei. Carl tritt, leise vor sich hinpfeifend, aus dem Haus und setzt sich auf die Bank. Amadeus spricht ohne Pause weiter, ohne Carl zu bemerken.)* Mich kann se vielleicht auch helfen. *(Er legt die Hand zärtlich bange aufs Herz; er bemerkt plötzlich Carl.)* 'n Abend. *(Rührselig)* Es hat en Sprung gekriegt, es klirrt nur immer so drinn.

LANGE ANNA *(höhnisch):* Deine Großmutter will er konsultieren.

AMADEUS *(auf Frederech zeigend):* Dem soll se auch lebendig machen; wie en Spezialdoktor weiß se mit de Kastemännekens Bescheid; was, Carl?

CARL *(hochmütig und abweisend):* Sucht euch Arbeit, dann vergehen euch de Schrullen.

PENDELFREDERECH: Ich will nich reicher werden.

LANGE ANNA *(zu Carl)*: Tu man nich so aufgeblasen.

*Kroatenjungen kommen, sie heulen.*

AMADEUS: Was heult ihr so spät in der Nacht? Heulen könnt ihr noch morgen.

KROATENJUNGEN: Aben verkauft nich, garnich, Meister schlägt, tut weh – – –

LANGE ANNA *(zu Carl)*: Pastor kümmer dir um deine Gemeinde.

*Carl gibt sich eine abweisende Würde.*

AMADEUS: Laß man!

*Er faßt in seine Tasche. Die Kroaten gehen weiter.*

LANGE ANNA *(zu Carl)*: Was, du alter Geizkragen, du Kreuzverdreher, du Taschendieb. *(Er will in Carls Taschen fassen.)* Zeig uns ens das fremde Portemonnaie!

*Carl verrenkt mit wortloser Leidenschaft den Arm des Langen Anna. Der schreit furchtbar grell auf; Amadeus fällt zusammen; der Pendelfrederech nimmt ein kleines Metallpfeifchen aus der Tasche und pfeift. Geht dann stier, ohne den Erfolg abzuwarten, seines Weges und legt sich gegenüber dem Hause Puderbach am Ufer der Wupper nieder. Es nahen alsbald drei Helfershelfer aus der Umgegend, die glauben, da man Lange Anna seines kreischenden Heulens und Jammerns wegen nicht verstehen kann, es handele sich um Amadeus, und fluchen. – Mutter Pius tritt aus dem Häuschen.*

ERSTER HELFERSHELFER *(zeigt auf Amadeus)*: Wegen den übergeschnappten Pitter?

ZWEITER HELFERSHELFER: Pfeift uns der Stinkadores.

*Mutter Pius und Carl bringen Amadeus in ihr Häuschen.*

LANGE ANNA *(zeigt vergebens seinen Arm und nach Carl)*: Ein Mörder is er!

*Die drei Helfershelfer verstehen endlich, um was es sich handelt, drohen, zeigen Messer und werden sehr laut. Der Großvatter Wallbrecker tritt oben erschreckt ans Fenster.*

GROSSVATTER WALLBRECKER: Macht euch zum Teufel, ihr versoffene Nachteulen!

DIE DREI HELFERSHELFER: Johannes' Sohn is ein Mörder, soll sich noch mal sehen lassen.

LANGE ANNA *(kreischt wiederholend):* Ein Mörder, ein Mörder!

GROSSVATTER WALLBRECKER *(krähend):* Amanda, ruf den Carl bei mich. *(Er geht vom Fenster, man hört sein Bett knacksen, kräht schlaftrunken):* Meine Piepe will ich hab'n, *(in Lieschens Ton)* mit dem Hirschkopf drauf!

*Die Männer verziehen sich drohend, Lange Anna mit ihnen.*

GROSSVATTER WALLBRECKER *(leise):* Tum Tingelingeling – –

*Der Vollmond steht grell am Himmel, leise öffnet sich eines der Dachfenster im Arbeiterhause, in dem Puderbachs wohnen. Das kleine Lieschen steigt leise mit geschlossenen Augen im Nachthemdchen aufs Dach, macht einige Schritte zur Wupper hin, wo Frederech liegt, und steigt wieder zurück durchs Fenster. Pendelfrederech hebt sich bei dem Vorgang langsam auf Vieren und stiert gläsern nach dem Dach. Sozialdemokraten singen unterdessen, hoch am Wald vorüberziehend, vierstimmig ein sozialdemokratisches Lied, man hört die letzten Worte: »Denn unsre Fahn' ist rot.«*

*Ein blühender, gepflegter Garten mit Beeten und Rosensträuchern und im Hintergrund ein Springbrunnen auf einer kleinen, künstlich hergestellten Anhöhe; im Hintergrund ein Pavillon mit bunten Fenstern, den man kaum sehen kann. Rechts ein weinumrankter Treppeneingang, der in die alte Villa Sonntag führt. Links im Vordergrund ein Zelt mit Tisch, Bank und Stühlen. Zwischen Gartenzaun und Nachbarmauer zieht sich eine in die Stadt führende, schmale Gasse. An der Nachbarmauer ist ein Blechschild angebracht mit üblicher Warnung; aber es ist schon alt und ruiniert und seine Aufschrift unleserlich.*

*Frau Sonntag; Heinrich; Eduard; Marta, Carl Pius; Mutter Pius; Auguste und Berta; die drei Herumtreiber: Pendelfrederech, Lange Anna, der gläserne Amadeus.*

MUTTER PIUS: Lassen Se mir ihm zwischen de eurigen sehn, das freut so 'n altes Großmutterherz.

BERTA *(gnädig und geziert):* Unsere Frau ist auch so freundlich zu ihm und erst *(respektvoll)* der Herr Eduard.

MUTTER PIUS: Was Se sagen – aber, is er das vielleicht nich wert? In de Früh um fünf kömmt euer junger Herr und holt ihm aus dem Nest und frägt ihm hie und da wegen dem Examen.

BERTA *(schnippisch):* So klug ist der Carl?

MUTTER PIUS *(überlegen):* Wann er *mein* Enkelsohn ist?

*Berta lacht vorlaut. Sie will Mutter Pius verlassen, stellt das Tablett mit dem Abendgeschirr auf die Bank – die Servietten vergeßlich unter dem Arm haltend.*

MUTTER PIUS: Hab'n Se 's so eilig, Berta, sonst verzählen Se sich doch so gern mit mich?

BERTA: Ich habe keine Zeit.

MUTTER PIUS: Sie haben wohl den Kopf vom Schatz voll?

BERTA: Wer sagt Ihnen, daß ich einen Schatz habe?

*Berta pflückt sich eine Kamille vom Beet und läßt dabei zwei Servietten fallen.*

MUTTER PIUS: Wer das sagt? Raten Sie ens! – Die Karten.

*Berta stemmt neugierig die Hände in die Seiten. Mutter Pius hebt die zwei herabgefallenen Servietten auf und liest wohlgefällig den Namen auf dem Serviettenring.*

MUTTER PIUS *(zu sich)*: Wie en Kind im Haus – – –

BERTA *(schmeichlerisch)*: Na, was sagen denn die Karten all, Mutter Pius?

MUTTER PIUS *(läßt Berta ein bißchen zappeln)*: Das möchten Sie wohl wissen, Berteken?

*Berta nickt geziert.*

MUTTER PIUS: Dein Schatz wird dich untreu, aber eine weite Reise machst de übern Ozean, und ein reichen Millionär lernst de kennen.

BERTA: Donnerstag! *(Verwundert)* Unser Fräulein hat mir zwei Nächte hintereinander im Schiff gesehen.

MUTTER PIUS: Siehst de!!

BERTA: Aber zu Auguste haben Sie am Sonntag gesagt, mein Schatz wär ein robuster Mann mit einem Schnauzbart.

MUTTER PIUS: Ich hab das gesagt? Laß mir ens besinnen – –

BERTA *(geziert)*: Aber er ist von kleiner Statur und trägt einen hellen Spitzbart.

MUTTER PIUS *(weissagend, komisch)*: Un adlig is er.

BERTA: *Donnerstag! (Verwundert.)*

MUTTER PIUS: Das dumme Weib, geärgert hat sie sich, daß der Coeurkönig nich bei ihm lag und es zwanzig Jahr auf einen warten muß. Un da hat es dir vor Neid angeschmiert. Nä, Berteken, daß de so dumm bist!

BERTA: Ich werd's der besorgen!

MUTTER PIUS: Laß man, es is ja en arm Dier mit sein scheeles Aug und seine schiefe Schultern, laß man, Berteken.

AUGUSTE *(steht im Seitengang, der aus der Küche in den Garten führt. Zu Berta):* Wo bleiben Se denn?

*Mutter Pius gewahrend, eilt sie zu ihr.*

MUTTER PIUS *(zu Berta):* Ich hab auch de Madame schon rufen hören.

*Berta geht geziert ins Haus. Mutter Pius nähert sich gewandt dem Pavillon, bückt sich, um durch die Ritzen besser sehen zu können.*

MUTTER PIUS *(zu Auguste):* Ich habe ihm nur durch die Ritzen gesehen, ich muß mir jetzt beeilen; das Liesken von Puderbach hat de Windpocken.

AUGUSTE: Was se nich alles verstehen! *(Glotzäugig, gläubig.)*

*Mutter Pius nimmt ihr Körbchen am Arm und reicht Auguste die Hand.*

AUGUSTE: Hab'n Se denn unsere Frau schon gesprochen?

MUTTER PIUS: Das sehen Se doch an de schmierige Spitzen *(aufs Körbchen weisend).*

AUGUSTE *(glotzäugig, gläubig):* Was Se nich alles verstehn!

MUTTER PIUS: Alles muß man verstehen, das Feinste und das Gröbste.

*Auguste schüttelt bewundernd den Kopf. Mutter Pius wendet sich geringschätzend und diabolisch lachend noch einmal zu Auguste herum.*

MUTTER PIUS: Hab'n Se molz en flotten Kerl gefunden, trotz de Karten?

AUGUSTE: Nä, leider nich, Eure Karten sind reine Teufels, Mutter Pius.

MUTTER PIUS: Kommen Se doch ens wieder bei mich, vielleicht kriegen wir Gewalt über den Zauber, Auguste.

AUGUSTE: Wenn ich mich erlauben darf.

*Man hört Husten aus dem Pavillon; sie horchen beide erschreckt nach der Richtung.*

AUGUSTE: Das is Herr Eduard nich, das is de Marta, die guckt zu lang in de Nacht aus 'en Fenster.

MUTTER PIUS *(lauernd)*: Euer Fräulein soll ens lieber schlafen.

AUGUSTE: Sie möcht auch von Euch de Karten gelegt haben.

MUTTER PIUS *(freudig)*: Eine Gräfin war bei mich.

AUGUSTE *(sie anstaunend)*: Wenn Se 's nich wieder sagen, zeig ich Euch ne neumodsche Photographie von de Marta – splitternackt, wie's erste Weib unterm Baum.

*Frau Sonntag und Heinrich treten unbemerkt aus dem Haus.*

MUTTER PIUS: Du hältst die Mutter Pius wohl für dumm?

AUGUSTE: Ihre Freundin, das Fräulein Oberbürgermeister, hat se so abgenommen. –

MUTTER PIUS: Lauf wacker! *(Auguste eilt fort durch die Seitentür, Mutter Pius ruft ihr nach)*: Ich leg dich auch fein die Karten, Auguste – – –

*Mutter Pius bemerkt die Kommenden, Heinrich nähert sich dem Zaun und nimmt von einer Frau die Abendzeitung entgegen, drückt ihr flüchtig ein Geldstück in die Hand, indessen Frau Sonntag zum Zelt schreitet.*

MUTTER PIUS *(gewandt)*: Verzeihen Se, Ma'm Sonntag, daß ich noch hier stehn tu, ich wollt mein Enkelsohn Addjüß sagen.

*Frau Sonntag nickt freundlich herablassend und geht*

*rechts, die Rosen betrachtend, weiter. Mutter Pius kommt auf Heinrich zu, klopft ihm vertraulich auf die Schulter.*

HEINRICH: Schockschwerenot, Frau Pius, wie geht es Euch bei den schlechten Zeiten?

MUTTER PIUS: Davon wissen Sie doch nix, Herr Heinrich.

HEINRICH: Un immer jünger werden Se.

*Berta tritt aus dem Haus, den Tisch zu decken.*

MUTTER PIUS: Sie Schmeichler.

HEINRICH *(zynisch, gutmütig):* Frau Pius, was meinen Se zu uns zwei?

*Berta kichernd.*

HEINRICH *(zu Mutter Pius):* Lassen Se den Kickindewelt lachen, er weiß von de Liebe nix.

*Frau Sonntag nähert sich zerstreut dem Zelte.*

MUTTER PIUS: So en jungen reichen Herrn un ich?

HEINRICH: Schockschwerenot, es is mein heiliger Ernst. Eine verständige Frau muß ich haben.

FRAU SONNTAG: Frau Pius, laß Sie sich von meinem Sohn nicht zum Besten halten.

MUTTER PIUS: Ich uz mir gern mit ihm, Ma'm Sonntag, lassen Se ihm die Freude.

HEINRICH: Wenn Se alles innes Lächerliche träkken, liebe Frau Pius, wir passen doch aufs Haar zusammen.

MUTTER PIUS *(weiß nicht, wie sie es auffassen soll):* Ein reiches Fräulein muß Herr Heinrich heiraten. Titichens will de Großmama *(zeigt auf Frau Sonntag)* wieder in Arm wiegen *(sie macht mit dem Arm die Wiegebewegung).*

FRAU SONNTAG: Nun laß Frau Pius zufrieden, Heinrich.

MUTTER PIUS: Auf de Messe aber dürfen Se mir Johanni mit die Freunde in meine Bude besuchen. Ich servier diesmal *(nickt Heinrich heimlich zynisch zu)* en extra feine Delikatesse –

BERTA *(bescheiden zu Frau Sonntag und Heinrich):* Ein Kind mit *zwei Köpfen* – – –

MUTTER PIUS *(bemerkt endlich Auguste, die schon längere Zeit erfolglos aus dem Seiteneingang winkt):* 'n Abend zusammen, ich muß bei meine Leute!

*Frau Sonntag setzt sich auf die Bank an den Tisch, und Heinrich bleibt neben ihr stehen.*

HEINRICH: Ein Unikum ist die Olle!

*Mutter Pius entreißt Auguste das Bild – Kabinettgröße – und entfernt sich aus der Zauntür. Auguste bleibt verdutzt stehen.*

FRAU SONNTAG: Du ziehst sie aber auch beständig auf, Heinrich.

AUGUSTE: Wie 'n Wind *(geht ins Haus).*

HEINRICH: Spaß muß sein, Mama Charlottchen.

FRAU SONNTAG: Macht dir das solch einen Spaß?

HEINRICH: Du sagst das so melancholisch.

FRAU SONNTAG: So, das weiß ich gar nicht.

HEINRICH *(kleine Pause):* Dieses Jahr wird die Bilanz gut werden, Mama Charlottchen.

FRAU SONNTAG *(lebhafter):* Du belügst mich, Heinrich?

HEINRICH: Bei meinem verrosteten alten Säbel.

FRAU SONNTAG: Du bist ein Junge!

HEINRICH: Wir wollen ein Pulleken darauf trinken, Mama Charlottchen!

*Frau Sonntag schüttelt lächelnd den Kopf.*

HEINRICH: Schad, daß Pius' Großmutter nicht mehr da ist; sitzen die noch immer darin?

*Er zeigt auf den Pavillon.*

FRAU SONNTAG: Man muß sich nicht gemein machen mit diesen Leuten.

HEINRICH: Mittags promeniert sie vor meinem Büro vorbei, bis ich rauskomm.

FRAU SONNTAG: Warum?

HEINRICH: Sie liebt mir –

FRAU SONNTAG: Schwätz keinen Unsinn, Heinrich.

*Heinrich lacht.*

FRAU SONNTAG: Laß die arme alte Person in Frieden, ich möchte die Neckerei um Eduards willen nicht. Du kennst doch seine Sympathie für Pius.

HEINRICH: Pius kennt die alte Schrulle ganz genau.

*Berta trägt Schüsseln mit kalten Speisen auf.*

FRAU SONNTAG: Taisez donc!

HEINRICH: Ich sag ja nichts.

*Er nähert sich dem Pavillon, Marta ist gerade im Begriff, aus der Türe zu treten – die Geschwister stoßen sich fast.*

MARTA: Hast du mich erschreckt!

HEINRICH *(neckisch):* Ein unschuldiger Mensch erschrickt nicht, beichte!

MARTA: Esel!

HEINRICH *(plötzlich leise mit Erregtheit, die sich steigert bis zum Jähzorn):* Ich will dir mal was sagen, erfahre ich noch einmal, daß du in meiner Abwesenheit im Büro gewesen bist, so bekommst du ein paar Backpfeifen von mir.

MARTA *(ein wenig verblüfft):* Ich tu doch gar nichts da.

HEINRICH: Du weißt, Simon ist mein Angestellter, ich wünsche, daß er Respekt behält vor uns, verstehst du! *(Wieder munter)* Schockschwerenot!

MARTA: Herr von Simon ist stets höflich zu mir.

*Eduard und Pius treten in den Pavillon.*

HEINRICH: Das will ich auch hoffen. *(Heinrich reicht Carl*

*Pius die Hand.)* Hab doch wahrhaftig wieder die Marken vergessen.

EDUARD *(zu Carl; Heinrich umfassend):* Er schwitzt den ganzen Tag für uns, Carl, er ist der selbstloseste Mensch auf der Welt.

*Heinrich tut beschämt wie ein Backfischchen, bei seinem robusten Äußeren sehr ulkig wirkend.*

MARTA *(geht dem Tisch des Zeltes zu):* Mama, ich habe schreckliche Augenschmerzen *(sie öffnet sie graziös affektiert)* vom Nachschlagen.

FRAU SONNTAG: Ich bewundere schon lange deine Ausdauer.

*Pius geht ungeschickt auf Frau Sonntag zu und verbeugt sich tief vor ihr. Frau Sonntag reicht ihm die Hand.*

MARTA: Herr Pius will vor dem Abendbrot nach Hause gehn, Mama.

FRAU SONNTAG: Aber warum das, Herr Pius?

CARL: Wenn ich so frei sein darf?

*Marta bietet ihm den Stuhl neben sich an; Heinrich setzt sich links von Marta – Eduard nimmt neben seiner Mutter auf der Bank Platz. Berta serviert den Tee und bedient usw.*

MARTA: Findest du nicht die Hornbrille scheußlich für Herrn Pius, Mama? Er sieht aus wie ein Dorfschullehrer.

FRAU SONNTAG: Marta, schwätz nicht soviel Unsinn.

*Carl verlegen.*

FRAU SONNTAG: Ich habe noch gar nicht bemerkt, daß Herr Pius eine Brille trägt.

CARL: Seit kurzem.

EDUARD: Bitte nimm sie mal ab. *(Carl zögert.)* Ich bin auch kurzsichtig.

FRAU SONNTAG: Deine Rehaugen – – –

HEINRICH *(ulkig einen Backfisch imitierend)*: Das laß ich mir nicht mehr gefallen, mir macht kein Mensch den Hof.

*Berta kichert leise auf, Frau Sonntags Blick streift sie rügend.*

HEINRICH: Sie denken an Mutter Pius, Berta, was? Eine Großmutter haben Sie, Pius, prima!

*Carl verlegen.*

HEINRICH: Ich glaube sogar, sie ist eine ganz kluge Frau?

EDUARD *(zu Carl)*: Von köstlichem Humor.

MARTA: Eduard sagt, sie versteht lateinisch.

FRAU SONNTAG: Auf welchen Tag fällt ihr Examen, Herr Pius?

CARL: Am Mittwoch, einige Tage nach Johanni, Madame Sonntag.

EDUARD: Du regst dich mehr auf, wie wir beide und die ganze Prima zusammen.

FRAU SONNTAG: Mein Sohn sagt mir, Sie machen sich Ihrer Studien wegen Sorge?

*Carl ist verlegen um Antwort.*

EDUARD: Du wolltest dich doch für weiteres verwenden, Mutter?

FRAU SONNTAG *(nickt freundlich Eduard zu, ihr Blick fällt plötzlich auf Heinrich, der interessiert in der Zeitung liest)*: Was interessiert dich in der Zeitung *(rügend)* während des Tisches?!

HEINRICH: Ich bitte um gnädige Verzeihung, Mama Charlottchen.

MARTA: Hältst du dein Versprechen, Heinrich?

HEINRICH: Gerad mein Pferd muß stürzen.

MARTA: Du schwindelst mir immer was vor.

HEINRICH *(neckisch)*: Im Gegenteil, du mußt den Verlust tragen helfen!

MARTA: Esel!

HEINRICH: Danke!

FRAU SONNTAG: Du kannst doch das Spielen nicht lassen.

HEINRICH: Es ist, mit Herrn Schiller gesagt, »mein Spaziergang«.

EDUARD: Er sitzt auch viel zu viel im Büro.

MARTA: Und dick bist du, wie der Wirt vom Schützengarten drüben.

CARL: Warum reiten Sie nicht, Herr Sonntag?

FRAU SONNTAG: Du hast doch wirklich sonntags Zeit.

HEINRICH: Der Hengst scheut ja, wenn ich mich ohne Uniform draufsetz, Kinder.

CARL: Fußtouren wären Ihnen auch zuträglich.

EDUARD: In den Tiroler Alpen; was, Carl?

CARL: Zum Schneerössel rauf.

EDUARD: Zehn Kilometer müßtest du täglich steigen; faktisch, das tät ihm gut.

HEINRICH: Ich werde mich gleich im Schützengarten wiegen lassen, ich glaub, ich habe schon durch eure guten Ratschläge abgenommen.

*Zwei kleine Mädchen stehen, von allen unbemerkt, am Gartenzaun.*

FRAU SONNTAG: Mit ihm ist kein ernstes Wort zu reden.

EDUARD: Pack doch einfach seinen Koffer, Mutter.

*Die kleinen Töchter vom Wirt verschwinden ungesehen wieder.*

HEINRICH: Und wer soll unterdessen für die Kleinen sorgen?

FRAU SONNTAG: Du hast doch einen Stellvertreter. Marta lobte ihn gestern noch.

HEINRICH: Sie soll sich lieber um die Haushaltung bekümmern.

MARTA: Esel!

HEINRICH: Danke! Freuen Sie sich, Pius, daß Sie keine Schwester haben.

CARL *(seltsam aufflammend, antwortet etwas schüchtern):* Und ich beneide Sie darum.

FRAU SONNTAG *(lächelnd):* Hörst du 's, Heinrich?

*Heinrich schlägt Marta zärtlich auf den Rücken. Pause.*

FRAU SONNTAG: Ich würde ja öfters in die Fabrik gehen ---

HEINRICH *(neckisch):* Weißt du eigentlich, wo sie ist, Mama Charlottchen?

FRAU SONNTAG *(scherzend):* Wie er mich schlecht macht!

MARTA: Herr von Simon ist energischer, wie du bist mit den Arbeitern.

HEINRICH: Wenn ich dabei bin.

*Alle lachen, nur Marta schmollt.*

HEINRICH: Den Willem, meinen fleißigsten Arbeiter, hab ich seinetwegen herauswerfen müssen.

MARTA: Der drang betrunken ins Büro und wollte ihn dort totschlagen.

HEINRICH: Die Sache ist mir auch noch nicht klar.

FRAU SONNTAG: Wenn *dir* nur mal nichts passiert, Heinrich.

EDUARD: Ihn haben sie alle gern; zu dir haben sich öfter doch Arbeiter geäußert, Carl?

CARL: Ich steh mit all den Leuten kaum auf Grußfuß.

*Frau Sonntags Blick streift ihn mißtrauisch.*

FRAU SONNTAG *(zerstreut):* Wollen Sie wirklich *evangelischer* Geistlicher werden, Herr Pius?

CARL: Ja, Madame Sonntag.

FRAU SONNTAG: Ihre Großmutter wünscht es wohl?

CARL: So ernste Fragen pflege ich allein zu erledigen.

FRAU SONNTAG *(unbewußt in herablassendem Tone):* Versprechen Sie sich eine schnellere Karriere?

CARL *(primanerhaft)*: Ich bin mit den Dogmen der katholischen Kirche in Konflikt geraten.

*Frau Sonntag nickt zustimmend hin zu Eduard.*

EDUARD: Iwo, Mutter, er will heiraten.

HEINRICH: Ich geh noch was rüber kegeln.

MARTA: Die kleinen Blagen standen schon vormittags am Zaun. Sie hätten heute Eisbein mit Sauerkohl, ließe ihr Vater Herrn Leutnant sagen.

HEINRICH *(zu Carl)*: Er war mein Untergebener.

FRAU SONNTAG: Das sind also die Kinder vom Wirt?

HEINRICH: Ich kauf den Püppkens manchmal Schokolade.

*Er erhebt sich und macht eine lange Gähnbewegung mit Mund und Armen.*

MARTA *(schnellt vom Stuhl auf)*: Wollen Sie das Kissen mal sehen, was ich Eduard *(zu Carl sich wendend)* zum Examen schenke?

CARL: Ich bitte darum.

*Er erhebt sich freudig.*

FRAU SONNTAG: Aber, Marta, wie kindisch, wie können Herrn Pius deine Stickereien interessieren?

CARL: Ich habe sogar als Knabe mit Vorliebe weibliche Handarbeiten selbst ausgeführt.

*Frau Sonntag verzieht ihr Gesicht ungläubig.*

EDUARD: Faktisch, Mutter! Mutter Pius zeigte mir ein großes Kreuz, was er gestickt hat.

*Heinrich schreitet, die Hände in den Taschen, dem Hause zu, wendet sich um.*

HEINRICH: Addjüß, Kinder!

*Marta und Carl schlendern um eins der Beete.*

MARTA: Ich habe ein Bouquet Kamillen nach der Natur darauf gestickt.

CARL: Sie sind selbst eine Kamille *(leise)* man möchte Sie

immer fragen – – – Und es paßt auch viel besser für Sie, mit bunten, seidenen Fäden zu spielen, als uns zwei Kandidaten Examenarbeiten zu helfen.

*Man versteht die letzten Worte kaum mehr, sie biegen in den Seitenweg des Gartens ein.*

EDUARD: Mutter, warum bist du nicht freundlicher zu Pius?

FRAU SONNTAG: Aber, Kind, ich gebe mir doch die erdenklichste Mühe. *(Sie legt ein Tuch um seine Füße.)*

EDUARD *(scherzend)*: Wenn ich mal oben im Himmel bin, wirst du abends heraufkommen und das große Sternenfenster schließen, Mütterchen.

FRAU SONNTAG: Wie du sprichst – – –

EDUARD: O, ich habe noch viel, viel zu erledigen.

*Er legt seinen Arm lächelnd um ihre Schulter.*

FRAU SONNTAG: Du solltest mehr an dich denken, die vielen Nachhilfestunden, die du wieder für Pius übernommen hast! – Ich gebe ihm lieber das Geld.

EDUARD: Das würde ihn beschämen; mir macht es faktisch Vergnügen; Pius ist zu gesund, Geduld zu üben. – *(Kleine Pause)* – Er hat mächtige Wellen, Mutter, die überstürzen sich.

FRAU SONNTAG: Dir tun seine Schüler leid, ich kenne dich, Eduard.

EDUARD *(lächelt)*: Hier waltet nur höhere Gerechtigkeit.

FRAU SONNTAG: Du dichtest ihn dir, Eduard.

EDUARD *(scherzend)*: Wie sollte der, der den Himmel verkündet, nicht ein Dichter sein. – *(Kleine Pause)* – Dich stört seine breite, ungeschickte Art.

FRAU SONNTAG: Ich verlange von ihm doch keine weltmännischen Finessen.

EDUARD: Seine einfache Umgebung selbst respektiert instinktiv seine geistige Stärke.

FRAU SONNTAG: Seine geistige Stärke – Kind, Kind, diese Leute haben nur Respekt vor Fäusten.

EDUARD: Denke an Petrus, Jakobus – – –

*Marta und Carl werden sichtbar.*

FRAU SONNTAG: Du glaubst nicht, wie unsympathisch es mich berührt, wenn ich ihn neben Marta sehe. *(Eduard erhebt sich betrübt. Er hustet leicht.)* Willst du zu Bette gehen, Eduard?

EDUARD *(kleine Pause)*: Durch den Garten wollen wir wieder wandeln, Mutter, weltentrückt, wie durch einen duftenden Psalm.

FRAU SONNTAG: Du machst mir das Herz schwer – – –

EDUARD: Das will ich nicht. Dein Herz ist ein Teil meines Himmels, darum werde ich dir ja bleiben, Mutter.

*Frau Sonntag und Eduard biegen um die Rosen ein. Pius und Marta treten in den Vordergrund – sie setzen sich auf eine Bank vor dem Springbrunnen.*

CARL *(streng, schüttelt energisch den Kopf)*: Seinen Glauben respektier ich.

MARTA: Aber Mama weint immer, er will doch in den strengsten Orden eintreten, barfuß geht er dann, und seine schönen Locken werden ihm abgeschnitten.

CARL *(neidvoll)*: Das empfinden Sie wohl am schmerzlichsten?

*Pause.*

Aber Sie erzählten mir doch, die Ärzte sagen, es käme nicht dazu.

MARTA: Denen kann man ja nicht glauben – und Mama haben sie es verschwiegen, sie würde sterben an seinem Tod.

CARL *(sarkastisch)*: Also der Tod wäre demnach Ihrer Frau Mutter sicher.

MARTA: Bitte, spotten Sie nicht!

CARL: Ich bin nicht zum Spotten aufgelegt.

MARTA *(forschend):* Ist er eigentlich schon katholisch geworden?

CARL: Fragen Sie ihn doch selbst.

MARTA: Sie sind frech!

CARL *(theatralisch, primanerhaft):* Darum will ich auch der Welt den Schoß der Mutter nehmen.

*Marta macht eine Bewegung des Unverständnisses.*

CARL: Darum will ich evangelischer Verkünder werden.

MARTA: Ich glaube, Sie werden furchtbar schimpfen von der Kanzel.

CARL *(sarkastisch, scherzend):* Fegefeuer auf all die Sünder regnen lassen.

MARTA: Sie stritten doch einmal mit Eduard, es gäbe keine Sünde.

CARL: Im Sinne der Natur gibts auch keine Sünde.

MARTA: Warum wollen Sie dann strafen?

CARL: Weil ich sie nicht genießen kann.

*Er wendet sich plötzlich jäh zu Marta.*

MARTA *(erschrickt):* Und schreiben so fromme Gedichte – – –

CARL: Haben Sie sie übersetzen können?

MARTA: Mühsam, jedes Wort schlug ich nach.

CARL: Später sende ich Ihnen täglich Kamillensträuße. Schenken Sie mir eine aus Ihrem Gürtel, bitte.

MARTA: Meinetwegen.

CARL: Sie paßt zu Ihnen, wie zur Amazone die Waffe.

MARTA: Und sind ebenso gefährlich.

CARL: Wenn Sie die Blättchen fragen.

*Man sieht Frau Sonntag und Eduard durch eine dichte Baumallee wandeln, der Villa zu.*

MARTA: Das tu ich schon lang nicht mehr.

CARL: Sie sind Ihrer Sache gewiß. *(Er will ihre Hand küssen.)* Sie spielen mit mir, Marta?

MARTA: Wenn Sie noch einmal meine Hand berühren, schlage ich Sie.

CARL: Tun Sie das.

*Marta bricht, unwillig auflachend, ein Stöckchen vom Strauch ab, sie berührt damit Carls Hand.*

MARTA: Wehren Sie sich doch!

CARL: Wie sollte ich mich wehren, einem Fräulein gegenüber.

MARTA: Sie sind feig.

CARL: Allerdings.

MARTA: Feigling!

CARL: Sie reizen mich.

*Marta lacht mutwillig auf; Carl berührt mit seinem Bleistift leicht ihre Hand; Marta lacht ihn aus, Carl schlägt.*

CARL: Verzeihung – o! *(Er will ihre Hand küssen.)*

MARTA: Das war gemein. *(Sie schlägt stärker zurück.)*

CARL *(wehrt ab)*: O!

MARTA: Das war gemein, hier!

CARL: Ich fange gleich an zu weinen wie ein Kind.

MARTA: Pfui!

CARL: Sie sind herzlos.

MARTA: Und Sie vielleicht nicht?

CARL: Ich war hilflos.

MARTA *(leichtfertig, kindlich und kokett)*: Und wenn ich Ihnen alle *(greift in den Gürtel nach ihrem Kamillensträuße)* schenke?

CARL: Sie legten sie nun auf ein Grab.

*Heinrich kehrt durch die Gartentür zurück – er nähert sich den beiden.*

MARTA *(erschrocken zu ihm)*: Wie ein Dieb.

HEINRICH: Bei *den* Füßen *(zeigt sie)* müßte man schon taub sein. *(Er gähnt in verschiedenen Tönen.)* Pius, kennen Sie ein Subjekt namens Amadeus?

*Carl noch in Gedanken.*

HEINRICH: Er kennt *Sie.*

CARL: Der Amadeus mit dem gläsernen Herzen.

MARTA: Warum kommst du schon zurück?

HEINRICH: Weil ich müd bin.

MARTA *(zu Carl):* Auguste kennt seinen Großvater, der war Glaser, und er deutet Träume.

HEINRICH: Er hat mir soeben den Tod prophezeit.

CARL *(ironisch):* Die Deutung schmutziger Gewässer.

HEINRICH: Nä – – – *(zynisch, gutmütig)* ich hab von faulen Eierschalen geträumt; für 10 Groschen wollte er mich auch nicht am Leben lassen.

CARL: Er ist konsequent.

HEINRICH: Das muß man ihm lassen.

MARTA: Oft sollen gerade so Leute wahr prophezein; erzähl es nur nicht Mama.

*Heinrich geht zwischen den Zähnen summend ins Haus; vorher verschließt er die Gartentür.*

MARTA: Ich glaub, er hat doch was Angst.

CARL *(lacht auf):* Er hat es schon längst vergessen.

*Die Katzen schreien.*

MARTA: Wie kleine Kinder!

*Carl schweigt.*

MARTA: Weiße Angorakatzen sind himmlisch.

*Berta und Auguste schleichen um das Haus mit Briefen in der Hand und klettern über den Zaun.*

CARL: Haben Sie Ihre Dienstboten gesehen?

MARTA: Es sind doch auch Menschen.

CARL: Darum müssen sie gehorchen.

MARTA: Eduard sagt immer, es seien arme, weiße Sklaven.

CARL: Eduard ist ein Idealist.

*Die Katzen schreien wieder auf.*

MARTA: Das war die alte, greise Katze!

CARL: Ich werde noch tobsüchtig – – –

*Marta lacht mutwillig, kokett.*

CARL: Lassen Sie das Vieh!

MARTA: Wie Betrunkene – *(sie schreien wieder).*

CARL: Sie lecken zuviel an den süßen, bunten Kelchen.

MARTA: Auf meiner Decke liegt des Morgens immer Blütenstaub.

CARL: Ich schlafe nicht.

MARTA: Wegen des Examens?

CARL: Ich habe täglich ein schwereres zu bestehen.

MARTA: Meine Mama – – –

*Sie sehen beide gespannt zum oberen Fenster der Villa; Carls Arme sinken schwer herab. Marta atmet laut auf, Frau Sonntag ist wieder vom Fenster verschwunden, man hört murmeln außerhalb des Gartens.*

CARL: Mädchen!

*Er reißt Marta an sich, sie aber entwindet sich seinem Arm und stürzt ins Haus. Carl bleibt allein. Der gläserne Amadeus, Pendelfrederech, Lange Anna bleiben am Eingang der Gasse stehen.*

LANGE ANNA: Fises Mensch, zwei Stunden hab'n wir uns in die Winkels vor de Türen gedrückt, in der Zeit du prophezeit hast, un nu gibst de uns so 'en schäbigen Lohn?

PENDELFREDERECH: Un mir kriegst de auch nich mehr mit zum Bangemachen.

AMADEUS: Ich hab euch nich zu eingeladen, mit mich zu gehen; un du, Frederech, vertreibst mich de Kunden mit deine offne Bux.

LANGE ANNA *(schmeichlerisch zu Amadeus):* Ich bin doch immer mit dich gegangen, un nun sprichst de so *(stößt ihn mit der Schulter vertraulich an).* Es hat wohl lang nicht geklirrt in dein zimperlich Herz?

AMADEUS: Na, da hast es, aber en halben Taler mußt de mich lassen.

*Lange Anna dreht sich um und stellt sich vor die Mauer.*

AMADEUS: Siehst de denn nich *(zeigt auf das Schild).*

LANGE ANNA: Ich hab überall Passe-partout.

*Die beiden Mädchen kehren zurück, sie wollen schnell über den Zaun springen, sehen die Männer und schreien auf.*

AMADEUS: Nu schreit man nich so toll, ihr herrschaftliche Hurweibers.

LANGE ANNA *(ganz hoch):* Sollen wir ens?

BERTA: Herr Pius!

AUGUSTE: Helfen Sie uns!

*Carl beachtet ihr Hilferufen nicht.*

AUGUSTE: Der eine kriegt mir an de Bein!

*Die Mädchen schreien abwechselnd auf, sie sind endlich über den Zaun, laufen zu Carl.*

BERTA: Haben Sie die drei gesehen?

AUGUSTE: Ich kann nich mehr, ich kann nich mehr, nä, ich kann nich mehr! *(Amadeus lacht.)* Hat die Frau nach mich gerufen, Herr Carl?

CARL: Darüber kann ich Ihnen keine Auskunft geben.

*Pendelfrederech murmelt grausig, Lange Anna spielt auf seiner Handharmonika: »O, du lieber Augustin, alles ist hin, hin, hin – – –« usw. Sie gehen weiter durch die Gasse der Stadt zu.*

BERTA: So hochnäsig. Sie bilden sich wohl ein, Sie sind der Herr Eduard selbst?

AUGUSTE *(gutmütig)*: Lassen Sie ihm, Berta, es is ja sein Freund; was, Herr Carl?

BERTA *(plötzlich gewöhnlich)*: Mach, daß du zu Haus kömmst, de Großmutter will das Enkelsöhnchen noch in Schlaf singen.

AUGUSTE: Still, Berta, er wird schon wissen, warum er hier sitzen tut.

BERTA: Aber beim Fräulein brennt doch schon de rosa Nachtampel.

*Die Mädchen schleichen durch den Kellergang ins Haus. Die Katzen schreien nochmal auf, man hört in der Ferne noch Lange Anna spielen: »Alles ist hin, hin – – –«*

## *Dritter Akt*

*Abends ½9 Uhr. Jahrmarkt. Karussell im Vordergrund links. Hinter dem Karussell und seitwärts rechts die verschiedenen Buden. Im Vordergrund die Bude der Riesendame Rosa, neben dieser die Schießbude, dann die Taucherbude, die Honigkuchenbude usw. Gegenüber links in kleiner Entfernung die schrägstehende Bude der Mutter Pius, die man nur ein Viertel sehen kann. Eine gemalte Kindermumie mit zwei Köpfen ist grotesk auf der Jalousie gedruckt. Fabrikarbeiter, Fabrikarbeiterinnen, Kommis, Ladenmädchen, Dienstmädchen, Herren der Gesellschaft mit ihren Schätzen, Schuljungen, Gassenkinder, Herumtreiber usw. Im Karussell stehen im doppelten Kreis hölzerne, groteske Tiere: Leopard neben Lamm, Reh neben Tiger, Löwe neben Pferd, Hirsch neben einer Riesengans usw. In Kutschen, die auf und nieder schaukeln, sitzen laute Weibsbilder, und an den Eisenstangen, die das Dach des Karussells halten, stehen Arbeiter und Schuljungen, um den Ring wetteifernd, der an einem Pfahl unweit des Karussells hängt und eine Freifahrt bedeutet. Das Karussell dreht sich noch langsam auf die schon fast abgelaufene Melodie »O du lieber Augustin«. Die letzten Töne: »Alles ist hin, hin, hin, alles ist hin – – –« Vor dem Karussell stehen Heinrich Sonntag und Lieschen Puderbach. – – Sie tragen auf der Nase ein blaues Pincenez und in der Hand einen Gummiball. Heinrich ist etwas angeheitert. Um Lieschens Hals hängt ein großes Pfefferkuchenherz mit der Aufschrift: Ich liebe dich. Man hört die beiden lachen zwischen den Klingeltönen des Karussells.*

*Heinrich Sonntag; sein Geschäftsfreund; die Herren mit grauen Zylindern; Dr. von Simon; Berta; Mutter Pius; Lieschen; August; Zuhälter Willem; Riesendame Rosa; Kommis; Ladenmädchen; Dienstmädchen; Pendelfrederech; Lange Anna; der gläserne Amadeus; Arbeiter, unter ihnen Färber, Weber usw.; Arbeiterinnen; Weibsbilder; Jahrmarktsleute; Gassenkinder.*

LIESCHEN: Ich fahr für mein Leben gern *(es klatscht in die Hände)*, ich setz mir auf den Leoparden und Sie auf das Lamm.

HEINRICH: Das machen wir, Puppel.

LIESCHEN: Wollt es ens doch endlich still stehen, Herr!

HEINRICH: Du brauchst doch nicht immer Herr zu mir zu sagen.

LIESCHEN: Wie soll ich Euch denn nennen?

HEINRICH: Wie de dein Schatz nennst, Puppel.

LIESCHEN: Den nenn ich Herrn Eduard, er is mein Königsschatz.

*Heinrich tut erstaunt, er ahnt den Zusammenhang nicht.*

LIESCHEN: Den kennen Se nich *(unbewußt verächtlich)*.

HEINRICH: Ist er grad so schön wie ich?

LIESCHEN: Carl Pius sein Freund is er.

HEINRICH: Aber so einen langen Schnurrbart *(er streicht ihn in die Höhe)* hat er doch nicht?

LIESCHEN: Herr Eduard scheint immer aus sein Gesicht.

HEINRICH *(etwas besonnen, er weiß nun, von wem das Kind spricht)*: Ich möchte so jemanden wohl kennen lernen.

LIESCHEN: Der kömmt doch hierhin nicht.

*Das Karussell steht still, die Leute springen ab. Es steigen unter andern wüste Männer und Weibsstücke ein, welche toben und kreischen. Heinrich springt jäh mit Lies-*

*chen in einem Satz herauf. Mutter Pius steht plötzlich vor dem Karussell; Lieschen ist im Begriff, sich auf den Leoparden zu setzen, und Heinrich sitzt schon auf dem Lamm.*

MUTTER PIUS *(zu Lieschen):* Das laß ich mich gefallen mit so en artigen Herrn, mein Herzeken.

EIN WEIBSSTÜCK *(zu Lieschen):* Laß mich ens beißen von das süße Herz.

LIESCHEN *(zu Heinrich):* Nä, dat kriegt der Aujust. Er guckt sich de Augen nach aus und schämt sich, in de Leckersläden zu gehen. – *(Kleine Pause)* – Daß es noch nich anfängt!

*Arbeiter treten ungeduldig mit den Füßen. Ein Geschäftsfreund von Heinrich im grauen Zylinder tritt mit je einem Schatz am Arm ans Karussell.*

DER GESCHÄFTSFREUND *(zu Heinrich):* Nun, Sie alter Sünder!

*Das Karussell bewegt sich.*

HEINRICH: Steigen Sie noch rauf!

*Sie springen herauf.*

GASSENKIND: Nehmen Se mir doch auch mit, Herr!

*Die Musik spielt wieder: »O du lieber Augustin«.*

MUTTER PIUS *(zynisch zu allen):* Wünsch euch 'ne angenehme Hochzeitsreis!

*Sie kehrt schleunigst an ihre Bude zurück. Es kommen die Herren mit den grauen Zylindern – Bekannte von Heinrich – mit einer Anzahl Schätze und springen im beginnenden Tempo aufs Karussell. Arbeiter drängen die Weiber rücksichtslos ins Innere hinein, da sie auch den Ring greifen wollen. Das Karussell dreht sich wie ein Wirbelwind. Dr. von Simon und Berta kommen aus der Bude der Riesendame – sie gehen beide auf das Karussell zu.*

BERTA: Ist das nicht der Heinrich?

DR. VON SIMON: Wo?

BERTA: Warten Sie, gleich können Sie ihn wieder sehen.

*Dr. von Simon ein wenig erschrocken.*

BERTA: Wenns nun Herr Eduard erfährt? – – –

DR. VON SIMON: Der Narr ist wohl auch schon *dein* Beichtvater?

BERTA: Und unsere Frau?

DR. VON SIMON *(blickt durch seine kleine, goldene Lorgnette – beruhigt):*

Er kann nicht mehr gerade sitzen.

BERTA: Mich kanns ja gleich sein, ich will doch nicht mehr lange für andere Leute arbeiten.

DR. VON SIMON *(ergreift aufatmend die Gelegenheit):* Du mußt mir dein Herzchen ausschütten, liebes Kätzchen.

*Er will mit ihr umkehren.*

BERTA: Der bleibt ja nicht lange hier, er reitet ja jetzt immer schon um 6 Uhr früh spazieren.

*Sie gehen in die Taucherbude, das Karussell bewegt sich etwas langsamer. Man hört im Vorbeifahren Heinrichs Stimme.*

HEINRICH: Noch einmal, Puppel?

LIESCHEN: Sicher, lieber Herr!

EIN WEIBSBILD *(aus der Rutsche):* Kommt ens bei mich rein.

LIESCHEN: Stell dir doch an de Stange, dann kriegst de den Ring.

*Einige Gassenkinder schreien.*

GASSENKINDER: Der Schimpanse ist ausgekniffen, de große Schimpanse is ausgekniffen!

*Es entsteht eine Panik, zu einem Knäuel strömen die Menschen zusammen, fast alle Fahrenden springen vom Karussell herunter, Lieschen will das gleiche tun.*

GASSENKIND: Der große Schimpanz mit dem kleinen Schwanz is ausgekniffen, ausgekniffen!!!!

LIESCHEN: Hörn Se denn nich, der wilde Affe is ausgekniffen, der beißt, ich hab Angst vor das Tier. De Lehrer sagt, an Kinder machen sich de großen Tiere am ersten ran.

*Der Taucher läuft aus der Bude, gestikuliert mit dem Eisenkopf und den Eisenfäusten, was furchtbar komisch aussieht. Heinrich hält Lieschen fest.*

MUTTER PIUS *(kommt ans Karussell):* Bleibt man sitzen, das is ja nur eine geriebene Reklame von de Zirkusleute.

LIESCHEN: Is es auch sicher nich wahr, liebe Mutter Pius?

HEINRICH *(nickt):* Nein. Haben Sie das Pulleken kaltgestellt, Mutter Pius?

MUTTER PIUS *(zynisch und wehmütig):* Un mich dabei.

*Die vorzeitig Abgestiegenen nähern sich wieder dem Karussell, zwei Weibsbilder schlendern Arm in Arm herbei.*

WEIBSBILD *(zu Heinrich):* Nehm mich doch, du zerbrichst ja dein Riesengespielzeug.

EIN ANDERES WEIBSBILD: Er ist doch de *Puppenhangri!*

*Die Herren im Zylinder lachen ermuntert auf.*

HEINRICH *(zu Lieschen):* Was sie nich alles vom lieben Heinrich wollen; was, Liesken?

EINER DER BEIDEN SCHÄTZE DES GESCHÄFTSFREUNDES *(sagt zu ihrem Begleiter):* Zu de Riesendame wollen wir ens rin *(zu ihrer Mitliebsten)*, kuck, Minna, die hat en Bart wie en Kerl.

*Das Karussell bewegt sich wieder, ohne zu spielen; in ihm sitzen nur noch vereinzelt Kinder zwischen Heinrich und Lieschen.*

HEINRICH *(unsicher, da er angeheitert ist):* Lieschen, spielt es denn nicht?

LIESCHEN: Es ist schon spät in die Nacht, Mutter Pius sagt, die Polizisten kämen sonst.

HEINRICH: Dann wollen wir auch machen, daß wir runterkommen.

*Er läßt die Kleine vom Leoparden auf seinen Rücken steigen, springt mit ihr vom Karussell, juchheit, läßt Lieschen zur Erde fallen, hebt es wieder in die Höhe, läßt es wieder fallen, fängt es auf, mit ihm springend durch die Menge, Mutter Pius kommt ihnen bis zur Taucherbude entgegen. Die Herren mit den grauen Zylindern sind vorangegangen mit den Schätzen und bleiben an der Schießbude stehen und schießen.*

MUTTER PIUS *(etwas neidisch zu Heinrich und Lieschen)*: Wie die Blagen.

*Es kommen eine Menge neue Arbeiter.*

LIESCHEN: Ich hab Angst, der Vater kömmt und holt mir.

HEINRICH: Ich versteck dich in meinen Mantel, Puppel.

LIESCHEN: Meinen Taler nimmt er mich ab für die Sparkaß.

HEINRICH: Dann schenk ich dir einen goldenen, Puppel.

LIESCHEN: So reich sin Se?

*Mutter Pius, Heinrich, Lieschen gehen weiter.*

EINE FRAU *(erstaunt fragend)*: Das Kleine von Puderbachs! --- *(Sie sperrt grinsend den Mund auf.)*

MUTTER PIUS: Nu, un was alles! Das Kleine helft mich hier.

*Sie biegen nach links ein. Dr. von Simon und Berta treten aus der Taucherbude.*

DR. VON SIMON: Du mußt nicht immer so laut meinen Namen nennen, Kätzchen, das ist nicht fair.

BERTA *(beleidigt)*: O, ich weiß mir doch zu benehmen. *(Sie ahmt die Bewegung Martas nach.)* Du willst mir wohl los sein, Bruno?

DR. VON SIMON: Bewahre. *(Gereizt)* Aber es wäre deine Pflicht gewesen, mich auf den Betrieb hier aufmerksam zu machen. Bedenke die Konsequenzen, falls mich einer meiner Arbeiter hier überrascht.

BERTA: Unser Heinrich geht doch auch immer auf die Messe.

DR. VON SIMON: All right! Die Arbeiter wissen auch, was sie von ihm zu halten haben.

BERTA *(mürrisch)*: Dann hätten wir ja überhaupt bei dir bleiben können.

DR. VON SIMON: Das können wir ja noch nachholen.

*Er kitzelt sie heimlich in die Taille. Berta schüttelt den Kopf. Dr. von Simon schiebt sie langsam vorwärts am Karussell vorbei zum vorderen Ausgang.*

DR. VON SIMON: Wann feiern wir Hochzeit, Kätzchen?

BERTA *(versöhnt)*: Ich dachte nach Weihnachten; so lang bleib ich auch noch. Die Frau hat mir durchs Fräulein fragen lassen, was ich mir wünsche.

DR. VON SIMON: Laß dir mal weiche Kopfkissen schenken *(sagt ihr noch etwas ins Ohr)* mit einem *rosa* Himmelchen darüber – – –

*Berta, verschämt geziert.*

DR. VON SIMON: Also vorher wird nichts?

BERTA: Ich bin doch ein anständiges Mädchen; *(geziert)* ich dürfte nicht mehr nach Hause kommen.

DR. VON SIMON: Auch nicht mir zuliebe?

*Er kitzelt sie wieder in die Seite. Sie biegen beide ein, man sieht sie nicht mehr. Färber, deren Hände durch ihren Beruf bunt angelaufen sind, – August Puderbach ist unter ihnen – und Weber in gestreiften Kitteln und andere Arbeiter in blauen Blusen kommen über den Jahrmarkt. Mutter Pius tritt wieder in den Vordergrund.*

AUGUST *(zu Mutter Pius)*: Wo ist es?

MUTTER PIUS: Liesken oder meine Rarität?

AUGUST: Es!

MUTTER PIUS: Guck ens selber.

AUGUST: Deine Bude ist ja schon zugeschlossen.

MUTTER PIUS: Meinst de, ich laß se bis zum frühen Morgen offenstehen?

*August springt aufs Karussell, er dreht selbst die Orgel, die noch die letzten Töne des Liedes »O du lieber Augustin« dumpf abgibt. Er setzt sich dann auf den Hirsch und lutscht an einer langen Stange Süßholz; Herr von Simon kehrt alleine, nach Heinrich spionierend, zurück, ein Weibsbild tritt zu ihm heran.*

WEIBSBILD: Lassen Se mir ens schießen, ich möcht en Taschenmesser gewinnen.

WILLEM: Das sag ich dich, läßt de dir mit *dem* ein, hau ich dich de Backzähn aus!

DR. VON SIMON *(ihn wiedererkennend, ängstlich):* Nicht gleich so heftig, ich werd sie dir nicht fortschnappen.

WILLEM: Du dünnet Geripp, durch wen bin ich so heruntergekommen, wenn nicht durch dir *(droht).*

DR. VON SIMON *(zitternd):* Sind Sie nicht der Willem?

WILLEM: So heiß ich.

DR. VON SIMON: Warum hat Sie denn eigentlich der Chef gehen lassen?

*Fixiert ihn durch die Lorgnette.*

WILLEM: Tu man das Glas von de Nas runter, de Hauptsach is, daß ich dir wiedererkenn, miserabel Verführer!

DR. VON SIMON *(zitternd und devot):* Kalt Blut, Willem!

WILLEM *(zu den Zuhörenden):* Ich hab auch zu meiner Schwester gesagt, wenn ich den ens zwischen de Finger krieg!

AUGUST PUDERBACH *(springt komisch vom Karussell):* Ich

wollt meine Stange Süßholz ens zu End lutschen. *(Zu von Simon, idiotisch tückisch)* Seine Schwester haben Sie aufs Gewissen; nu kann sie lange warten, bis ich sie nehm, Sie fiser Seidenwurm.

WILLEM: Meine Schwester Laura auf dir warten? Auf son Pitter?

*Er spuckt ihn an. Dr. von Simon will sich aus dem Staub machen, aber die Herren im Zylinder halten ihn auf mit Fragen.*

AUGUST: Ich heirat überhaupt nich und die abgeknutschte Laura verdek nich.

*Willem haut August eine Backpfeife herunter; die Herren im Zylinder kommen in den Vordergrund und ziehen von Simon mit sich.*

DR. VON SIMON *(zu den Herren)*: Es wird die höchste Zeit, sich zu entfernen, Shocking! Shocking!

EINER DER HERREN MIT DEM GRAUEN ZYLINDER: Sie verstehen nicht, mit den Leuten zu scherzen.

DR. VON SIMON *(verächtlich, sich mit den Fingerspitzen affektiert abstäubend)*: Allerdings!

DER GESCHÄFTSFREUND: Hat man Ihnen das nette Dingelchen stiebitzt?

EIN ZWEITER VON DEN HERREN MIT DEM GRAUEN ZYLINDER *(auf Heinrich zeigend)*: Der Chef versteht es besser mit den Leuten.

*Heinrich taumelt stark betrunken an der Hand Lieschens, das selbst sehr angeheitert ist, fiebernde Backen und Augen hat, in den Vordergrund.*

HEINRICH *(zu Lieschen)*: Kannst mich leiden, Puppel?

*Lieschen nickt, schüttelt die Haare wild und wirr durcheinander.*

DR. VON SIMON: Shocking!

DIE HERREN *(freundschaftlich):* Wir wollen ihn nach Hause bringen.

HEINRICH: Nach Haus? Zylinder ab!! Lieschen hörst du, nach Haus wollen sie mich transportieren.

MUTTER PIUS *(leise und vertraulich Heinrich ins Ohr):* Mach man, daß de wegkommst, de kleine dünne Zahnstocher *(weist auf von Simon hin)* gefällt mich immer schon nich.

HEINRICH: Wann wirst de eingesegnet, Liesken?

LIESCHEN *(weinselig):* Brüst hab ich wie junge Salatköppe.

DIE HERREN MIT DEN GRAUEN ZYLINDERN *(drängen ernst):* Sonntag, kommen Sie jetzt!

DR. VON SIMON: Shocking! – – –

HEINRICH: Was sagen Sie?

DR. VON SIMON *(zieht ihn unsanft am Arm und spricht befehlerisch):* Sie folgen mir ohne Zaudern!

HEINRICH *(in festem Ton, als ob er nüchtern wäre, plötzlich):* Wer ist der Herr, ich oder Sie?

DER GESCHÄFTSFREUND VON HEINRICH *(zu von Simon):* Reizen Sie ihn jetzt nicht!

DR. VON SIMON *(dreist, sich von den Herren gedeckt glaubend):* In diesem Falle bin ich der Herr.

HEINRICH *(jähzornig taumelnd):* Soldaten, Kameraden, wer is der Herr Leutnant, er oder ich?

*Scharen von Arbeitern sammeln sich plötzlich um Heinrich, von Simon ahnt eine Katastrophe, am Körper zitternd, sucht er kleinlaut Sicherheit hinter dem großen, breitschultrigen Geschäftsfreund von Heinrich und den anderen Herren.*

EIN ARBEITER: Ein guter Leutnant war er.

EIN ZWEITER: Gezecht hat er mit uns auf Kaiser sein Geburtstag wie'n gemeiner Soldat mit den andern.

EIN DRITTER ARBEITER: Wir wollen ihn hoch leben lassen.

DIE GANZE SCHAR: Unser lieber Leutnant, er lebe hoch! Hurra! Hurra! Hurra!

WILLEM *(Herrn von Simon drohend)*: Kerl!

*Von Simon wagt nicht, den Schauplatz zu verlassen, sich überhaupt zu bewegen.*

HEINRICH *(brüllt)*: Angetreten!

*Die Arbeiter und Herumtreiber sammeln sich in Kolonnen wie im Manöver. Die Weiber gucken neugierig zu. August stellt sich an die Spitze des links aufgestellten Bataillons, er hat sich einen Helm aus einer Zeitung angefertigt und setzt ihn auf den Kopf. Er empfängt seiner Ungeschicklichkeit wegen Püffe und Stöße.*

HEINRICH *(besichtigt taumelnd sein Regiment, schickt den einen zurück, den andern setzt er an den Anfang der Reihe usw. Ab und zu Flüche ausstoßend. Brüllt)*: Gerade gestanden! Schockschwerenot!

WILLEM: De Landhasen müssen zuerst auf den Feind losstürmen.

*August macht eine Schießbewegung, den zitternden von Simon suchend.*

LIESCHEN *(frech)*: Da is er ja!

HEINRICH: Un de Maikäfer halten sich im Hinterhalt.

WILLEM: Un de Musik machen de Bindfadenjungen, daß de Hengste nur so galoppieren.

*Alle lachen furchtbar, und die einexerzierten Arbeiter freuen sich mit Heinrich wie große, ungeschlachte Jungen, die Soldaten spielen.*

WILLEM: Nu man los, Herr Leutnant, ich bin Euer Unteroffizier.

HEINRICH *(brüllt)*: Ganzes Regiment linksum, vorwärts marsch!

*Lieschen läuft neben Heinrich her, mit den Händen trom-*

*melnd und mit den Lippen Rhythmus markierend. Die Arbeiter exerzieren einige Schritte vom Vordergrund dem Platz zu; plötzlich von Simon bemerkend, wollen sie sich wie wütende Hunde auf ihn stürzen.*

HEINRICH: Stillgestanden!!! Den Feind hau ich allein kurz und klein.

WILLEM *(schleift ihn herbei, seine Hände mit der Lorgnettenkette fesselnd, wie vor seinen Feldherrn. Von Simon stöhnt vor Angst. Die Herren mit den grauen Zylindern kommen ihm nicht zu Hilfe, sie amüsieren sich, neugierig den Vorgang betrachtend):* Lassen Se sich nicht totschlagen mit seinen Sabel, Herr Leutnant! *(Er zeigt tobend vor Lachen von Simons dünnes Spazierstöckchen.)*

AUGUST: Nu kann es losgehen, Kinder.

*Willem löst die Kette von Dr. von Simons Händen. Der Geschäftsfreund drängt sich durch die erregte Arbeitermenge zu Heinrich, der hört aber in seiner Betrunkenheit des Freundes leises Zusprechen nicht; Heinrich hebt ein Kalkstückchen vom Boden auf und zieht einen großen Kreis unterhalb seines Herzens.*

HEINRICH: So, Jüngsken, das Terrain darfst de nich überschreiten, sonst bin ich belämmert.

*Alles lacht stürmisch, nur Lieschen umklammert Mutter Pius ängstlich.*

LIESCHEN *(sinnlich erweckt):* Der macht den Heinrich tot.

*Von Simon verblüfft; Heinrich wankt auf seine Freunde zu. von Simon will die Flucht ergreifen, aber die Arbeiter packen ihn.*

DIE RIESENDAME *(guckt aus ihrer Bude):* Kommen Se bei mich, Herrchen!

*Von Simon befreit sich einen Augenblick, die Arbeiter hinter ihm her. August springt wie ein Kater auf seinen*

*Rücken. Aber es gelingt von Simon, ihn abzuwerfen, und sie rasen hintereinander über den Platz dem Ausgang zu.*

HEINRICH: Steckt ihn in den Aussichtsturm, meinetwegen!

*Die Herren nehmen den völlig erschöpften Heinrich in die Mitte, um mit ihm fortzugehen.*

HEINRICH *(zu Lieschen und zu Mutter Pius)*: Schlaf süß, Marze! Gut Nacht, Mama Charlottchen.

DER GESCHÄFTSFREUND: Das müßt sie hören!

*Die Menge verläuft sich, die Buden werden geschlossen, die alte Pius rennt in ihre Bude. Lieschen steht ganz allein im Vordergrund, setzt sich noch einmal auf den Leoparden im Karussell, streichelt ihn und springt dann ab.*

DIE RIESENDAME *(steckt den Kopf durchs Fenster)*: Wie heißt dein charmanter Kavalier?

LIESCHEN: Das geht Euch nix an.

*Heinrich, in der Mitte der Herren, sieht man noch hinter dem Platz des Jahrmarktes auf einer Anhöhe heimwärts ziehen. Die drei Herumtreiber kommen langsam am Karussell vorbeigewandelt, über den Jahrmarkt gehend.*

PENDELFREDERECH: Wir wollen den Garten nu reinigen von de Sünde *(murmelt böse)*.

*Lange Anna macht die Bewegung des Kehrens. Er trägt eine lange, rauschende Papierschürze und eine Frauennachthaube aus Papier mit flatternden Bändern auf dem Kopf und eine dicke Warzennase.*

AMADEUS *(auf Heinrich zeigend)*: Da wandelt mein Todeskandidat.

*Mutter Pius kommt von ihrer Bude zurück, in der einen Hand einen Korb, in der andern die Kindermumie, ihr zweiter Kopf, angefertigt aus Lumpen, baumelt am Rumpf herunter.*

MUTTER PIUS *(zu Lieschen):* Ich will mir hängen lassen, wenn es nicht dein Krakeeler von Vater gewesen war.

*Lieschen läßt vor Müdigkeit den Kopf hängen; schauert auf, als Mutter Pius ihm die kleine Mumie reicht.*

MUTTER PIUS *(zynisch):* Halt ens dein Zwilling fest!

*Mutter Pius befestigt den Kopf wieder an dem Rumpf. Die Riesendame grinst aus dem Fenster.*

MUTTER PIUS: Nu komm man rasch, sonst pumpt mir die Rosa *(auf die Riesendame weisend)* wieder an, und de Mutter Pius kann nicht »Nä« sagen.

*Sie wollen beide eilig über den Platz gehen, als Lieschen stehenbleibt, jäh Mutter Pius' Schoß umfassend.*

LIESCHEN: Ich dank dir auch vielmals für alles, liebe Mutter Pius.

*Sie eilen weiter, die Riesendame läßt die grün- und gelbgestreifte Jalousie ihrer Bude herunter, die fällt gleichzeitig wie der erste Vorhang über die ganze Bühne.*

*Im Arbeiterviertel wie im ersten Aufzug. Schornsteine dampfen und pfeifen in der Ferne jenseits der Wupper. Die Wupper ist bewegt und dunkelrot gefärbt. Fabrikarbeiter und Arbeiterinnen sind auf dem Wege zur Fabrik. Jungen ziehen Milchkarren, und Kinder laufen in die Bäckereien, Frühstück auszutragen. Über die Brücke geht, dem Häuschen von Pius zu, Eduard.*

*Eduard; Carl; Lieschen; August Puderbach; Mutter Pius; Frau Amanda Pius; Großvatter Wallbrecker; Gretchen Stomms.*

EDUARD *(erblickt Lieschen, das zur Bäckerei gehen will):* Lieschen!

LIESCHEN *(läuft entzückt zu ihm):* Herr Eduard! Herr Eduard!

EDUARD: Wohin gehst du denn so früh?

*Lieschen ist noch immer zu freudig, um zu sprechen, es hält Eduards Hand fest und springt beständig in die Höhe.*

EDUARD: Freust du dich denn so, mein Kind?

LIESCHEN: Sicher!

EDUARD: Sieh mal! *(Er schwingt eine Rolle hoch in der Luft.)* Komm, wir setzen uns hier auf die Bank.

*Sie setzen sich vor Pius' Haus auf die Bank. Eduard öffnet die Rolle.*

LIESCHEN: Is aus England, nich?

*Eduard nickt.*

LIESCHEN *(bewundernd):* Wie ist *das* schön gemalen!

EDUARD: Welche von den Puppenmüttern gefällt dir am besten, Lieschen?

LIESCHEN *(freudig):* De mittelste, die hat so große Augen, wie Sie habn.

EDUARD *(streichelt ihr Haar):* Das Bild mußt du dir an die Wand hängen, mein Kind.

LIESCHEN: Über unser Bett kömmt es zu hängen, un der alte Herr Jesus fliegt auf 'n Oller mit seine rotgeheulte Augen.

EDUARD: Aber Lieschen – – –

LIESCHEN: Er guckt wie der Vater, wenn er von de sündige Welt predigt.

EDUARD: Es kann auch nur ein frommer Maler unsern Heiland so schön malen, wie er gewesen ist.

LIESCHEN *(etwas dreist):* Meine Mutter sagt, Sie möchten uns en goldenen Rahmen bei das Bild kaufen.

EDUARD: Hat das deine Mutter gesagt?

LIESCHEN *(ihre Dreistigkeit fühlend, kleinlaut):* Molz!

EDUARD *(spricht zärtlich, gütig):* Aber daß du gestern nicht das kleine Christkind besucht hast, Lieschen, darüber bin ich sehr traurig.

LIESCHEN *(erschrocken):* Das dürfen Se nich sein; lieber bleib ich mein Leben lang in de Kirche auf de Stein liegen dreihundertundfünfundsechzig Tage *(besinnt sich)* und all die Stunden und die Minuten.

EDUARD *(gerührt):* Unsere liebe Mutter hat dich auch besonders gern, Lieschen.

LIESCHEN: Ich bin doch ens so schäbig angezogen.

*Sieht auf ihr Kleid herunter, Arbeiter grüßen Eduard ehrerbietig.*

EDUARD: Darauf sieht unsere liebe Mutter nicht; sie sagte mir, du habest ein himmelblaues Herzchen, Lieschen, und sie möchte so gern, daß es nicht fleckig würde.

LIESCHEN: En himmelblaues Herzken – – – habn Sie einmal so eins gesehn?

*Kinder rufen Lieschen an.*

ERSTES Kind: Lieschen!

ZWEITES KIND: Lieschen!

*Sie laufen wieder fort.*

EDUARD: Nur einmal bei einem kleinen Engelchen, das trug es ganz vorsichtig in einem seidenen Tüchelchen in den Händen.

LIESCHEN: Aber denn konnt es doch nich mehr klopfen?

EDUARD: Gewiß, es pochte ganz, ganz leise, lauter Perlen.

LIESCHEN: Sicher?

EDUARD: Und das Engelchen konnt es immer sehn, und so mußt du auch dein Herzchen wohl behüten, verstehst du mich, Lieschen?

LIESCHEN *(verzückt und erstaunt):* Ja – – –

KINDER: Lieschen, es ist half sieben; wir sagen es wieder!!

*Lieschen rafft sich auf.*

LIESCHEN: Ich muß nu laufen, Herr Eduard.

*Gretchen Stomms kommt herbei, nähert sich etwas dreist den beiden und sagt Lieschen etwas ins Ohr.*

LIESCHEN: Das is doch *der* nich.

*Wird schüchtern, will fortlaufen mit Gretchen Stomms.*

EDUARD: Eine Hand darfst du mir doch noch geben.

LIESCHEN: Mir haut der Vater, wenn ich trödel'.

GRETCHEN STOMMS *(altklug):* Es kriegt heute seine Löhnung.

*Eduard nickt, Wichtigkeit markierend. Lieschen verläßt ihn befangen. Die beiden Kinder laufen, die Arme gegenseitig über Kreuz im Rücken, fort. Großvatter Wallenbrecker kommt. Er trägt altmodisch grüngestickte Pantoffeln und die neue Pfeife in der einen Ecke im Mund. Arbeiter kommen wieder an Eduard vorbei.*

EINER DER ARBEITER *(brutal auf Eduard zeigend):* Der muß auch bald ins Gras beißen.

GROSSVATTER *(erblickt ihn):* Guck einer an, der junge Herr, so früh. *(Nicht Antwort abwartend, nach dem Dachfenster sich aufstreckend)* Carl, steh auf, Faulenzer, dicker Plumpsack, steh auf! Amanda!

EDUARD *(will ihn beruhigen):* Lassen Sie sie noch friedlich schlummern, Großvater.

GROSSVATTER: Tum Tingelingeling! – – – *(Er drängt Eduard, sich wieder auf die Bank niederzusetzen.)*

EDUARD: Was meinen Sie, Großvater, wenn ich mir auch ein Pfeifchen anzünde?

GROSSVATTER *(streicht ein Schwefelhölzchen an der Wand des Häuschens an):* Schlecht sehn Se mal wieder aus, un es fehlt doch nix bei Sie; wo der Teufel einmal drinsitzt! – – – Was sag ich, der Teufel? Wallbrecker, bist du doch en dämlich Roß, aber was muß das für en Satans in Sie sein?

EDUARD *(schelmisch):* Wer den wohl erlegen könnte, Großvater?

GROSSVATTER: En Heiligen sind Sie, der heilige Laurentius sind Se, un Kaffee müssen Se bei uns trinken, sonst beleidigen Se meine Tochter Amanda.

*Er zeigt auf Amanda, die mit einem Tisch aus dem Häuschen kommt, ihn vor die Bank zu stellen.*

FRAU AMANDA PIUS: So 'ne Ehre, geehrter Herr Eduard! *(Stellt den Tisch vor die Bank und reicht ihm die Hand. Zu Wallbrecker)* Wo is de Carl?

GROSSVATTER: Er schläft noch. Ruf du ihm.

*Frau Amanda geht ins Häuschen.*

GROSSVATTER: Er will nu Pastor werden, nehmen Se's ihn nich übel, lieber Herr Eduard.

*Amanda kehrt mit Kaffeekanne, Tassen, Butterbrot usw. zurück. Es wird immer heller. Arbeiter und Arbeiterinnen, unter ihnen Färber mit grün-, rot- und gelbglänzenden Händen und bleichen Gesichtern, ziehen vorbei.*

GROSSVATTER *(zu einigen Arbeitern):* Guten Tag zusammen!

ARBEITER: Auch schon aufgestanden?

AMANDA: Wenn uns der junge Herr – – –

CARL *(unterbricht sie):* Ich bin gleich unten.

AMANDA: Wenn uns der junge Herr die Ehre schenken will un en Köppchen Kaffee mit uns trinken will?

EDUARD *(gütig):* Ich bin ordentlich durstig, liebe Frau Wirtin.

AMANDA: Es fiel mich ja im Traum nich ein, daß de junge Herr heut kommen könnt, ich hätt sonst en Lot mehr gemahlen.

CARL *(man hört ihn oben sprechen):* Meinen Kragenknopf kann ich gar nicht finden.

MUTTER PIUS *(guckt aus dem Dachfensterchen):* Was seh ich – *(Sie tritt wieder vom Fenster zurück)* nu halt man still, ich kann dir doch nich mehr auf en Arm nehmen un dir antrecken.

*Alle lachen unten.*

GROSSVATTER: Mich is so dämlich im Kopf.

AMANDA: Du bist auch schon alt, Vatter.

*Mutter Pius kommt.*

MUTTER PIUS *(zu Eduard):* Bleiben Se man sitzen, tun Se, als wenn Se zu Hause wären.

*Eduard hustet.*

GROSSVATTER: Da meld er sich.

EDUARD *(hustet stärker):* Der alte Satansdrachen, was, Großvater?

MUTTER PIUS: De alten Doktors kurieren an Sie herum, die

Mutter Pius aber wird Herr Eduard auf de Beine bringen, jeden Morgen und Abend en Köppken von de junge Weizensaat müssen Sie trinken. Ich will es Ihren Personal sagen.

EDUARD *(gütig):* Das mag wohl zuträglich sein, Mutter Pius.

GROSSVATTER: Un jetzt man, wo wir Vollmond haben, soll es am tauglichsten sein.

MUTTER PIUS *(herrisch und verächtlich):* Misch dir nich in mein Praxis, Großvatter Wallbrecker.

EDUARD *(besänftigend):* Das nehmen alle Mediziner übel, Großvater, wir sind doch mal nur Laien.

GROSSVATTER *(könnte aufplatzen vor Lachen):* Tum Tingelingeling, tum Tingelingeling – – –

CARL *(frisch, markig, primanerhaft, pathetisch):* Ich grüße dich, Gottesmann, der du fürlieb nimmst mit unserer Speise und Trank.

EDUARD *(leuchtend schelmisch):* Friede sei deinem Haus, mein Bruder.

*Großvatter spricht auf Amanda unverständlich ein; Mutter Pius versorgt sich mit Kaffee und streicht Carl Butterbröte.*

EDUARD *(legt Amanda ein Kuvert auf ihren Schoß):* Von meiner Mutter.

GROSSVATTER *(neugierig):* Laß ens gucken!

AMANDA *(stößt ihren Vater mit dem Ellbogen unsanft zurück):* Nä, Ihre Frau Mutter is engelgut.

*Eine dicke Träne fließt über ihre Backe.*

GROSSVATTER *(nickt dazu, fortwährend Amandas Worte bestätigend):* Tum Tingelingeling, tum Tingelingeling, tum, tum, tum, tum!

*Carl und Eduard unterhalten sich leise. Aus der Seiten-*

*gasse, dem Zimmer im obersten Stock, das Puderbachs bewohnen, dringt Lärm. Ein Haufen Kinder sammelt sich lauschend vor dem Haus an.*

MUTTER PIUS *(spricht lauter):* Vielleicht trinkt Herr Eduard auch noch ein Köppken?

*Der Lärm läßt nach.*

EDUARD *(nickt Frau Amanda zu):* Er ist außergewöhnlich gut gebraut, ich möchte das Rezept unserer Auguste sagen.

MUTTER PIUS *(katzenfreundlich zu Amanda):* Er schmeckt aber auch gut heut, Amanda.

AMANDA: Vatter, hol noch wacker was Zucker aus die Blas, *(er steht langsam auf)* nu eil dir man ein bißchen!

*Lärm dringt wieder stärker aus der Seitengasse, man hört weinen, und es ist, als ob Porzellan zerbricht. Arbeiter und Arbeiterinnen gesellen sich neugierig zu den Kindern vor der Gasse.*

AMANDA: Geh doch ens rüber, Carl, du verstehst dir doch mit den Scheinheiligen. Bist dich doch eine Otoridät.

CARL *(hart):* Laß mich zufrieden!

*Eduard verlegen.*

AMANDA: Wat redest de rauh!

*Der Lärm läßt nach. Großvatter Wallbrecker kommt zurück, in seinem roten Taschentuch den Zucker wie in einem Beutelchen tragend.*

AMANDA: Bist de toll, Vatter?

*Carl und Eduard lachen.*

MUTTER PIUS: Ich sag garnix mehr.

GROSSVATTER: Wat soll ich denn? Ich schlabbere ja mit de Löffels, *(zu Amanda)* ich schütt ihn doch so in 'em Reisbrei.

CARL *(sich belustigend):* Ich bin Zeuge! Großvatter kallt de pure Wahrheit.

AMANDA: Glauben Se 's nich, Herr Eduard, *(auf Großvatter zeigend)* er träumt immer.

MUTTER PIUS *(großmütig, heuchlerisch):* Wat sagst de, Wallbrecker, ich nehm mich *doch* en Löffel davon in mein Köppken?

*Eduard klopft Mutter Pius auf die Schulter.*

GROSSVATTER: Ich hab mir seit von Tag nicht drin geschnäuzt.

*Alle lachen wieder herzlich. Aber furchtbar dringt der Lärm aus dem Hause der Seitengasse.*

AMANDA: Entweder geh du oder ich *(bittend).*

CARL *(unerbittlich):* Wenn er sie ens tüchtig verwichsen tät.

GROSSVATTER: Du willst en Pastor werden, Carl – – ich hab gleich gesagt, Gesellen mußt de haben.

*Der Großvatter erhebt sich.*

MUTTER PIUS: Wegen dat schlumprige Weib drüben lassen wir uns beim Kaffee stören.

*Der Großvatter ist im Begriff, herüberzugehen.*

EDUARD: Bleiben Se sitzen, Großvater, der Carl wird Ruhe schaffen.

*Der Großvatter läßt sich aber nicht aufhalten.*

MUTTER PIUS *(neidisch auf Großvatter weisend):* Das tut er mich zum Ärger.

AMANDA: Nu lauf man rasch den Großvatter nach, Carl!

CARL *(ärgerlich):* Steh du doch deiner Freundin bei!

*Carl hält Eduard zurück, der sich schlicht erheben will.*

CARL: Er kommt ja gleich wieder heil zurück. *(Der Großvatter naht.)* Salve Cäsar! Statt den Lorbeer das Käppken auf den Kopf und Lieskens Present in de Schnute.

*Alle lachen, auch hört man keinen Lärm mehr.*

GROSSVATTER: Ich hab all wieder gestillt, Kinderkes. Bleiben Se man sitzen, Herr Eduard.

*Er bemerkt gar nicht, daß Eduard auf seinem Stuhl sitzt.*

AMANDA *(geschwätzig):* Was bloß aus dem Liesken werden soll? –

EDUARD: Lassen Sie mich erst über den Berg sein.

MUTTER PIUS *(listig):* Da lassen Se man die Finger von.

CARL: Der Apfel fällt nicht weit vom Stamme.

MUTTER PIUS *(zynisch, halb zu sich zum eignen Amüsement):* Herr Eduard ist doch kein Feinschmecker!

EDUARD: Meine Schwester soll sich des Kindes annehmen.

AMANDA *(devot):* Ihr Fräulein Prinzessin Schwester?

EDUARD *(nickt stolz):* Ist sie nicht eine Prinzessin, Carl?

*Carl errötet, ist benommen.*

MUTTER PIUS: Dem Weib bin ich zu gut, ganz genau de Mama aus dem Gesicht geschnitten.

GROSSVATTER *(bestätigend):* Tum Tingelingeling, tum Tingelingeling, tum, tum, tum.

*Wieder gehen Männer vorbei. Es sind die Helfershelfer, die Lange Anna zu Hilfe kamen am ersten Abend.*

GROSSVATTER: Nehmt man de Bein auf en Nacken.

DER HERUMTREIBER *(höhnisch):* Na, wie schmeckt es euch denn?

GROSSVATTER: Carl, hast de das gehört?

MUTTER PIUS *(zu Carl, ängstlich, er könnte sie hauen):* Ärgere dir man nich darüber, Carl, das sind die nich wert.

CARL *(benommen):* Ich hab garnix gehört.

GROSSVATTER: Daß se mich nich en gemütlichen Abend gönnen, Herr Eduard. Fünfundzwanzig Jahr hab ich mit dem Liesken sein Großvatter am Webstuhl gesessen, *(weinerlich)* und doch war das Leichentuch zu klein für uns beide.

CARL: Mutter, gib mir meine Kappe!

EDUARD *(gütig, schelmisch zum Großvatter):* Wir werden noch oft zusammen ein Piepken schmöken, Großvater.

*Alle lachen, nur der Großvatter nickt ernsthaft.*

GROSSVATTER: Jetzt leb ich von de Gnade meiner Tochter un die *(er zeigt auf Mutter Pius).*

MUTTER PIUS: Ich bin doch gewiß nobel für dich!

AMANDA: Daß er das viele Tabakschmöken nicht lassen kann.

CARL: Für de Arbeit sind de Frauleut da!

*Frau Amanda greift Carls Kappe durchs Fenster und setzt sie ihm auf.*

MUTTER PIUS *(lacht):* Du frecher Bullenbeißer!

GROSSVATTER *(zu Carl):* Du bist noch jung, ich aber bin en altes, kränkliches Roß. *(Er hüstelt und spricht für sich):* Hab das Wiehern eigentlich schon vergessen.

*Er will aufstehen und ausspeien.*

AMANDA *(zum Großvatter):* Versteck dir rasch, siehst de nich?

*Der Großvatter beugt sich schnell hinter den Strauch neben dem Haus. Der Kaplan kommt vom Spaziergang in den Wald über die Wiese links; er hat einen schwankenden Gang. Er bemerkt die Gesellschaft vor dem Häuschen nicht.*

EDUARD: Warum soll sich der Großvater vor dem sanften Kaplan verstecken?

MUTTER PIUS *(weist auf ihn):* Wie 'n kleines Prozessionsboot über 'n evangelisch Meer.

EDUARD: Er ist sehr unglücklich, deiner Abtrünnigkeit wegen, Carl.

CARL *(sarkastisch):* So viel Kummer hat sich noch keiner um meine Seele gemacht.

EDUARD: Was sagen *Sie* dazu, Mutter Pius?

MUTTER PIUS: Daß Se lieber wieder nach unseren Luther hören sollen, was wollen Se allein herumschiffen?

EDUARD *(zu Carl):* Die Mütter!

AMANDA: Aufstehen, Vatter, wir müssen auf die Wies.

GROSSVATTER *(seufzend zu Eduard):* De Wäsch legen.

*Eduard erhebt sich auch.*

MUTTER PIUS *(zu Eduard):* Bleiben Se doch noch en bißchen bei de Mutter Pius, Herr Eduard.

EDUARD: Morgen geht 's Examen los, ich muß noch mathematische Zahlen rechnen.

MUTTER PIUS: Was nich de Schulmeister all wollen, zu meiner Zeit war es noch nicht halb so schlimm.

CARL *(sarkastisch):* Deshalb bist de auch kein Pastor geworden!

EDUARD *(Großvatter und Amanda, die zögernd warten, die Hand reichend. Die beiden gehen ins Häuschen):* Wir sind alle Pflugtiere. Kommst du mit mir, Carl?

*Carl nickt.*

MUTTER PIUS: Mit de Schluffen an de Bein, Jung?

CARL *(kleinlaut):* Ich wär wahrhaftig in Gedanken so gelaufen. *(Zu Eduard):* Ich hab die Stiefel beim Schuster.

MUTTER PIUS *(zu Eduard, wie zu einem kleinen Jungen):* De Mama wird schon bang sein – dafür kenn ich ihr.

*Mutter Pius reicht Eduard ermahnend die Hand, Carl begleitet ihn bis zur Ecke. Eduard winkt noch einmal Mutter Pius zu.*

MUTTER PIUS *(ruft durchs Fenster):* Gib mir meine Valentiaspitzen und Poingtskrägen. Se liegen in de Fase auf en Schrank, daß de Mietze nich damit spielt.

*Großvatter reicht die Spitzen heraus und zeigt in die Ferne, wo am Rand des Waldes die drei Herumtreiber:*

*Pendelfrederech, Lange Anna und der gläserne Amadeus um eine Laterne gehen, deren Licht noch nicht ganz erblichen ist.*

GROSSVATTER *(dämlich):* Da gehen die drei Erzengel in de Ferne un blasen aus de Laterne.

MUTTER PIUS: Du fängst auch wohl an zu reimen, wie de Carl?

*Carl kommt zurück.*

MUTTER PIUS *(zu Carl):* Lang macht der auch nicht mehr mit.

GROSSVATTER *(nickt beständig zustimmend):* Tum, tum, tum, tum.

CARL: Ich würd dem schon ein Stück von meiner gesunden Brust geben.

*Pause.*

MUTTER PIUS: Sag ens, Carl, wen hast de lieber, mir oder ihm?

*In der Richtung blickend, die Eduard eingeschlagen hat.*

CARL *(lacht):* Du träumst wohl, Großmutter, ich bin noch der Carl in deinem Schoß.

MUTTER PIUS: Mir überkömmt es man so.

CARL: Dich?

GROSSVATTER: Tum Tingelingeling!!

MUTTER PIUS: Meinst wohl, de Großmutter war nie wehmutsvoll gewesen?

CARL: Na, was is denn los?

*Mutter Pius sitzt eine Weile schweigend, den Kopf herabgesunken auf die Brust; die drei Männer verschwinden in der Ferne im Wald.*

AMANDA *(ruft):* Wo bist du denn, Vatter?

GROSSVATTER: Ich muß noch bei de Mutter Pius bleiben, sie hat Heiratsgedanken.

MUTTER PIUS *(auffahrend):* Du alter Sünder.

GROSSVATTER: Wenn ich en Sünder bin, da hätten wir uns heiraten sollen.

MUTTER PIUS: Dir! Du schlapper Bock!

CARL: Haltet eure Mäuler, ich muß arbeiten.

GROSSVATTER *(holt einen Ausklopfer)*: Wart man, ich schaff dich Ruh! *(Amanda zieht ihren Vater vom Fenster fort. Man hört ihn noch aus dem Hause reden, wichtig)*: Im Examen muß er steigen!

*Carl nimmt Heft und Buch, Tintenfäßchen, Halter aus seiner Tasche und beginnt zu blättern; Mutter Pius glättet geschickt die Spitzen und schweigt grübelnd.*

CARL *(etwas neckisch)*: Ich glaub ens, der Großvatter hat recht gesprochen.

MUTTER PIUS: Ich altes Weib?

CARL *(sie neckend)*: Mit dein jung Herz!

MUTTER PIUS *(sich aufraffend)*: Temperatur hab'n alle Pius im Leib gehabt un du auch, Carl, siehst de, un de Großmutter weiß das. *(Sie holt sorgfältig Martas Bild aus ihrer Ledertasche und hält es Carl hin.)*

*Carl fragend, verblüfft.*

MUTTER PIUS: Deine Flamme!

*Carl tiefrot, zittert, reißt das Bild an sich.*

MUTTER PIUS: Du Spitzbub, gib man rasch wieder!

*Carl steckt es in seine Brieftasche. Kleine Pause.*

MUTTER PIUS: Sie guckt sich nach dich die Augen aus.

*Kleine Pause.*

CARL: Wer sagt das?

MUTTER PIUS: Ich!

CARL: Das ist gelogen.

MUTTER PIUS: All de Leut sagen es in de Nachbarschaft.

CARL: Weibergeklatsch. *(Kleine Pause. Flehentlich erregt)*: Wer hat dir das gegeben, Großmutter?

MUTTER PIUS: Weißt de nich genug, daß du es auf deine Haut trägst, Carl?

CARL *(plötzlich glücklich)*: Großmutter! *(Er küßt sie auf den Mund.)* Du bist eine Teufelin!!!

MUTTER PIUS: Kriegt de Mutter Pius ens Schimpfe für die Gabe. – *(Kleine Pause.)* – Du heulst ja!

CARL *(unterdrückt die Erregung)*: Ich glaub es dir bald!

MUTTER PIUS: Wat zitterst du denn?

CARL: Ich hab Angst, ich fall im Examen durch. *(Plötzlich hart.)* Ihr Weiber stört mich!

*Kleine Pause.*

MUTTER PIUS: Carl, ich muß dich was recht Intimes sagen. Keiner darf es hören.

CARL: Laß mich zufrieden.

MUTTER PIUS: Sprech mit deine Schwiegermutter.

CARL: Was?

MUTTER PIUS: Wenn du 's Examen bestanden hast.

*Carl grübelt.*

MUTTER PIUS: Sie weist dir nicht ab, glaub es Mutter Pius. – *(Kleine Pause.)* – Du guckst mir an, als wenn ich dir zum Narren halt.

*Carl gespannt.*

MUTTER PIUS: So en wackerer Mann, wie du bist, Carl – un de feine Herrschaften stärken gern man das Treibhausblut mit den natürlichen seines.

*Carl immer gespannt.*

MUTTER PIUS: Liest de dann nich in de Zeitung öfters, daß de Gräfinnen sich mit de Lakais einlassen?

CARL *(naiv)*: Hinter den Rücken der Mütter?

MUTTER PIUS: Die Olschen wissen immer davon. *(Listig)* Mamma Sonntag weiß auch von das viele Leckers un de Zigaretten, was de Marta dich in de Manteltaschen stopft.

CARL *(trotzig):* Wer sagt dir, daß sie es hereinstopft!

MUTTER PIUS: Das riech ich im Dampf, Carl. Nä, wie ein kleines Gockel bist de noch!

*Von der Seite kommen August Puderbach und andere Färber, mit bunten Händen, durcheinander redend, von der Fabrik zurück; sie bleiben vor Pius' Häuschen stehen.*

AUGUST: Se streiken wieder.

MUTTER PIUS *(ärgerlich):* Und du?

DIE ARBEITER *(durcheinanderredend):* Aufhängen soll man die Krakäler.

CARL: Das sag ich auch.

AUGUST: Sind wir ens einmal eine Ansicht.

*Amanda kommt zurück, rechts vom Hause her; sie hat die letzten Worte gehört.*

AMANDA: Gut bist de dem Carl ens doch, August. Den Scheitel trägst de ja am Sonntag wie er an der Seit.

EINER DER ARBEITER: Was hab'n wir von der Streikerei?

AUGUST: Drei un ein halben Taler weniger im Monat. Mich war de Arbeitszeit nich zu lang.

MUTTER PIUS: Das muß man dich lassen, ein fleißiger Jung bist de – aber was tust de auch zu Haus bei dein muckerigen Vater?

AUGUST *(zu Carl):* De Pastoren, die streiken nich, was, Carl? – Vielleicht sattle ich noch um.

CARL: Halts Maul!

EIN ANDERER ARBEITER: Was sollen wir machen, Mutter Pius, wir dürfen uns so nich zu Haus sehen lassen.

MUTTER PIUS: Kümmert euch doch nicht um eure Brüders.

EINER DER ARBEITER: Was sollen wir machen gegen so viel Sozialdemokraten? Wir sind ja all Sozialdemokraten, aber darum brauchen wir doch keine Dummheiten machen.

MUTTER PIUS: Nä, wahrhaftig nich.

DERSELBE ARBEITER: Was rätst de uns, Mutter Pius?

AMANDA: Geht man wieder zurück zu euren Herrn und klatscht ihm die Vorgänge.

EIN ANDERER ARBEITER: Nä, verraten tun wir de Brüder nich.

CARL *(herablassend, brutal)*: Schlagt euern Herrn tot, wie se 's in Rußland machen!

DERSELBE ARBEITER: Un dann?

MUTTER PIUS *(lachend)*: Dann wirst du der Besitzer, August.

EIN ANDERER ARBEITER: Lieber bleiben wir en Arbeiter, als en Herrn werden über se alle.

MUTTER PIUS: Ich würd schon mit ihm tauschen. Alte Schafsköpfe, wo man euch hintreibt, freßt ihr!

EINER DER ARBEITER: Recht hat se man.

EIN ANDERER ARBEITER: Mein Jung soll lieber in unser eigenen Schweiß *(er zeigt auf die Wupper)* versaufen, als en Färber werden.

EINER DER ARBEITER: Kannst du uns was borgen, Mutter Pius?

EIN ANDERER ARBEITER: Guck ens in dein Beutel nach – – –

MUTTER PIUS: Ich hab von Tag nich en Kastemänneken über. De Carl muß doch auf de Universität ne ganze Bux am Hintersten hab'n.

*Lieschen läuft, vom Brotaustragen zurückgekehrt, zu August – er und die Arbeiter gehen weiter, sich zu beraten. Der Großvatter Wallbrecker kommt keuchend über die Wiese, er ruht sich vor der Brücke aus. Er trägt einen Wäschesack auf dem Rücken. Von der Gasse hört man Getrampel und Fluchen, eine Schar Arbeiter kommt auf Pius' Häuschen zu.*

MUTTER PIUS *(nimmt mit einem Griff Carls Bücher und ihre Spitzen)*: Komm wacker herein, Carl, ich muß mir neutral halten, un wenn Bebel selber mir um Rat fragen tät.

*Der Großvatter sieht Lieschen, das noch vor dem Haus von Pius steht.*

GROSSVATTER: Lieschen!

LIESCHEN *(mit raffiniertem Einverständnis zu Mutter Pius):* Soll ich heut wieder helfen, Mutter Pius?

*Mutter Pius ist aber schon im Haus und hat Lieschens Frage nicht gehört. Die Arbeiter verziehen sich. Lieschen geht der Gasse zu. Großvatter ruft; aber Lieschen will, scheint's, nicht hören; er pfeift den Pfiff, der Lieschen ein Signal geworden ist. Nun steht der Großvatter vor dem Häuschen.*

GROSSVATTER: Nä, wie sich das Blag verändert hat! Amanda, mein Buckel stürzt ein!

*Er geht ins Haus.*

## *Fünfter Akt*

### Erste Szene

*Eine Art Gartenzimmer in der Villa der Familie Sonntag. Rechts führt die Tür zum Flur, von der man die Haustür deutlich sehen kann. Links ein breites Fenster, das den Garten spiegelt. Viele Schlingpflanzen und andere Blumen schmücken das Zimmer. Nahe dem Fenster steht ein lila Ledersofa, worauf Frau Sonntag und Eduard sitzen. Frau Sonntag hält zerstreut ein offenes Buch auf der Rückseite im Schoß. Marta ist im Begriff, den Flor von Heinrichs Bild abzunehmen. Die Familienmitglieder sind in Schwarz gekleidet, auch die Dienstboten.*

*Frau Sonntag; Eduard; Marta; Dr. von Simon; Auguste; Berta.*

MARTA: Immer wieder hängt ihn Auguste um das Bild.

FRAU SONNTAG: Warum nimmst du ihn ab?

MARTA: Eduard will es ja.

EDUARD *(liebevoll):* Ich möchte, liebe Mutter, daß man ihm Lebendigeres brächte.

MARTA *(zu Eduard):* Wie gefällt dir dieses junge Grün?

*Eduard nickt dankbar.*

FRAU SONNTAG *(melancholisch):* Ich traure, daß er gelebt hat.

*Marta schmückt das Bild, setzt sich dann ans Fenster und stickt auf einen Rahmen in Seide Kamillen. Ihre Bewegungen sind unruhig, wartend.*

EDUARD: Daß du nur einen Augenblick an seiner Ehrenhaftigkeit zweifeln kannst!

MARTA: Dr. von Simon sagt aber auch, ein Unschuldiger gehe nicht dem Leben durch.

EDUARD: Der Inspektor hat sich kein Urteil über unsern Bruder zu erlauben, vor allen Dingen aber vor seines Herrn Schwester nicht.

*Frau Sonntag winkt Marta zu schweigen. Kleine Pause.*

EDUARD: Soldat war er, wie soll der anders in diesem unaufklärbaren Falle handeln!

FRAU SONNTAG: Ich glaubte, diese Zeit hätte er längst vergessen.

EDUARD: Aber Mutter, der Soldat lag ihm im Blut wie in Achill der Sieg.

FRAU SONNTAG: Wie du ihn zu verherrlichen suchst, Eduard!

MARTA: Schneidig standen ihm die Schnüren und der Galahelm.

EDUARD *(Marta in die Rede fallend):* Er hätte Soldat bleiben sollen, Mutter, auch nach Papas Tod.

FRAU SONNTAG: Du sagst das so vorwurfsvoll, sollte ich mich vielleicht ins Büro der Fabrik setzen?

EDUARD: Mutter, du bist nervös.

FRAU SONNTAG: Er hat damals Papa versprechen müssen, die Leitung zu übernehmen.

EDUARD: Ich hätte ihm das Versprechen nicht gegeben, wenn ich Heinrich gewesen wäre.

FRAU SONNTAG: Du? *(Erstaunt)* Daß ich meine Kinder so wenig kenne – – – Es hätte sich schon ein Stellvertreter in der Verwandtschaft gefunden.

MARTA: Wenn ihr euch jetzt immer so ernst unterhaltet – es ist schon trist genug bei uns im Haus.

FRAU SONNTAG *(melancholisch):* Ich bin auch keine Gesellschaft für dich.

EDUARD: Bald habt ihr mich los.

FRAU SONNTAG und MARTA *(sprechen fast zusammen):* Ich hoffte, *du* würdest *nun* bleiben, Eduard?

MARTA: Bringst du auch mal einen Mönch mit nach Hause?

*Mutter und Sohn lächeln.*

EDUARD: Wie denkst du dir das?

MARTA: Ich möchte mal so jemand ganz Frommes kennen lernen.

FRAU SONNTAG *(wehmütig, mokant)*: Du bist ihr nicht fromm genug.

EDUARD: Kinder und Narren – *(kleine Pause)*.

MARTA: Mama, kann man eigentlich *rosa* auf dem Standesamt tragen?

FRAU SONNTAG *(unterbricht Marta erschrocken)*: Daß du es übers Herz bringen kannst, Eduard.

EDUARD: Wenn du Gott liebtest, würdest du nicht versuchen, mich wankend zu machen.

FRAU SONNTAG: Ich liebe Gott nicht.

EDUARD: Weil du ihn mit menschlichen Empfindungen suchst.

FRAU SONNTAG *(melancholisch)*: Ich habe keine andern.

EDUARD *(legt den Arm um sie)*: Und doch leidest du unmenschlich, Mütterchen. – *(Kleine Pause)*. – Ich möchte dir, solange ich noch bei dir bin, Vater und Heinrich ersetzen. – Warum lächelst du so fremd?

FRAU SONNTAG: Das wirst du nie, Kind.

EDUARD: Wenn ich mir nun alle Mühe geben werde?

FRAU SONNTAG: Du *könntest* es, Gott sei Dank, nicht.

MARTA: Ich habe einmal zwei Mönche im Kölner Dom gesehen. Ihre Köpfe waren geschoren, wie bei Verbrechern, und barfuß gingen sie später durch den Schnee.

MUTTER *(seufzend)*: Du hältst es nicht ein Jahr im Franziskanerorden aus, Eduard.

AUGUSTE *(öffnet behutsam die Tür des Zimmers)*: Herr Pius ist da un will die Frau ganz allein sprechen.

FRAU SONNTAG *(zu Eduard):* Er meint dich gewiß, Eduard.

AUGUSTE: Nä, er sagt ganz ausdrücklich, *die Frau.*

*Frau Sonntag erhebt sich achselzuckend.*

AUGUSTE *(flüstert Marta leise ins Ohr):* Ihr Bräutigam is auch wieder da.

*Marta blickt forschend auf Eduard, der aber nichts gehört hat, und geht leise trällernd aus dem Zimmer. Auguste deckt Eduard mit der Gebärde der Frau Sonntag eine Decke über die Füße.*

EDUARD: Bei der Wärme, Auguste?

AUGUSTE: Wenn es Herr Eduard hab'n will, leist ich ihm en bißchen Gesellschaft.

*Eduard nickt gütig.*

AUGUSTE: Ich hör für mein Leben gern von Herrn Jesus erzählen.

*Eduard nickt. Auguste nimmt Platz und zieht ihren breiten, blauen Strickstrumpf aus der Tasche.*

AUGUSTE: Sie müssen nich immer auf den Heinrich gucken, er kriegt kein Frieden.

EDUARD: Und eigentlich war ich doch an der Reihe.

AUGUSTE: Das helft alles nix, passen Se auf, Herr Eduard, *(freudig verheißend)* nach der Trauer folgt de Hochzeit.

*Eduard blickt sie fragend an.*

AUGUSTE: Euch mein ich doch verdeck nich, oder der liebe Herrgott müßt sich auch eine Tochter machen.

*Eduard lächelt.*

AUGUSTE: De Marta mein ich.

BERTA *(tritt mürrisch ins Zimmer, sie bringt auf einem Tablett eine Kanne Milch und ein Glas. Zu Auguste):* Ihnen alles nachzutragen, habe ich auch keine Lust mehr.

*Sie verläßt das Zimmer.*

AUGUSTE: Das dumme Blag tut ens so zimperlich wie 'n Fräulein.

EDUARD: Sie sieht seit einigen Tagen sehr unzufrieden aus.

AUGUSTE: Gekündigt hat se Mama Sonntag, sie geht nach Schlamerika.

EDUARD: So?

AUGUSTE: Ich glaub, de Mutter Pius hat ihr das aus de Karten prophezeit.

EDUARD: Mutter Pius hält euch nur zum besten – sie ist doch eine kluge Frau, dünkt mich?

AUGUSTE: *Sie* gucken ja immer in den Himmel rein.

EDUARD: Nein, ist sie keine kluge Frau?

AUGUSTE: Wie mans beguckt; aus ihrer Schlauigkeit krauchen die Narrheiten.

EDUARD: Das ist mir ganz neu.

AUGUSTE *(kleine Pause)*: Ich könnt euch alles beichten, Herr Eduard.

*Sie hebt eine Masche auf, die während ihres Sprechens gefallen ist.*

EDUARD: Tun Sie das, Auguste.

AUGUSTE: Ich habe Mama Sonntag vorige Woche was vorgelogen.

EDUARD *(ein Lächeln unterdrückend)*: Was denn, Auguste?

AUGUSTE: Ich hab mich gar nicht verschlafen, im Leichenhaus war ich. Ich wollt dem lieben Herrn Heinrich addjüß sagen.

EDUARD: Das hätte Ihnen meine Mutter ja nicht verwehrt, Auguste.

*Eine Schar Jungens mit Waldbeeren in Kannen klingeln an der Haustüre und klopfen und surren.*

AUGUSTE *(schließt die Tür)*: Und was denken Sie, wem seh ich da – de alte Pius! De Augen standen scheel wie beim

Geripp, un gedreht hat se sich *(spricht immer tiefer)* um de Leichen immer rund um, ohne aufzuhören, un gesungen hat se dabei *(sie singt ganz tief, fast im Baß):* O du lieber Augustin, alles is hin, hin, hin.

EDUARD: Was erzählen Sie da, Auguste?

AUGUSTE: Regen Se sich deshalb nich auf. Carl sein Großvatter, der hat vor langer Zeit zu mich gesagt, de Mutter Pius wär das Karussell, wo wir all drin sitzen.

*Frau Sonntag kommt entstellt ins Zimmer; sie sieht ganz gelb im Gesicht aus. Die Jungens sieht man beim Hereintreten sich vor der Haustür drängen. Der größte hält ein Öllämpchen in der Hand.*

AUGUSTE: De Jungens machen mir ganz nervös.

*Ahmt Frau Sonntag nach, erhebt sich gemächlich vom Stuhl und geht behutsam aus dem Zimmer.*

DIE JUNGENS: Gitzhals! Gitzhals!

FRAU SONNTAG: Du weißt es wohl schon.

*Eduard ist noch immer erregt von Augustens Erzählung.*

EDUARD *(nickt fragend »nein«):* Du schüttelst dich, als ob du über ein gedüngtes Land gegangen bist.

FRAU SONNTAG: Du weißt es wirklich nicht, Eduard?

EDUARD: Setz dich zu mir, armes, armes Mütterchen.

*Pause.*

FRAU SONNTAG: Pius war doch hier.

EDUARD: Ach ja, was wollte er?

FRAU SONNTAG *(tonlos):* Marta.

*Kleine Pause.*

EDUARD: Ich hätte mich mehr erschrocken, wenn es der Inspektor gewesen wäre.

FRAU SONNTAG *(verlegen):* Du hättest ihn sehen müssen, den schüchternen Jungen – impertinent wurde er, sage ich dir, Eduard. Er trinkt überdies.

EDUARD *(kleine Pause):* Ich bildete mir ein, er hätte uns so oft meinetwegen besucht. – *(Kleine Pause)* – Ich bin Egoist geworden während meiner Krankheit.

FRAU SONNTAG: Aber Eduard, er konnte sich doch glücklich schätzen, dich besuchen zu dürfen.

EDUARD: Wie trivial faßt du unsere Freundschaft auf, Mutter.

*Die Jungen werden so laut, daß man sie im geschlossenen Zimmer hört.*

FRAU SONNTAG *(sehr verlegen):* Auguste soll die Kinder draußen fortschicken. *(Sie klingelt.)*

EDUARD: Eine junge, eherne Apostelgestalt ist Carl Pius, in Versuchung.

FRAU SONNTAG: Du bist ein Fanatiker.

EDUARD: Und doch lehrt Krankheit weise Melodien. – *(Kleine Pause)* – Was sagtest du ihm?

FRAU SONNTAG: Ich erinnerte ihn zuerst an seine Jugend.

EDUARD: Und?

FRAU SONNTAG *(sich erdenkend):* Daß Marta dann schon ein altes Mädchen sein würde – aber als er impertinent wurde – wies ich ihm die Tür.

*Eduard senkt den Kopf.*

AUGUSTE *(tritt behutsam ins Zimmer, ihre roten Backen glänzen, sie läßt die Zimmertür halb offenstehen):* Wie zwei Turteltauben, die beiden im Garten – *(Frau Sonntag verlegen).*

EDUARD: Das wäre allerdings eine Impertinenz – – –

*Die Jungens betteln unaufhörlich.*

AUGUSTE: Wir wollen de Jungens en Liter Waldbeeren abkaufen, dann hab'n se Ruh.

*Sie nimmt aus Frau Sonntags Portemonnaie im Schlüsselkorb, ohne Antwort abzuwarten, Geld. Marta und der Inspektor werden sichtbar im Garten. Eduard wendet den Kopf zum Fenster hin. Frau Sonntag rafft sich auf.*

FRAU SONNTAG *(gepreßt):* Sie sollten es dir selbst sagen, Eduard.

*Kleine Pause.*

EDUARD: Schamloser konntest du deinen Sohn Heinrich nicht verraten. – *(Kleine Pause)* – Mein armer Bruder, ein flüchtender Soldat, ging er verzweifelt in den Tod – –

FRAU SONNTAG: Damit gibst du ja seine Schuld zu.

EDUARD: Es steht dir nicht, Mutter, mich meuchlings überführen zu wollen.

FRAU SONNTAG: Ich verstehe nicht, was du eigentlich gegen Dr. von Simon hast.

EDUARD: Dasselbe, was du gegen ihn hast, Mutter, darum wagtest du auch nicht, mir von der Katastrophe *selbst* Mitteilung zu machen.

FRAU SONNTAG *(etwas finster):* Ich fürchte mich vor meinen Kindern nicht, selbst vor dir nicht, Eduard.

*Kleine Pause.*

EDUARD: Erinnere dich doch, welchen Verdacht du gestern noch gegen ihn aussprachst.

FRAU SONNTAG *(hochmütig):* Ich hab ihn mir eigentlich erst heute morgen angesehen.

EDUARD *(spöttisch):* Schwärmst etwa *auch nun* für seine schmachtenden Wimpern?

FRAU SONNTAG *(aufweinend):* Ich fühle, Eduard, ich war zu selbstlos zu dir.

EDUARD: Mutter, teure Mutter, aus welchem Grunde willst du Martas Mädchenseele preisgeben?

FRAU SONNTAG: Daß Heinrich in der letzten Zeit auf ihn erbost war, hat tiefere Gründe.

EDUARD: Aber wir haben doch Augen und Ohren, Mutter.

FRAU SONNTAG *(gezwungen):* Ich wünschte sogar, wir hätten Herrn Dr. von Simon veranlaßt, zeitiger in unserem Hause zu verkehren.

EDUARD: Du weichst noch immer meiner Frage aus, Mutter?

FRAU SONNTAG: Um dir Einblick in die geschäftlichen Dinge zu geben, warst du damals zu jung, Eduard.

EDUARD: Wir lebten doch luxuriöser als heute, Papa gab eine Festlichkeit nach der andern.

FRAU SONNTAG: Das war es ja eben. Heinrich hat oft genug sein Schweineglück, wie er sich ausdrückte, gepriesen, einen Mann wie Dr. von Simon gefunden zu haben. – *(Kleine Pause)* – Wir können uns glücklich schätzen, daß er Marta nimmt.

EDUARD: Der Mann bringt wahrhaftig kein Opfer.

*Auguste öffnet zögernd die Zimmertür, sie hält einen großen Rosenstrauß in der Hand, zwischen den Blättern liegt eine Karte. Sie versucht, sich mit Frau Sonntag schweigend zu verständigen.*

FRAU SONNTAG: Nicht wahr, Auguste, Herr Dr. von Simon ist doch der richtige Mann für das Fräulein?

*Auguste schlägt erstaunt die Augen auf und dann mit zufriedenem Lächeln:*

AUGUSTE: Von das Fräulein Oberbürgermeister – – –

*Sie stellt den Strauß zärtlich in eine Vase.*

EDUARD *(spöttisch):* Du fragst doch sonst deine Dienstboten nicht.

FRAU SONNTAG: Sie können gehen.

AUGUSTE *(greift in die Schürzentasche):* Un das da soll ich die Madame von dem längsten Bengel draußen geben, un er wünscht ein langes Leben.

*Frau Sonntag nimmt das Kuvert gedankenlos hin, spielt damit, legt es dann schließlich auf den Tisch.*

AUGUSTE *(zu Eduard):* Ich glaub, dem Liesken sein Bruder wars, der Kerl mit der langen Nas und de grüngemalten Hände. Seine Bux hat er aufgekrempelt bis über de Knie.

*Auguste bleibt bei der halbgeöffneten Zimmertür unbemerkt stehen.*

EDUARD *(nimmt das Gespräch wieder auf):* Das ist alles noch kein Grund, seine Tochter zu verkaufen.

FRAU SONNTAG: Soll Marta vielleicht Ladenmädchen werden?

EDUARD *(primanerhaft):* Lieber als im buhlerischen Bett liegen.

FRAU SONNTAG: Du übertreibst, Eduard, ich bitte dich, schlafe eine Nacht darüber.

EDUARD *(mit biblischer Wucht):* Ich sage dir, Weib, beflecke unser Haus nicht.

*Mutter bricht weinend zusammen.*

FRAU SONNTAG *(leise):* Du bist impertinent wie Carl Pius.

AUGUSTE *(behutsam durch die Tür wieder eintretend, glotzäugig, gutmütig, lügend):* Überall schellt es –

EDUARD: *Die* kommt dir immer wie gerufen.

AUGUSTE: Ich kann de Mama Sonntag nicht heulen sehen. *(Tritt gutherzig näher zu ihr hin.)* Ma'mm Sonntag ---

*Eduard kämpft mit sich. Marta kommt temperamentvoll ins Zimmer, von Simon verharrt unsicher, als er Eduard erblickt, vor der halb offenen Zimmertür.*

FRAU SONNTAG: Marta, laß uns noch einen Augenblick allein.

*Marta gehorcht schmollend; im nächsten Augenblick ihren Bräutigam graziös anlächelnd, verschwindet sie mit ihm wieder.*

EDUARD *(zärtlich, aber fest):* Hast du mir noch etwas zu sagen?

AUGUSTE *(zu Frau Sonntag):* Gucken Sie ihm an, Ma'mm Sonntag, er hat en Heiligenschein um de Locken.

*Frau Sonntag nickt unendlich traurig.*

AUGUSTE: Er paßt gar nicht in de sündige Welt.

*Frau Sonntag ernst zustimmend.*

AUGUSTE *(zeigt auf die Haustür):* Da steht verdeck noch der große Lümmel von Puderbachs vor de Haustür und lauert.

EDUARD: Ist das Lieschen bei ihm?

FRAU SONNTAG: Aber Eduard – – –

AUGUSTE: Lassen Se das arme Blag man lieber links liegen, sonst kommen Se auch wie de Heinrich im falsches Verdacht.

*Eduard erschöpft, er hustet stärker.*

AUGUSTE *(harmlos):* Er hat mir selber öfters gefragt, ob Herr Eduard das Lieschen poussierte.

EDUARD *(entgeistert, kleine Pause):* Mutter, hast du das gewußt?

FRAU SONNTAG *(mitleidsvoll):* Ich kenne dich doch, Eduard –

*Eduard schreitet fremd und einsam aus dem Zimmer wie über einen Berg herüber. Frau Sonntag sieht ihm melancholisch nach; nimmt das Kuvert zerstreut vom Tisch und tritt ans Fenster, vor das die Verlobten treten; Marta blickt erstaunt den Zaun des Gartens entlang.*

MARTA: Denk mal, Mama – *(Frau Sonntag hört kaum hin)* eben ging Berta aus dem Haus am Zaun vorbei, in *meinem* Jackett und Hut, und *ihre* Sachen hängen an meinem Haken am Ständer.

DR. VON SIMON: Darf ich der verehrten Mama die Hand küssen?

*Berührt die ihm zaudernd dargereichte Hand.*

FRAU SONNTAG *(verlegen):* Ich kann mich noch gar nicht an den Gedanken gewöhnen.

*Auguste wartet am äußeren Ende des Zimmers. Die Situation ist ihr unbegreiflich. Sie geht heraus. Marta schmollt. Sie nimmt eine Kamille aus ihrem Gürtel und befestigt sie über dem Herzen von Simons.*

DR. VON SIMON: Du wirst mich ausputzen wie einen Geck, Kätzchen.

*Frau Sonntag öffnet apathisch das Kuvert, sie nimmt Martas Nacktphotographie hervor – erschrickt heftig – begreift nicht, betrachtet sie von allen Seiten. Sie ruft Marta ans Fenster zu sich und hält ihr die Kehrseite des Bildes vor Augen.*

FRAU SONNTAG: Marta, kennst du die Handschrift?

MARTA *(übermütig):* Das ist Pius seine dicke Tatze.

AUGUSTE *(kommt geheimnisvoll ins Zimmer):* Herr Eduard sitzt in seine Stub und beguckt sich im Spiegel.

MARTA: Den hat er doch beklebt, daß er nicht eitel werde.

*Frau Sonntag schließt das Bild in ihren Sekretär ein.*

DR. VON SIMON *(leise zu Marta):* Für dich wird es auch die höchste Zeit, hier herauszukommen, Kätzchen.

FRAU SONNTAG *(apathisch, dann aufleuchtend zu sich redend, aber den Kopf zu den beiden zum Fenster hin gewandt):* Ich werde ihm eine Herzensfreude machen.

MARTA *(etwas schnippisch):* Du willst wohl mit ihm ins Kloster gehen, Mama?

*Auguste geht mit der Gebärde, die ausdrückt, um Himmelswillen nicht, fürsorglich hinter Frau Sonntag aus der Türe. Die Verlobten verschwinden im Garten.*

## Zweite Szene

*Im selben Arbeiterviertel wie im ersten Aufzug.*

*Pendelfrederech; Lange Anna; Amadeus; Eduard; Carl; August Puderbach; Großvatter Wallbrecker.*

AMADEUS: Klopfen Se man tüchtig, de alte Pius schläft doch nich in de Nacht, die hat mit em Satan zu konferieren.

LANGE ANNA: Un oben beim Wallbrecker sin de Fensterlöcher verstopft.

PENDELFREDERECH *(stößt Eduard stier an)*: Ich hab 'ne trockne Kehl, Herr.

LANGE ANNA: Du toter Maulwurf, was weißt du von em Durscht!

PENDELFREDERECH *(zu Eduard)*: Wir sind ja beide auf de Himmelfahrtreis.

*Er murmelt grausig. Eduard gibt ihm ein Geldstück.*

LANGE ANNA *(betrachtet es höhnisch)*: Davon brauchst de mich nix mitgeben, Frederech!

PENDELFREDERECH: Altes Ferkel!

AMADEUS: Wenn Sie de Carl sprechen wollen, Herr, der is im Wirtshaus und säuft 'en Fusel nach dem andern; *(Eduard bewegt)* un de Aujust sitzt bei ihm un frißt Zucker aus seine Tasch und säuft mit ihm in Kömpanni.

*Eduard bewegt sich in der Richtung zum Wirtshaus.*

AMADEUS *(instinktiv)*: Ich will ihm herausholen, bleiben Sie man lieber hier.

PENDELFREDERECH: Hausknecht!

*Eduard hält Amadeus zurück. Lange Anna kreischt plötzlich auf, ähnlich wie am Abend, als Carl Pius seinen Arm verrenkte.*

AMADEUS: Was is dich, Lange Anna?

*Lange Anna wimmert wie ein Weib. Pendelfrederech murmelt böse.*

AMADEUS: Wie 'n Schellenzug von de Großmutter bammelt dein Ärmel am Leib herunter.

*Lange Anna quietscht leise Frederech ins Ohr.*

PENDELFREDERECH: Altes Ferkel!

AMADEUS *(zu lange Anna):* Du hast es auch ein bißchen zu weit getrieben.

LANGE ANNA: Ich?

AMADEUS: Ja, das hast de; seit de Zeit hockt er im Fusel drin.

LANGE ANNA: Hihihihi!

AMADEUS: Dat tut mich leid, leid tut mich das, er säuft ja sonst nix.

*Lieschens Vater kommt nach Hause, durch die kleine Seitengasse vom inneren Viertel her, man sieht ihn also nicht, hört nur, wie er mit der Faust krachend die Haustür aufstößt.*

AMADEUS: Ich merk das Poltern da *(faßt auf sein Herz).*

PENDELFREDERECH *(murmelt böse):* Aus de Bibelstunde kömmt er.

LANGE ANNA *(stößt Eduard an die Schulter und quietscht höhnisch auf):* Das war der Vater von es – – –

*Pendelfrederech murmelt grausig.*

AMADEUS: Geheult hat es, als es in die Zwangserziehungsanstalt geholt wurde, wie en Madame ihr Schoßpudel auf dem Weg zum Schlachthaus.

*Eduard bewegt.*

LANGE ANNA: Da werden se es man tüchtig durchbläuen für seine Liebhabereien. – *(Kleine Pause)* – Mich hätt Ihr Bruder lieber nehmen sollen.

PENDELFREDERECH: Dir altes Ferkel? *(Eduard bewegt.)* Die

Kleine versteht es feiner wie du. Im Nachthemd spaziert es grad unterm Mond über die Dächer. Ich lag selber auf de Lauer und schnappte nach dem Glühwürmken.

AMADEUS *(zu Eduard, wehmütig)*: Einmal hab ich es ja auch gesehen.

LANGE ANNA: Auf mir hat es in de Herrgottsfrüh nach der Oper *(zeigt auf seinen Arm)* unten an de Wupper gelegen.

AMADEUS: Ich war dem netten Dier gut.

LANGE ANNA *(zeigt auf seinen Arm)*: Ich soll man nix de Polizisten erzählen von de Carl, es wär sein Schatz. Hihihihi!

PENDELFREDERECH: Verlogenes Ferkel, verkrochen hast de dir vor Carl seine fette Faust.

LANGE ANNA: Du lauerst wohl aus dein Deckel?

*Carl und August kommen schwankend Arm in Arm aus dem Wirtshaus. Carl sieht grenzenlos verändert aus. Seine alte Primanermütze trägt August umgedreht auf einen Stock gespießt. Die drei Herumtreiber lachen. Carl erblickt Eduard.*

CARL: 'nen Abend, Eduard, wie geht es mein Schatz Marzebillken? Se will mich doch heiraten. Ijo, ijo! *(Zu sich selbst sprechend im Ton seiner Großmutter)* Carl, hast de deine Großmutter lieb? *(Kleine Pause. Im seligtrunkenen Ton)* Ich hab dich ja so lieb, Eduard.

AUGUST *(neidisch; er schwankt ebenfalls)*: Laß doch den Hungerleider stehn, Carl, er soll sich das Haar schneiden lassen.

AMADEUS *(zu August)*: Zeig meine beiden Kollegen molz de heilige Eva aus deine Brieftäsch, Aujust.

*Die Brieftasche hängt August aus der Hosentasche.*

EDUARD: Das ist Pius' Brieftasche.

*Es beginnt ein Wehen in der Luft.*

AMADEUS: Ein Spruch aus lateinisch steht auf der Hinterseit.

EDUARD *(er umfaßt Carl hinterrücks):* Helfen Sie mir doch, Amadeus.

AMADEUS: Ich kann ihm nich untergreifen, mein gläsern Herz bricht in Splittern. *(Wehleidig)* En Sprung hat es schon.

LANGE ANNA: Nehmt mir in de Mitte, versoffne Brüders.

*Er stößt Eduard zurück, der taumelnd an Frederechs Brust fällt. Lange Anna drängt sich zwischen Carl und August.*

PENDELFREDERECH: Sin wir beide Todenvögels vereint.

*Carl, Lange Anna, August wanken über die Brücke, von dort weiter. Der Nachtwind klagt wie ein Kind, Eduard fröstelt. Noch einmal klopft er leise an die Haustür von Pius' Häuschen.*

GROSSVATTER *(öffnet sein Fensterchen und kräht):* Will se schon vertreiben, de Nachtgespenster.

*Er gießt eine Emaillekanne voll Wasser herunter.*

PENDELFREDERECH *(murmelt böse):* Ich leg mir schlafen unterm Busch.

*Eduard tritt mit gesenktem Kopf den Heimweg an.*

Ende

# ARTHUR ARONYMUS UND SEINE VÄTER

(Aus meines geliebten Vaters Kinderjahren)

*Schauspiel in fünfzehn Bildern*

## *Personen*

MORITZ SCHÜLER, Gutsbesitzer
HENRIETTE, seine Frau
ihre 23 Kinder:

1. HEINRICH MENACHEM
   ELFRIEDE, seine Frau
   OSKAR, sein Sohn
2. SIMEON
3. JULIUS
4. FANNY
5. KATHARINA
6. ALEX
7. ELISCHEN
8. DORA
9. BERTHOLD
10. FERDINAND
11. MARGARETE
12. AUGUST
13. BETTINA
14. ALBERT
15. KARL
16. ELEONORE
17. ARTHUR ARONYMUS
18. MAX
19. LENCHEN
20. META } Zwillinge
21. LUISE }
22. MEYERCHEN
23. TITI

HENRY FILIGRAN, Inspektor auf dem Gute
MAMSELL, Köchin
CLARA, Stubenmädchen
Mägde, Melkerinnen, Knechte, Gärtner im Dienst des Gutshauses
WILLY HIMMEL und CASPAR, die 8jährigen Freunde von Arthur Aronymus
URIEL, Landesrabbiner von Rheinland und Westfalen, der Vater Henriettens
EPHRAIM, des Rabbiners Diener
KANTOR der Synagoge
VIER JÜDISCHE GROSSKAUFLEUTE
KERN, Rosenkreuzler, und sein junger Sohn
ALTMANN, Nachtwächter

NATHANAEL BRENNESSEL, Wanderbursch

LÄMMLE ZILINSKY, Hausierer

DREI LUMPENHÄNDLER PERLMUTTER

JOSEFCHEN, ihr Neffe

| | |
|---|---|
| HERR PADERSTEIN<br>MILCHEN, seine Gattin | die Freunde der Gutsbesitzerfamilie Schüler |

HUGO PADERSTEIN, ihr junger Sohn

FRÄULEIN PADERSTEIN, die ältere Schwester des Herrn Paderstein

| | |
|---|---|
| HERR VOGELSANG<br>FRAU VOGELSANG aus Elberfeld-Wuppertal | die Eltern von Frau Paderstein aus Elberfeld-Wuppertal |

DR. ENGELBRECHT VOGELSANG, Apotheker, ihr jüngster Sohn (Nachsprößling)

BISCHOF MATTHIAS von Paderborn

KAPLAN BERNARD MICHALSKI

| | |
|---|---|
| NARZISSA<br>URSULA | seine beiden kleinen Nichten |

| | |
|---|---|
| ALEXANDER OSTERMORGEN<br>SIEGFRIED OSTERMORGEN | die beiden Söhne des Jugendfreundes des Gutsbesitzers Schüler, 17- und 18jährig |

ALFONSO KISSINGEN, ein Weinreisender (Dr. Faust)

| | |
|---|---|
| jüdischer Gärtner<br>christlicher Gärtner | in Paderborn |

Schornsteinfeger

und die Einwohner Gaesecke's

## *Erstes Bild*

*Mit dem umzäunten Gutsgarten des Schülerschen Gutshauses, zu dem eine Freitreppe führt, beginnt das Dorf: Hexengaesecke. Eine warme Augustnacht, der Vollmond und die Sterne am Himmel. Von überall sieht man die Tierhecken um Gaesecke. Das Theaterstück spielt etwa um 1840. In der Nähe des Gutshauses steht ein alter Brunnen.*

*Der Nachtwächter Altmann; Jungfer Fanny; der Kaplan Bernard Michalski; der Wanderbursch Nathanael Brennnessel.*

*Kaplan, heiter von der Landstraße her dem Dorfe zuwandernd, rastet er vor dem großen Gutsgarten. Er hört den Nachtwächter schnarchen.*

NACHTWÄCHTER *(erwacht jäh, dann schlaftrunken):* Wat, Brennessel, schon wieder hier von der Rundreise?!

*Kaplan verhält sich schweigend.*

NACHTWÄCHTER: Gestern man erst auf und davon! *(Diktatorisch)* In der Nacht hab eck nur zu residenzen in der Welt, Mensch!! – *(Pause)* – Wat? *(Er erkennt den Kaplan.)*

KAPLAN *(hebt die Hände, neckisch bittend):* Noch ein Viertelstündchen vergönnt dem Kaplan, aus der schönen grünen Welt in den *(er zeigt zum Himmel)* zu gucken!?

NACHTWÄCHTER *(verwirrt):* Eck – *(sucht sein Horn, das ihm auf den Rücken gerutscht ist)* Eck Hornochse!! *(Der Kaplan hilft ihm, sein Horn wiederzufinden. Der Nachtwächter küßt die Hand des Kaplans.)* Aber jewiß, solang et dem Hochwürdigen Herrn Kaplan beliebt. *(Der Nachtwächter bläst ganz leise und vorsichtig in sein Horn.)* Damit minne Kinder *(er weist auf alle Häuser im Dorf, zuletzt auf die vielen Fenster im Gutshaus, süßlich)* nicht die Äugelein öffnen.

KAPLAN: Fürsorglicher Vater er unserem lieben Dorfe Gaesecke.

NACHTWÄCHTER: Dat hör eck gern und justement von Eurer Kaplanigkeit.

*Kaplan pflückt ein kleines Zweiglein von dem über dem Zaun üppig herüberhängenden Zweige.*

NACHTWÄCHTER *(erstaunt):* Kick eener an? –

KAPLAN *(er deutet fragend auf sich):* Gedenkt er mich etwa wegen Laubraub zu verpetzen, Altmann?

NACHTWÄCHTER *(naiv vertraulich):* Eck? Klau ja selwer die Zwetschken von den Bäumen.

KAPLAN *(lacht überlegen und frisch):* Wuchs mir doch dieses kleine wilde Zweiglein entgegen, daß ich mich seiner annehme, mich an ihm erfreue.

NACHTWÄCHTER: So ist et! *(Kleine Pause, er zeigt aufs Gutshaus.)* Der Großvatter Rabbi aus Paderborn ist auf Besuch.

KAPLAN *(stürmisch fragend):* Der berühmte Gelehrte??

NACHTWÄCHTER: Gelehrte? Rabbi ist er!! Der Vatter von Madame.

*Der Nachtwächter setzt das Horn an die Lippen.*

*Kaplan erinnert ihn, seine Kinder nicht aufzuwecken.*

NACHTWÄCHTER: Eck blas jo Schofar – *ihm* zu Ehren.

*Er bläst ganz heiser.*

DIE STIMME DES WANDERBURSCHEN *(flötend, wie auf einer Syrinx):* Tekia! – – Schewarim! – – Terua!

NACHTWÄCHTER *(zum Kaplan):* Eck hab mir *doch* nicht geirrt – – *(Sie lauschen beide, Kaplan und Nachtwächter.)* Komm heraus aus dem hohlen Baumstamm, Nathanael!

*Er bläst nochmal ganz heiser.*

KAPLAN: Aber was weiß er vom Schofarblasen?

NACHTWÄCHTER *(ausflüchtend):* Eck versteh eben auf katholisch zu blasen und – anders.

KAPLAN: Und weiß er auch, warum im Synagogentempel Schofar geblasen wird?

NACHTWÄCHTER: Weiß et der Herr Kaplan justement?

KAPLAN: Um das neue Jahr anzulocken, Altmann.

NACHTWÄCHTER: Jo! – – *(Er bläst wieder rauh, aber milde ins Horn und dann den Kaplan examinierend)* Und dat olle Jahr – wohin dat nu?

*Kaplan hebt, ironisch lächelnd, fragend die Schultern.*

NACHTWÄCHTER: Die Katholischen, mit Fürlaub, zählen die Zeit erst vom Christi Geburt an, aber wir – ich meine die Juden – müssen immer wieder dat olle Jahr transportieren durch die Sintflut mang bis nach Weltenanfang.

KAPLAN: Er versteht sich ja excellent in der Weltgeschichte!

NACHTWÄCHTER: Und *dann* erscht locken wir – ich meine die Juden – dat neue Jahr heran, wenn dat abgenutzte heimgekehrt ist *(belehrend)* in die Ursprünglichkeit.

KAPLAN: Und wer hat ihm dann das Schofarblasen beigebracht?

NACHTWÄCHTER *(ausflüchtend):* Eck versteh katholisch und – und anders zu blasen.

KAPLAN *(heimlich lächelnd):* Ist er etwa doch ein Jude? Denk er mal nach – –

NACHTWÄCHTER: Ein halbwüchsiger schon – vom Vatter her, aber minne Mutter – – war eine Nonne. *(Für sich)* Dat kommt von dat viele Schwätzen noch im Dunkeln, wo man kaum dat Maul findet.

KAPLAN: Schämt er sich denn seines alten Glaubens, Altmann?

NACHTWÄCHTER: Eck mir nich, ehrwürdiger Herr Kaplan,

aber die Katholischen schämen sich – meiner – und deswegen blas ich katholisch, und wenn er *(zeigt nach oben zum Gutshause)* auf Besuch ist, für ihn jüdisch.

KAPLAN: Plagt ihn diese Verzwicktheit nicht immerhin in seinem Mannesadel?

NACHTWÄCHTER: Den muß man ablegen! So een Dünkel kann ein Tagelöhner *(verbessert sich)*, ein einfacher Nachtwächter, sich verdeck nicht leisten.

KAPLAN *(nachdenklich, gütig und mitleidig)*: Dein Geheimnis bleibt unter uns Männern, Altmann. Stoß er getrost nach Gutdünken weiter ins Horn, doch setz ers *mir* fürder nicht auf.

NACHTWÄCHTER: Für Herrn Kaplan hat Altmann immer ein Faible gehabt – *(Blickt jäh empor zu einem der Fenster, das geöffnet wird)* Een Moment – een kleenen Moment – kleensten Moment – und denn bring eck Herrn Kaplan in die Klappe und blas ihm ein.

KAPLAN: Mich?

NACHTWÄCHTER *(läßt kein Auge von oben)*: In letzter Zeit treiben sich Nachtühlen auf den Pfaden umher.

*Kaplan streckt dem Nachtwächter seinen kräftigen Arm entgegen.*

NACHTWÄCHTER: Stille eens! Sch! *(Spricht abwesend weiter)* Soll Ihnen mal so ein Nachtgespenst –

KAPLAN *(bemerkt Jungfer Fanny oben im Fensterrahmen und verhindert den Nachtwächter immer wieder, nach oben zu schauen)*: Ich bin doch noch jung.

*Nachtwächter in Verwirrung.*

KAPLAN: Schau er doch!

*Hält seinen Arm unter seine Nase.*

NACHTWÄCHTER *(zerstreut)*: Dat wundert mich verdeck bei *däm* Futter! Excüs, Herr Kaplan, aber auf der gelehrten

Schul wird doch nur Gelehrsamkeit geschluckt.

*Jungfer Fanny lehnt aus dem Fenster zwischen blumigen Gardinen. Der Kaplan spielt weiter den Uninteressierten.*

KAPLAN: Die kräftigt grad den Mann!

NACHTWÄCHTER *(überhört die Antwort. In Ekstase)*: Die Fanny! *(Blickt intensiv zum Fenster empor)* Mit dem sauberen Frauenzimmer hätt sich Altmann verehelicht, wenn er ein Chevalier geworden wär.

KAPLAN: Wie?

NACHTWÄCHTER: Die Fanny ist die älteste von den Schwestern. *(Andächtig süßlich)* Nu trällert die Lerche in die Nacht hinaus – –

*Er hält die Hand hinters Ohr. Kaplan blickt ironisch lächelnd empor.*

NACHTWÄCHTER *(etwas eifersüchtig, den Kaplan musternd)*: Die wär ooch wat man für Euch gewesen. *(Lauernd)* Aber die Kaplans müssen keusch leben, wat?

KAPLAN *(streng zurückweisend)*: Altmann!

*Fanny verläßt das Fenster.*

NACHTWÄCHTER: Excüse, hochwürdiger Herr Kaplan! – *(Kleine Pause)* – Dreiundzwanzig Kinder und einen Enkelsohn und *einen* Kaffeepott schmauste die Gemeinde heit am Nachmittag beisammen auf dem Rasen.

KAPLAN: Wann ruht er denn eigentlich von der Nacht aus?

NACHTWÄCHTER: Der Moritz und ich sind aus einer der selbigen Geburtsstadt, darum legt er immer noch zu meinem kargen Lohn bei.

*Kaplan anerkennend.*

NACHTWÄCHTER: Nur der Simeon, der Zweite von vorne gezählt, darf es nicht sehen. *(Der Nachtwächter läßt keinen Blick vom obigen Fenster.)* Sie ist wieder weg. Eenmal kömmt sie, eenmal geht sie – –

KAPLAN: Der Gutsbesitzer Schüler soll ein großzügiger, biederer Mann sein!

NACHTWÄCHTER: Im großen ganzen schon – darum schlof eck auch so gern vor seiner Pforte *(guckt verstohlen wieder nach oben)*. Und erst die Henriette, sein ehelich Weib *(leiernd)* so rundlich und mundlich mit däm goldenen Mond *(geil)* da droben im Wolkenbett. *(Der Nachtwächter läßt sich wieder auf dem Grenzstein nieder.)* Oder wollen der Herr Kaplan sich gefälligst plazieren?

*Fanny erkennt den Kaplan, lehnt sich weit aus dem Fenster. Man sieht, wie ihre Hand rücklings ein helles Tuch ergreift, das sie um ihre Schultern kokett legt. Sie wirft eine Rose über den Garten, die aber im Dorn des Zaunes hängen bleibt. Der Kaplan ergreift sie. Der Nachtwächter bemerkte den Vorgang nicht.*

KAPLAN *(mit absichtlich vernehmbarer Stimme und beherrscht zum Nachtwächter)*: Erfrischen Sie sich, Altmann, den Rest der Nacht an dem Duft *(gibt ihm die Rose)*.

NACHTWÄCHTER: Wo kam die her?

*Fanny schließt hörbar ihr Fenster.*

NACHTWÄCHTER *(enttäuscht)*: Jetzt is sie wieder weg von der Bühne – und sie kommt heute nicht wieder! Wat hat se nur auf eenmal? Se kommt, se geht, se kommt, se geht, wat hat se nur auf eenmal?

*Kaplan angewidert durch des Nachtwächters Vertraulichkeit. Er ist im Begriff weiterzugehen, der Nachtwächter ihm zögernd nach.*

NACHTWÄCHTER *(bleibt wieder etwas stehen)*: Dreiundzwanzig Kinder hat er zu füttern, der Moritz, aus einer Kasse; und die mannigfachen Gäste und Gastgemälde! *(Gehen beide weiter.)* Zuerst wurde ihm der Menachem

Heinrich geschenkt. Er ist sing Erstgeborener! Ein fertiger Gutsbesitzer lag der Kronprinz in der Wiegen. Dann kam der Simeon *(er leiert die Namen wie ein Schuljunge herunter)*, der Julius, die Fanny, die Katharine, die Elise, der Berthold, der Alex, der hat's auf der Brust; der Ferdinand, August, die Dora, die Eleonore, der Albert, die Bettina, der Arthur Aronymus, die Margarete, das Lenchen *(der Kaplan zählt die Namen)*, der Karl, dat Mäxken, sing Augapfel, die Zwillingsmetas, wie zwei Zuckerpüppkens! Dat kleine Meierchen, und zuguterletzt – die Titi.

KAPLAN: Na, den Vers hat er aber tadellos auswendig gelernt.

NACHTWÄCHTER: Was soll ich in der Nacht weiter tun?

KAPLAN: Nun ja, ein schöner Strauß von Namen.

NACHTWÄCHTER: Aber das fünfzehnte von den Kindern, Unkraut vergeht nicht, der Arthur Aronymus, der will nicht so, wie »er« gern will.

KAPLAN: Wie meint er das?

NACHTWÄCHTER: Der Jung ist doch gestern in einer Papierbuxe, aus unserem Käseblättchen geschnitten, auf Prells Esel durch Hexengaesecke geritten und seine beiden Taugenichtse von Schulkameraden – der Willy und der Caspar heißen sie – hinter ihm her, dat Faultier anzufeuern.

KAPLAN: Köstlich!

NACHTWÄCHTER: Aber den Vater hätten Sie resonieren hören müssen, Herr Kaplan, als der verflixte kleine Kerl mit den Annoncen am Allerwertesten nach Hause geschlichen kam. *(Der Nachtwächter setzt noch einmal das Horn an die Lippen und bläst heiser hinein.)*

DIE STIMME NATHANAELS *(neckisch)*: Tekia! Schewarim – – *(Triller)* Terua!

NACHTWÄCHTER: Komm heraus aus dem alten Brunnen, oller Ziegenbock!

*Beide, der Kaplan und der Nachtwächter, biegen um die Landstraße ein zum katholischen Kirchplatz zu. Alles ganz ruhig. Es läutet eins vom Kirchturm.*

## *Zweites Bild*

*In Paderborn im kleinen Synagogengarten ruht auf einer schlichten Bank der Landespriester Rabbiner Uriel von Rheinland und Westfalen.*

*Eine kleine Abordnung von Großkaufleuten: erster, zweiter, dritter, vierter Großkaufmann; der Rosenkreuzler und Astrologe August Friedrich Kern; sein sechzehnjähriger Sohn; der Diener des Rabbunis: Ephraim; der Kantor; Arthur Aronymus; Lenchen.*

*Rabbi Uriel hält still seine feinen Hände übereinandergelegt im Schoß. Seine Lippen bewegen sich noch andächtig wie im Gebet.*

EPHRAIM *(deutet auf die Schar der Männer vor dem Gitter des Gärtchens)*: Sie lassen sich nicht bescheiden, Rabbi.

RABBI *(sanft)*: Und warum auch?

*Der Rabbi ladet mit gastlicher Gebärde die vor dem Tore wartenden Männer ein, einzutreten.*

EPHRAIM: Ich sah des Rabbis Seele noch am Gottesdienste hangen.

*Die Männer verharren in pietätvoller Entfernung vor dem Hohen Priester. Einer der Kaufleute beginnt zu sprechen.*

ERSTER KAUFMANN: Rabbi, wir sind in aller Herrgottsfrühe aufgebrochen, ein jeglicher aus seiner Stadt und alle doch aus gleichem Anlaß.

ZWEITER KAUFMANN: Und legten unsern Flug in des Allmächt'gen Hand.

DRITTER KAUFMANN: Wie große Wandervögel –

VIERTER KAUFMANN: Gönnten wir uns keine Rast.

KERN: Schloß mich den Juden an, ehrwürdiger Priester *(legt den Arm um seinen Sohn)*, ich und mein Sohn.

VIERTER KAUFMANN: Er ist August Friedrich Kern, der Rosenkreuzler und weltberühmte Astrologe.

*Rabbi klatscht stumm Beifall.*

ALLE KAUFLEUTE *(zusammen)*: Den Rest der Abende vertieft er sich mit uns im Studium der Kabbala.

KERN *(neigt sich vor dem Rabbi)*: Es steht geschrieben: Simeon Ben Jochai verletzte sich. – Zwei von den Heiligen Gottes verbrannten an der Erkenntnis überirdischem Licht. – Nur Rabbi Ben Akiba kehrte aus dem geistigen Paradies der Kabbala heil zurück.

*Alle murmeln einen frommen hebräischen Spruch.*

*Rabbi wiederholt den Spruch, küßt sodann die Fingerspitzen seiner Hände den Männern zum Gruß. Er winkt Ephraim, die sich an der Mauer befindende zweite Bank für die Gäste herbeizuholen. Der junge Kern ist ihm behilflich. Alle setzen sich nebeneinander gegenüber vom Rabbi.*

RABBI *(nach einer Pause)*: Was begehren die lieben Pilger von mir?

KERN: Nehmt Euren Einfluß wahr im Parlament, Gewaltiger in Israel.

ZWEITER KAUFMANN *(auf Kern deutend)*: Ihn trieb mit uns zu Euch die nahende Gefahr.

DRITTER KAUFMANN: Die unserem Volke dräut.

ERSTER KAUFMANN *(gläubig)*: Euer Flehen, Rabbi Uriel, erreicht das Ohr des Ewigen.

DRITTER KAUFMANN: Bis in seine Himmel.

ALLE: Amen!

*Aus der Synagoge ertönt die Schlußstrophe der Feier.*

*Der Rabbi weist auf die Kuppel der Synagoge.*

RABBI: Das Sch'ma Jisroel bewegt noch innig meine Lippe, die tröstete die gottesfürchtigen Juden in Paderborn; noch weht ein frommes Säuseln über mein altes Priesterherz.

*Die Männer beugen ihr Angesicht vor dem Rabbi.*

ERSTER KAUFMANN *(gläubig)*: Gewaltiger!

ZWEITER KAUFMANN: Du Falke!

DRITTER KAUFMANN *(zum alten Kern)*: Um den Sinai streift sein Sinn.

VIERTER KAUFMANN: Reiße an Gottes Gewandung!

*Der junge Kern will etwas bemerken, aber sein Vater deutet ihm zu schweigen. Der Rabbi bemerkt den Vorgang.*

RABBI: Nun, Knabe, mit welcher frommen Näscherei gedachtest du den alten Rabbi zu beglücken?

DER JUNGE KERN *(herb)*: Der Vater fürchtet recht. Mein Wort scheint ihm zu kindisch noch für Euren Tisch.

RABBI: Und doch sehnt sich Uriels arg geplündert Rabbiherz nicht nach eitelem Tand, doch mit *kindischem* Spiel behangen zu werden.

*Der junge Kern naht dem Rabbi und küßt ihn auf die Wange. Der Rabbi klatscht in seine Hände, und dann zu Ephraim.*

RABBI: Sage du es ihnen, Ephraim, was der Rabbi ist – sag?

EPHRAIM: Der Rabbi ist –

RABBI: Sag!

KERN: Das Sch'ma in Israel.

EPHRAIM *(zögernd)*: Der Rabbi ist ein Kind.

*Der Kantor tritt in das Gärtchen; da sein Winken Ephraim nicht bemerkt, tritt er behutsam hinter die Bank des Rabbis und flüstert Ephraim etwas ins Ohr. Ab.*

EPHRAIM: Der Rabbi ist ein Kind, ich muß den Rabbi täglich zwei-, dreimal daran erinnern: »Der Rabbi ist ein Kind.« Morgens, wenn der Rabbi sich erhebt: »Der Rabbi ist ein Kind!« Und abends, wenn der Rabbi sich zur Ruhe legt: »Der Rabbi ist ein Kind!« Und wieder muß ich es dem Rabbi sagen: »Der Rabbi ist ein Kind.«

KERN: Fürwahr, ein heiliges Kind in Israel. So ein rechtes Urkind dünkt der Rabbi mich, ein schlichtes, aus den Sternen – auf unsere eitle Welt gefallenes.

ERSTER KAUFMANN *(gläubig)*: Ein Sternenkind! – Darum leuchtet er auch.

ZWEITER KAUFMANN: Der Rabbuni!

DRITTER KAUFMANN: Und sein Angesicht entdunkelt die Wirrnis!

ERSTER KAUFMANN *(beugt vor dem Rabbi die Knie)*: Rabbi Uriel! *(Pause.)*

VIERTER KAUFMANN *(zu den Männern energisch)*: Le temps s'enfuit!

ZWEITER KAUFMANN *(zum vierten Kaufmann)*: Beginne!

*Rabbi bewegt den Kopf, die Männer auffordernd, zu beginnen.*

VIERTER KAUFMANN *(leidenschaftlich)*: Unsere Töchter wird man verbrennen auf Scheiterhaufen!

ZWEITER KAUFMANN: Nach mittelalterlichem Vorbild.

DRITTER KAUFMANN: Und Greueln.

ERSTER KAUFMANN: Der Hexenglauben ist auferstanden.

DRITTER KAUFMANN: Aus dem Schutt der Jahrhunderte.

ZWEITER KAUFMANN: Die Flamme wird unsere unschuldigen jüdischen Schwestern verzehren.

ERSTER KAUFMANN *(fragend)*: Und ihre Seelen verhindern, zu Gott zu steigen? Rabbi?

DER ALTE KERN: Wohl erheben sich aufgeklärte Mönche, etliche, und predigen von der Kanzel der Kirchen und ermahnen die vom Teufel gebissene westfälische Christenheit.

ZWEITER KAUFMANN: Was vermag ein Hirte, und wären es etliche Wächter, gegen eine bissige Herde!

RABBI *(erhebt sich, gewaltig):* Moses ward ein Volk, und sein Arm schlug die verblendeten Amalekiter. *(Pause.)*

VIERTER KAUFMANN: Von Stunde zu Stunde verstärkt sich die Gehässigkeit der Christen gegen uns Juden, namentlich in den Dörfern und Flecken Westfalens.

DRITTER KAUFMANN: Kein Judenhaus, das nicht gezeichnet ist mit dem Blut der Tochter.

VIERTER KAUFMANN *(ungeduldig):* Was gedenkt der Rabbi zu unternehmen? Die Tage sind gehetzt und die Nächte ruhelos.

KERN: Wie der Jude, so respektiert den Landespriester von Rheinland und Westfalen auch der Christ.

ZWEITER KAUFMANN: Eure Stimme geht ins Blut, Rabbi.

ERSTER KAUFMANN: Euer Wort stärkt den vom Weg Geirrten, Rabbi.

*Rabbi nachsinnend.*

DER JUNGE KERN: Wir Rosenkreuzler erzählen uns von des Rabbis Wundertaten.

ERSTER KAUFMANN *(gläubig):* Das will ich meinen. *(Er legt die Hand auf sein Herz.)* Hoffnung ist eingezogen schon bei des Rabbis Anblick und Friede – –

DER JUNGE KERN *(lauschend begierig):* Rabbi Uriel könne sein Herz nehmen aus der Brust und seinen roten Zeiger nach Gottosten stellen? – –

RABBI *(stark):* Ich konferierte im Parlament mit dem Erzbischof Matthias von Paderborn.

*Ephraim bejaht des Rabbis Worte mit dem Kopf.*

VIERTER KAUFMANN *(ungeduldig und hart):* Das Resultat?

EPHRAIM *(glättet liebreich des Rabbis Bart. Plötzlich ringen sich folgende starken Worte aus seinem Munde):* Er fastete die ganze Woche, der Rabbi, doch seine heilige Stimme brüllte durch die aufgeworfenen gleichgültigen Gepflogenheiten aufwirbelnd durch die hohe Räumlichkeit des Parlaments.

RABBI *(betrachtet lange seinen Diener und dann stark):* Denn mich erfüllte nur der einzige einige Gedanke, wie helfe ich meinem gequälten Volk.

KERN *(bescheiden):* Man sagt Matthias nach, er sei ein fanatischer Katholik.

RABBI: Ein heiterer, sympathischer Kirchenfürst ist er, auf lichten Wegen.

ALLE *(begierig):* Und seine Antwort an Israel?

RABBI: Er legt der Verirrung seiner Christenheit keine weitere Bedeutung bei.

VIERTER KAUFMANN: Wie? Und die Gefahr, an der die verehrungswürdige alte Seele Israels wieder zu ergrauen droht.

ZWEITER KAUFMANN: Ihm nur ein Thema?

RABBI *(bejaht):* Eine auferstandene Klamotte!

VIERTER KAUFMANN *(sarkastisch):* Mit Teufelsöhrlein und Schwänzlein, schwach auf den Beinen, noch eben lebensfähig, verdrängt zu werden von der nahenden Weihnachtszeit.

DER JUNGE KERN: Mit Teufelsöhrlein und Schwänzlein, ha, ha.

*Der alte Kern ermahnt ihn, sich ruhig zu verhalten.*

RABBI: Aus des Kirchenfürsten quellendem Wesen schöpfte ich, euer Rabbi, Redlichkeit! Euch, meine lieben Männer, zum Trost.

DRITTER KAUFMANN: Und wie verhält sich unser großer

Rabbi eigens zu dem Trost, den ihm der Kirchenfürst gespendet?

VIERTER KAUFMANN *(überlegen):* Dem auferstandenen Souvenir von anno Sechzehnhundert.

RABBI: Wie er mir gereicht ward, mein lieber Freund.

VIERTER KAUFMANN *(überlegen):* Und fühlt sich unser Rabbi von der Hostie so gestärkt?

RABBI *(streng):* Auch alte Kinder lieben nicht das an sie gerichtete geklügelte Wort.

*Vierter Kaufmann verneigt sich betroffen.*

RABBI: Mich dünkt, der Erzbischof kennt seine Kinder.

*Der Kantor winkt Ephraim, an das Gitter des Gärtchens zu kommen, und gestikuliert. Das Gespräch geht weiter.*

KANTOR: Ich kann die Kinder nicht wach kriegen.

ERSTER KAUFMANN *(gläubig):* Wie der Rabbi *uns*, die Kinder Israels.

*Er ermahnt mit dem Finger die übrigen Männer. Pause. Der Rabbi reckt mächtig seine Arme zum Himmel empor, gewaltig.*

RABBI: Der Einige, Einzige Gott über uns. Er prüfte seines Knechtes opferwilliges Herz.

*Die Männer erheben sich, beugen sich erschüttert vor dem Rabbi und verlassen ihn hintereinander einzeln, sich noch einmal an der Pforte des Gartens verbeugend.*

EPHRAIM *(legt dem Rabbi das abgeglittene Synagogentuch wieder um seine Schultern und sagt zu ihm):* Zwei Kinder, sagt der Kantor, schlummern auf der hinteren Bank im Gotteshaus.

RABBI: Kümmere dich um sie, Ephraim. Dein Abba findet schon allein in seinen Bau.

*Ephraim aber führt den Rabbi ins Haus, kehrt eilend um, durch den Garten in die Synagoge. Es wird immer finsterer.*

## *Drittes Bild*

*Im kleinen Sitzungsraum des Landesrabbiners Uriel von Rheinland und Westfalen. Ein langer, schwerer Tisch, um ihn hohe Stühle. Auf einem der Stühle sitzt der Rabbi in sich versunken, mit dem Rücken zu der Türe, die zu seiner Privatstube führt. Auf dem Tisch steht der Sabbathleuchter mit brennenden Kerzen. An der Wand hängt ein sehr großes Familienbild seiner Tochter Henriette mit ihrem Gatten und den sämtlichen Kindern: dreiundzwanzig.*

*Der Rabbi; Ephraim, sein Diener; Arthur Aronymus; Lenchen; der Todesengel.*

EPHRAIM *(tritt von der angrenzenden Wohnstube in den kleinen Sitzungsraum. Man sieht, bevor er die Türe schließt, die beiden Kinder zwischen Sitzungsraum und Stube stehen. Ephraim ermahnt sie, zurück in die Stube zu gehen):* Großväterlein ist gleich wieder auf der Erden. Esset artig in der Zeit euren Grießbrei! *(Er schließt leise die Tür, tritt nah an den Rabbi heran. Er ist sehr erschrocken über des Rabbis Blässe.)* Die lange Unterhaltung nach dem Gottesdienste hat den Rabbi angestrengt. *(Kleine Pause; Ephraim bemerkt mit Erstaunen eine verschwindende Gestalt.)* Ich ließ den Bettler nicht herein. *(Ohne die Tür zu öffnen, verschwindet die Gestalt, als ob sie durch das Holz der Tür tritt, aus dem Raum.)* Sch'ma.

RABBI: Er war kein Bettler, Ephraim, er war der Todesbote des Ewigen.

EPHRAIM *(erstarrt):* Sch'ma Jisroel– –

*Er eilt in das Nebengemach des Rabbis, und man hört verschwommen, wie die Kinder fragen.*

DIE KINDER: Ist Großväterlein schon wieder auf der Erden?

*Ephraim tritt wieder in den Sitzungsraum.*

RABBI: Sahst du ihn auch, den Todesboten des Herrn, Ephraim?

EPHRAIM *(benommen):* Dein Diener Ephraim – träumte – –

RABBI: Du warst mir mehr wie mein Diener, mein Ephraim mein, und nur aus Schonung für den treuen Freund verheimlichte ich, *(er streichelt die Hände Ephraims)* was geschah.

*Ephraim lauscht ganz hingegeben.*

RABBI *(verklärt und stark zu gleicher Zeit):* Wir kamen aus dem Parlament, als mir der Ewige den Todesengel sandte.

EPHRAIM: Frühzeitig verließen wir das weiße, große Haus: der Landesrabbiner von Rheinland und Westfalen und sein Diener.

RABBI: Und nahmen unser schlichtes Mahl; doch als es dunkelte, hülltest du, mein treuer Freund, liebreich des Rabbis Leib in Feierseide; glättetest der weißen Gewandung fromme Haut.

*Ephraim lächelt und küßt den Saum des Gebetstuches des Rabbis.*

RABBI *(wiegt den Oberkörper hingebend):* Herr Zebaoth forderte von seinem Knecht *den Liebling* unter seinen Enkeln – –

EPHRAIM *(erhebt sich tief erschrocken, öffnet behutsam die Tür zur angrenzenden Stube und sagt zu den Kindern leise):* Großväterlein ist gleich wieder auf der Erden.

RABBI: Mit der geliebtesten, lebendigen Gabe gedachte der Herr seines Knechtes opferwilliges Herz in Israel zu prüfen.

*Ephraim hält seine Arme behütend erhoben.*

RABBI: Und all mein Flehen, sich mit seines Knechtes Seele zu begnügen – erbarme dich Zebaoth!! – glitt ab von der Majestät des Herrn wie der Staub von seines dunklen Engels Flügelpaar. *(Plötzlich erhebt sich der Rabbi mit gewaltiger Gebärde.)* Da betrog ich den Ewigen, unsern Gott! *(Ephraim entsetzt.)* Ich pries in glühender Ekstase von den Enkeln den Kränklichen dem Heiligen Engel, den Sechsten unter den Dreiundzwanzig, dessen Seele, ein Sommerfädchen, zart geknüpft an unsere Erdenwelt, *doch* von jedem Wehen in den Lüften angefeindet, dem Dasein schon zu entzittern droht.

EPHRAIM *(angstvoll und schüchtern):* Gab sich der Bote des Herrn zufrieden, Rabbi?

RABBI: Sein schwerer Flügelschlag erschreckte mich, dein Rabbi bebte – – –

EPHRAIM *(hält beide Hände weit gespreizt von sich):* Und?

RABBI: Er zeihete mich des Betrugs an Adonai!

EPHRAIM *(gläubig):* Nur der Teufel wagt es, den Rabbi des Betrugs zu zeihen. Der Teufel wars, auf Engelsfittichen.

RABBI: Auch du, Ephraim, glaubst an diese unwürdige Macht! *(Ephraim küßt reuevoll die Hand des Rabbis.)*

EPHRAIM: Ich kämpfte mit dem greisen Engel in Rätseln den Rest der Nacht.

EPHRAIM *(spricht wie in einer Ballade):* Darum bluteten des Rabbis Lippen in der Frühe.

RABBI *(schließt die Augen überwältigt, angedenkens der Stunde):* Ich feilschte mit Ihm; – – der Rabbi des geschlagenen Israels, ein Menschenhändler mit dem Käufer!: »Genüge dich an meiner Seele, wirf die Gequälte in die Scheol. Doch pflücke die lachende rote Beere, noch unschuldig und ungegoren am Zweige heiter pochend, von meinem Stamme nicht.«

EPHRAIM: Amen.

*Kleine Pause.*

RABBI *(flehend):* Nimm meinen erstgeborenen Enkel für den Knaben hin, Menachem, den gottesfürchtigen Landmann! Bescheide dich mit Simeon Morderchei! Nimm Julius Ahasveros! Nimm Fanny, die Blume der westfälischen Flur – –! Nimm Katharina, ihres Vaters Stolz! Nimm Elise! Berthold, den frischen Jüngling! Nimm Ferdinand! Nimm Dora, die noch halbwüchsige Maid! Augustus! Eleonore! Albert! Bettina! Margarete nimm!! Nimm die Zwillinge, zwei Mandelkerne zum Verwechseln in ihrer goldenen Hülle! Nimm!!! Das sanfte Lenchen, trag es hin zu Gott! Nimm Karl! Max, des Vaters Augapfel! – – Bescheide dich mit Meierlein! Ja, nimm von seiner Mutter Schoß das kleinste Kindlein, eben geboren, – *(dringender, fast aufschreiend)* nur lasse ab von ihm, Arthur Aronymus, dem Liebling meines Herzens! – – –

*Ephraim trocknet die feuchten Augen und Wangen seines Rabbis.*

ARTHUR ARONYMUS *(aus der Nebenstube):* Großväterlein!

*Er trampelt etwas ungeduldig.*

LENCHEN: Großväterlein!

EPHRAIM *(beglückt über das plötzliche Aufleuchten seines Rabbis):* Die beiden warens, die da schlummerten im Synagogentempel.

*Der Todesengel ist für den Rabbi ganz kurz sichtbar. Er beugt sich über ihn, steht hinter seinem Stuhl. Über des Rabbis Antlitz schimmert eine Beseligung, denn der Engel flüsterte dem Rabbi eine selige Botschaft ins Ohr.*

EPHRAIM: Sie werden ihr Großväterlein zerstreuen.

RABBI *(noch trunken von den Worten des Engels):* Wie? –

EPHRAIM: Die Kinder!

RABBI *(lächelt matt, klatscht leise in die Hände, die Kinder springen in den Sitzungsraum, der Rabbi beugt sich sehr ermattet über die Kinder):* Wo kommt ihr her?

ARTHUR ARONYMUS *(im singenden Tone wie der Rabbi):* Von Hexengaesecke!

LENCHEN *(im selben Tone):* Von Hexengaesecke!

RABBI: Und eure liebe Mutter?

ARTHUR ARONYMUS *(fröhlich):* Wir setzten uns mit Hut und Rock, hühott, zum Postillone auf den Bock.

RABBI *(liebkost die Kinder):* Ihr kleinen Ausreißer!

ARTHUR ARONYMUS: Großväterlein!

LENCHEN: Großväterleinlein!

*Ephraim setzt die Kinder auf des Rabbis rechtes und linkes Knie.*

RABBI: Und eure liebe Mutter, weiß sie von eurer Reise?

ARTHUR ARONYMUS *(ausflüchtend):* Mutter sagt: Paß auf, auf Lenchen!

RABBI *(zu Ephraim):* Frag *du* die Kinder.

*Des Rabbis Kopf sinkt müde in den Sessel zurück.*

EPHRAIM *(betonend):* Paßt fleißig auf, was euch Ephraim fragt: Weiß euer Mütterlein, daß ihr in der Postkutsche von Gaesecke nach Paderborn gereist seid zum Großväterlein Rabbi?

ARTHUR ARONYMUS: Es war so hell!

RABBI *(etwas ungeduldig):* Weiß euer Mütterchen davon?

EPHRAIM: Wer sandte euch?

RABBI *(aufatmend):* Der Allmächtige – noch einmal seinen Knecht mit dem Anblick des Knaben zu erfreuen.

*Ephraim verneigt sich tief.*

ARTHUR ARONYMUS *(sich aus der ernsten, seltsamen Situation zu befreien, imitiert er seinen Vater):* Der Herr Vater sagte zur Mutter: Der Rabbi in Paderborn verdirbt an seiner Erziehung an einem Tage mehr, wie ich mir Mühe gebe, ihn zu einem Menschen zu machen schon acht Jahre lang.

*Rabbi und Ephraim lächeln.*

EPHRAIM *(zum Rabbi):* Er fürchtet, sein Großväterlein sende ihn mit dem Schwesterlein wieder heim nach Gaesecke. Ist es so Arthur Aronymus?

ARTHUR ARONYMUS *(frisch):* Präzise.

RABBI: Ihr Ausreißer, ihr!

*Küßt die beiden Kinder und wiegt sie müde auf den Knien.*

ARTHUR ARONYMUS *(umhalst den Rabbi stürmisch, ebenfalls Lenchen den Großvater):* Wir wollten Großväterlein was von der Dora fragen. Ist sie wirklich eine Hexe?

RABBI *(gequält):* Wer sagte das euch?

ARTHUR UND LENCHEN: Sie soll verbrannt werden.

RABBI: Sch'ma Jisroel! – Und eure Mutter verheimlichte mir diese ungeheure Gefahr?

EPHRAIM *(zu sich selbst):* Es regnet wahrlich Feuer heute auf den Rabbi.

RABBI *(zu Ephraim):* Und nun verstehe ich den kleinen mutigen Reisenden, meinen Liebling Arthur Aronymus, was ihn zum Großväterlein drängte.

ARTHUR ARONYMUS *(sehr drollig):* Eigentlich weil et so jemütlich bi deck is, wie beem Vatter Abraham.

*Er umarmt wiederum stürmisch den Rabbi. Rabbi und Ephraim lächeln.*

LENCHEN: Die Dora hat 'nen Veitstanz.

RABBI *(leise zu Ephraim):* Eine verbreitete Entwicklungskrankheit.

ARTHUR ARONYMUS: Ach, ömmer de Dora!

EPHRAIM *(mißtrauisch):* Ob der Wildfang nicht gar versuchte, nur Großväterlein einen kleinen Streich zu spielen mit der Hexerei?

RABBI: So alt und besonnen ist er doch, bei all seiner Streichlust, um zu wissen, daß diese Schmerzenskunde Großväterleins Herz und Nieren zerreißen könnte!

ARTHUR ARONYMUS *(fängt laut an zu heulen):* Die Hexen sitten alleman op dän Tierhecken in die Neit. Auf dem Kalb sitzt immer eine ganz dicke mit Glotzaugen, ich hab se selber Lenchen gezeigt, wat Lenchen?

LENCHEN *(nickt bedeutungsvoll):* So eine dicke.

*Sie zieht einen Kreis in der Luft.*

ARTHUR ARONYMUS: Und auf dem Hirsch sitten oft zwei bis drei Stück zusammen und fressen sein Blattgeweih auf.

*Beide Kinder stürmisch lachend.*

LENCHEN: *Und* Großväterleinlein, auf dem großen Hahn aus Rotdorn hat doch in der Früh, als ich mich mit Arthur Aronymus auf den Weg zur Postkutsche machte, eine Hexe gesessen, die hat gewackelt wie unsere Dora.

RABBI *(zu Ephraim):* Wie dieser Aberglaube die Phantasie der Kinder vergiftet! *(Zu sich selbst)* Und Matthias legte der Verirrung keine Bedeutung bei?

EPHRAIM *(seinen Rabbi zu zerstreuen, zu Arthur Aronymus):* Aber verbrochen hat der kleine Schelm doch sicher etwas im Gutshause? *(Zu Lenchen)* Erzähle du's dem Großväterleinlein und dem Ephraim.

LENCHEN *(blickt fragend auf Arthur Aronymus):* Er springt immer mit dem Lehm an den Schuhen in Mutter ihre Stube und plums in ihren Nähkorb, daß die Garne nur so rieseln.

EPHRAIM: Und was noch?

LENCHEN: Und einen Turm für uns beide hat Arthur Aronymus gebaut und ihn auf das Blumenbrett vor seinem Fenster gestellt.

ARTHUR ARONYMUS: Denn später will ich Lenchen freien, daß sie nicht an einen gelehrten Mann kommt.

LENCHEN: Und als der Herr Vater vorbeikam, fiel ihm ein Klotz hoch von oben auf seinen frisch gebürsteten –

ARTHUR ARONYMUS: Schornstein!

LENCHEN: Da bekam er von Herrn Vater eine Strafarbeit. Hundertmal sollte er schreiben: »Ich bitte den Herrn Vater um Excüs!« Und das war ihm zu langweilig!

EPHRAIM: Und da seid ihr beide ausgerückt, ihr zwei Schelme!

RABBI *(zu Ephraim)*: Es geschah nach dem Willen des Herrn.

ARTHUR ARONYMUS: Präzise! Und später wohnen ich und Lenchen in meinem Turm in den Wolken – und regnen immer!

EPHRAIM: Lasset die Kindlein nicht mehr von Euch fort, Abba.

*Hinter dem hohen Stuhl des Rabbi ist der Todesengel für den Rabbi wieder sichtbar. Die Augen des Rabbi stehen plötzlich fern. Er preßt den Knaben an sich und segnet ihn.*

ARTHUR ARONYMUS *(sich aus dem Ernst der Handlung zu befreien, springt in die Mitte des Zimmers auf den Teppich, Lenchen hinter ihm her. Sie fassen sich an die Hände, bilden einen kleinen Kreis, hüpfen und tanzen und singen das Hexenliedchen)*: Maria, Josef, et läutet so heiß – – usw.

*Rabbi bewegt über dieses Lied.*

*Ephraim im Begriff, die Kinder zu hindern, weiterzusingen.*

RABBI *(leise):* Störe sie nicht. Auch das Böse dient dem Kinde zur Anmut des Spieles.

EPHRAIM: Ich lege sie beide in der Wohnstube aufs Kanapee schlafen.

RABBI: Vorher reiche mir unsere teure Thora.

*Ephraim entnimmt einem Fach der Wand die Thora.*

RABBI *(lächelnd):* Wie meinte Kern? Dem »Urkind« – – – – *das ewige Kind. (Der Rabbi umschlingt innig die Thora.)* Allmächtiger Gott, so wie ich deine Thora betreue, lasse leuchten dein Angesicht über Arthur Aronymus, meinem Liebling.

*Arthur Aronymus bemerkt den Todesengel, den er vorher schon unbewußt beim Spiel hinter dem Stuhl seines Großväterleins erblickte; er reißt sich jäh von der Hand Ephraims los, bleibt gehemmt vor der Türe des Sitzungssaals stehen, mit geöffneten Lippen – –*

EPHRAIM *(ahnungslos zu den Kindern, auf den Rabbi weisend, der die Augen geschlossen hält):* Nun stört euer Großväterlein nicht in seinem Schlummer!

*Alle drei gehen in die Wohnstube.*

RABBI: Herr Zebaoth hat seinen Knecht erhört – – –

*Der Rabbi ist gestorben.*

## *Viertes Bild*

*Auf dem katholischen Kirchplatz hinten steht die zweitürmige Kirche. Neben der Kirche ein kleines Gebäude, darin der Kaplan Bernard Michalski wohnt. Tannenbäume für das nahende Weihnachtsfest stehen auf dem Markt, ebenfalls kleine Buden mit Weihnachtsschmuck und allerhand. Schulkinder tummeln sich und schlittern über den zugefrorenen Boden des Marktes. Sie tragen Ranzen auf den Rücken. Arme jüdische Männer aus Westfalen, unter ihnen der galizische Hausierer: Lämmle Zilinsky. Seine Hände hängen wie beim aufrechtstehenden Lamm herab. Die drei Jungen: Arthur Aronymus, Willy Himmel und der Caspar werfen ihre Schulranzen vom Rücken, ziehen Kreise und spielen Heuer (Murmeln).*

*Der Kaplan; der Hausierer: Lämmle Zilinsky aus Galizien; jüdische arme Männer aus Westfalen; der Christbaumverkäufer; Arthur Aronymus; Willy Himmel; Caspar; Fräulein Paderstein.*

WILLY: Wenn ich heute den dicken gewinne, kriegst du 'n aber nicht wieder, dat sag ich dir!

CASPAR: Ob ihn dir die Fanny oder euer Lenchen geschenkt hat?

ARTHUR ARONYMUS: Ihr Köllner Hännesken!

WILLY: Also wacker ens!

*Alle drei stehen tief gebückt über dem Marktboden.*

CASPAR: Beinahe hätt eck ihn gewonnen –; *(zu Willy)* wat stößt du mich auch immer?

WILLY *(zeigt frech auf den armen Hausierer)*: Hepp! Hepp! Hepp!

ARTHUR ARONYMUS: Kiek ens, sinne Nase hat er vergessen zuzudrehn.

CASPAR: Na, gibs Lammpfötchen, wacker!

*Willy hebt sich vom Boden auf, tut so, als ob er dem Zilinsky einen seiner Heuer schenken will, zieht ihn dann neckend zurück.*

HAUSIERER: Wös wollt ihr mir – lößt mich in Frieden!

CASPAR: Hepp! Hepp! Hepp!

ALLE: Hepp! Hepp! Hepp!

WILLY: Nimm ding Schabbesdeckel vom Kopp!

*Alle drei kreischen.*

HAUSIERER: Was stört dich mein Hütle, meines – Du Dorfjüngele?

DIE ANDEREN ARMEN JUDEN AUS WESTFALEN *(die dem Hausierer langsam gefolgt sind):* Macht, daß ihr miserablen Bengels fortkommt, sonst kriegt ihr Ohrwatschen.

*Die drei Jungens springen schnell zur Seite, strecken ihnen ihre Zungen raus, bemerken den Kaplan, der hinter einer Bude alles beobachtet und gehört hat. Sie rennen direkt dem Kaplan in die Arme. Er faßt sie alle drei.*

WILLY *(verlegen):* Der Jüd da hat uns doch gehauen, Herr Kaplan.

KAPLAN: So?

ARTHUR ARONYMUS: Der Caspar wollte ihm nur seinen Heuer schenken.

KAPLAN: Ach!! *(Heimlich lächelnd)* Das ist doch aber sehr undankbar von dem armen Hausierer – oder?

CASPAR: Und dabei haben wir ihm guten Tag gewünscht.

*Er zwinkert seinen Freunden zu.*

KAPLAN: Also ihr habt ihm guten Tag gewünscht?

ARTHUR ARONYMUS: ... so ähnlich wie guten Tag.

KAPLAN: Hm – Nun da bin ich aber begierig, was ihr drei ihm Ähnliches gewünscht habt? Nun?

DIE KINDER *(kleinlaut und verschüchtert):* Hepp! Hepp! Hepp!

KAPLAN: Allerdings das gab ihm keine Ursache, euch zu schlagen, denn wißt ihr was hepp! hepp! hepp! bedeutet?

*Er weist auf Arthur Aronymus.*

CASPAR: Der kann das doch nicht wissen.

KAPLAN: Warum denn nicht?

WILLY: Der ist selbst ein Jude.

KAPLAN: Nun denn antwortet ihr beiden Jungen mir. *(Sie sperren den Mund weit auf, wie zwei nichtsnutzige Spatzen.)* Hepp! Hepp! Hepp! bedeutet für die Juden eine glückliche Botschaft, und zwar, daß Jerusalem nicht verloren ist.

ALLE: Wir werden ihn nie mehr wieder ausschimpfen.

KAPLAN: Und wißt ihr, in welchem Lande Jerusalem liegt? *(Er wartet.)* Im Gelobten Lande.

*Alle drei verstellen sich, und zwar, als ob sie mit großem Interesse zuhörten.*

KAPLAN: Also, was versteht man unter hepp, hepp, Willy?

*Willy besinnt sich, verdutzt.*

KAPLAN: Caspar, sag du es ihnen.

CASPAR: Eben habe ich es noch gewußt.

KAPLAN *(zu Arthur Aronymus):* Und du mein Sohn?

ARTHUR ARONYMUS *(jäh):* Gaesecke ist nicht perdu.

KAPLAN *(lächelt):* Wenn ihr erst in meinen Unterricht kommt, dann sprechen wir über *manche* Dinge, die ihr zu begreifen mir noch zu kleine Taugenichtse scheint. Und nun nach Hause, fix, die Suppe wird sonst kalt.

WILLY *(leise zu Arthur Aronymus):* Da geht ja ding Vatter.

CASPAR *(leise zu Willy):* Und so staatsgemacht.

ARTHUR ARONYMUS *(zum Kaplan)*: Unsere Zwillinge, die Metas, haben heute Geburtstag, und da essen wir erst um ein Uhr zu Mittag wegen Menachem.

KAPLAN: So? –

ARTHUR ARONYMUS: Der kommt mit der Post aus Erwitte circa.

WILLY UND CASPAR *(zeigen auf Heinrich Menachem)*: Der ist sein ältester Bruder aus Schülers Garten und der ist *(auf Arthur Aronymus zeigend)* der Arthur Aronymus Schüler. Und minne Mutter sagt, ich darf mit ihm verkehren, weil er hellbraune Haare hat und Schrot im Leib.

KAPLAN *(glättet den Scheitel Arthur Aronymus')*: Ich werde deine Mutter in diesen Tagen einmal besuchen, Willy. Sage ihr das, mein Junge.

WILLY: Jawohl, Herr Kaplan.

KAPLAN: Nun wollen wir mal artig mitsammen die heiligen Bäume anschauen, wer von ihnen der höchste ist? *(Der Hausierer hatte sich noch vor dem Ende des Platzes von seinen Begleitern getrennt, um wieder umzukehren. Er erblickt den Kaplan, lüftet schüchtern seinen Hut. Der Kaplan reicht dem Hausierer die Hand. Des Kaplans Blick streift beobachtend die Kinder.)* Nun, mein lieber Bruder, fühlst du dich auch wohl in unserem Dorf?

WILLY *(leise zu den Freunden)*: Heiliger Strohsack!!

KAPLAN *(lächelt, denn er hat die Bemerkung gehört)*: Oder hast du zu leiden durch den Unverstand unserer großen oder – gar *kleinen* Mitbürger?

DER HAUSIERER *(rührend kindlich)*: Die Schulbübili, wenn se mich nur in Frieden lassen würden, gütigster Herr Kaplan. Ihre Gendarms meinten schon, wenn ich mer die Lockerl meine unterm Hut stecken tät und den langen Rock *(er blickt an ihm herunter)* vom Vater selig eintauschen tät für einen neumodischen Frack, dann hätt ich Ruh!

KAPLAN: Wenn dir deine Tracht lieb ist, trag sie in Ehren weiter, Lämmle Zilinsky.

HAUSIERER: Wieso kennen Sie mich?

KAPLAN: Ich werde doch *(die Kinder im Auge haltend)* so einen fleißigen Menschen, wie Sie sind, lieber Zilinsky, mit seinem Namen kennen.

HAUSIERER *(verbirgt seine Rührung über das selten zu hörende Lob, mit niedergeschlagenen Augen):* Herr Kaplan, ich muß Ihne sagen, ob Ses hören wollen oder nech, – immer hab ich eine heimliche Freud, wenn ich Sie sehen tu. Und daß *Sie* mer grad, armen Jid, so'n Lob zuteil werden lassen, hätt sich Zilinsky nech em Traum eingebild.

*Mit Tränen in den Augen küßt er die Hand des Kaplans und geht schlicht, wie er gekommen ist, weiter des Weges.*

KAPLAN: Seht ihr Jungens, wie wenige der Worte es bedarf, einen Menschen zu erheben?

*Die Jungens verlegen.*

CASPAR: Mutter und Vatter gehen jeden Sonntag schon um sechs Uhr in die Kirche.

KAPLAN *(zu Willy):* Und deine liebe Mutter?

WILLY *(nickt und dann, auf Arthur Aronymus zeigend, etwas schadenfroh):* Sein Herr Vater und seine Mutter sind – Semiten.

KAPLAN *(zu Arthur Aronymus):* Du bist also der kleine Arthur Aronymus aus dem weiten Gutsgarten drüben? Und der wievielte zählst du unter den vielen Geschwistern?

CASPAR: Der vierundzwanzigste.

ARTHUR ARONYMUS: So viel hab ich ja gar nicht!

KAPLAN: Nun?

ARTHUR ARONYMUS: Der fünfzehnte Geschwister bin ich präzise, Bernard!

KAPLAN: Wer hat dir denn verraten, daß der Herr Kaplan Bernard heißt?

*Er schickt Willy und Caspar ermahnend nach Hause.*

ARTHUR ARONYMUS: Meine Schwestern, die rufen immer, wenn Sie vorbeikommen: Kommt schnell!! Bernard kommt, Bernard kommt!!

KAPLAN *(geschmeichelt, er kann sich das Lachen kaum verbeißen):* Das ehrt mich sehr, mein kleiner Arthur Aronymus.

ARTHUR ARONYMUS: Die Fanny namentlich. *(Er ahmt ihr nach)* »Ach warum ist der *Kaplan* gerade kein Jude?«

KAPLAN: Ach!!

ARTHUR ARONYMUS *(ahmt seiner Schwester Katharina nach):* »Welch ein Malheur«, sagte da Katharina.

KAPLAN: Ach!!

ARTHUR ARONYMUS: Und Elischen sagte, da sie gelehrt ist: »Fanny, wie unlogisch wieder einmal! Ein Jude kann doch kein Kaplan sein und kein Kaplan ein Jude.« Da sagte Fanny: »Schweige!« *(Arthur Aronymus besinnt sich und schluckt fortwährend. Der Kaplan bedeckt sein Gesicht, sein Lachen zu verbergen.)* »Wißt ihr«, sagte Fanny, »wie der Bernard aussieht?« Und alle sannen. Da sagte Fanny: »Er sieht aus wie der große Kurfürst Conradin von Hohenstaufen.« Da sagte Elischen: »Wie ungebildet, Fanny! Conradin war ein Ritter Kreuz und kein Kurfürst, denn er zog in den heiligen Krieg von 1680 bis 1725. Merke dir das, Schwester!«

KAPLAN: Köstlich!

*Er streichelt Arthur Aronymus' Scheitel.*

DER BAUMVERKÄUFER: Die kleine Tanne im Topf *(er hebt ihn empor)* paßt gerade für des Herrn Kaplans Stübchen. Dem Herrn Kaplan für den hälften Preis?

KAPLAN: Gott vergelts Euch, lieber Freund.

VERKÄUFER: Schülers Aronymus trägt sie Euch in Euer Stübchen. Hat das jüdische Kind am Christbäumchen mal Freud, wenigstens eine Strecke Wegs.

*Arthur Aronymus hat es überhört.*

KAPLAN *(nimmt das Tannenbäumchen an sich. Arthur Aronymus aber bemüht sich, ihm die kleine Tanne nach Hause zu tragen):* Da steht sie ihm schon auf der Schulter.

ARTHUR ARONYMUS: Jetzt spielen wir Dienstmann.

KAPLAN: Ist sie auch nicht zu schwer für dich?

ARTHUR: So een kleng Bömken wie meiner Mutter Gummipappel.

*Kaplan im Begriff, Arthur Aronymus eine kleine Münze ins Täschchen zu stecken.*

ARTHUR ARONYMUS: Nä, dafür nehm eck doch nix!

KAPLAN: Ihr habt ja eine Menge Kinder. Hast du auch unter ihnen ein Lieblingsschwesterchen, wie ich eins habe?

*Pause.*

ARTHUR ARONYMUS: Kennen Sie unser Lenchen nicht? *(Dem Kaplan anvertrauend)* Die is meine Braut. Ich bin ja auch zwei ganze Jahre älter wie unser Lenchen. Lenchen ißt so gerne Marzipan. Darum besuchen wir beide in Lippstadt öfters Frau Sanitätsrat Grünbaum.

KAPLAN *(vertraulich wie er und im selben Tone):* Aber merkt denn die Frau Sanitätsrat Grünbaum nicht, daß ihr beide nur des Marzipans wegen kommt?

*Kaplan tut sehr interessiert; sie bleiben öfters stehen.*

ARTHUR ARONYMUS: Im Gegenteil, sie ruft immer: »Na, das

ist schön, daß ihr beide mich wieder besucht«, und dann sagt sie: »Mein Sohn hat mir auch wieder frisches Marzipan aus Königsberg geschickt.« Und wenn wir es aufgegessen haben, dann bleiben wir beide noch etwas stehen, weil ich und Lenchen Durst haben, bis sie sagt *(sie imitierend):* »Was macht denn eure Mutter?«

*Kaplan fragend.*

ARTHUR ARONYMUS *(blickt treuherzig zum Kaplan auf):* Kaffee, wenn Leute kommen.

KAPLAN: Köstlich!

*Fräulein Paderstein bleibt neugierig vor den beiden Nahenden auf dem Markte stehen, betrachtet sie durch ihr Lorgnon. Der Kaplan und Arthur Aronymus sind angelangt vor dem kleinen Kaplanhäuschen neben der Kirche. Seitwärts der Eingang. Der Kaplan hebt den kleinen Baum von Arthur Aronymus' Schulter.*

KAPLAN: Ein Stück Schokolade nimmst du doch vom Kaplan Bernard?

*Arthur Aronymus bläst schrill auf seinem Metallpfeifchen und rennt davon.*

## *Fünftes Bild*

*Im Schülerschen Gutsgarten. Die Magd Clara deckt den Kaffeetisch in der Jasminlaube. Im Winter von bunten Glaswänden geschlossen. Innen brennt ein kleines Holzfeuer.*

*Herr Schüler; Frau Schüler; Herr Vogelsang; seine Gattin Alwine (zu spielen von einem hageren Mann); Frau Vogelsang hat einen grauen, kleinen Backenbart, spricht stark Wuppertaler Dialekt; ihr Sohn Dr. Vogelsang (ein Spätsprößling); Katharina; Herr und Frau Paderstein; die älteste Tochter von Vogelsangs; Fräulein Milchen Paderstein, die Schwester des Herrn Paderstein; Clara, die Magd; Wanderbursche Nathanael Brennessel.*

BRENNESSEL: Na, kiek eener an – unser Hausmütterchen! *Clara erblickt den Wanderburschen auf der Landstraße, sie winkt ihm, er kommt in den Gutsgarten.*

CLARA *(vorwurfsvoll, höhnisch):* Herr Nimmermüde – –

BRENNESSEL: Machen *Sie sich* man erst auf die Wanderschaft, Frauenzimmerchen, just das Wandern bietet einem *(pfeift mit spitzen Lippen)* so rechte Gelegenheit *auszuruhen.* Wie schon der Wolfjang an die Frau Rätin Mutter *(affektiert)* aus Italien nach Weimar schrieb.

CLARA *(spricht ihm höhnisch nach):* »– bietet so rechte Gelegenheit?« – – Bind er 'nem andern Weibsbild auf. Vom Herumflanieren und Poussieren werden die Kartoffeln nicht dick.

BRENNESSEL *(an die Ehre gegriffen, affektiert):* Ich muß höflichst bitten, Frauenzimmerchen.

CLARA: Ich mein ja bloß ens, Herr Brennessel.

*Brennessel tritt nahe an Clara heran, versucht sie zu umarmen.*

CLARA: Er will mich auch wohl ins Unglück stürzen, wie der Wolfjang die Friederike?

*Brennessel kichert.*

CLARA: Betrachten Se ens – das hat unsere Katharina verloren, als sie eben vom Imker gerufen wurde bei die Bienenkörbe. *(Clara zeigt ihm ein Bändchen mit einem Herzchenanhänger.)*

BRENNESSEL: Zur Königinbrautfahrt. *(Etwas geil)* Ich sah sie in den Lüften mit dem Bienerich, Clärken.

CLARA *(betrachtet das Herzchen, summend):* Brennessel, kiek er ens. *(Sie schaukelt das Herzchen am Bande hin und her.)* Der meint es ehrlich mit der Demoiselle – – *(flüstert)* Die Eltern Vogelsang sind gestern eingetroffen. Dat imponiert mich, Brennessel!

*Brennessel, als ob er Tränen aus den Augen wische.*

CLARA *(mitleidig):* Ich weiß ja, dat Sie keine Eltern jehabt haben, Nathanaelchen.

BRENNESSEL: Darum hab ich auch keine Bleibsamkeit, dat is ja eben ming Geburtsfehler, ming Zuckerclärchen.

CLARA: Die Madame kommt!

*Hinter Frau Schüler der Herr Schüler, beide in bester Kleidung und Laune. Der Handwerksbursche hat nicht mehr Zeit, sich ungesehen zu empfehlen.*

FRAU SCHÜLER *(zu Brennessel):* Er kommt mir wie gerufen, Brennessel!

BRENNESSEL: Das will ich meinen, geehrteste Madame.

FRAU SCHÜLER: Die Teppiche kann er helfen ausklopfen. Will er? *(Zu Clara)* Lassen Sie ihm vorher – –

HERR SCHÜLER *(kurz):* Na?

*Brennessel lüftet den Hut bis zur Erde.*

FRAU SCHÜLER: – – – in der Küche einen kleinen Imbiß geben. *(Sie nickt Brennessel gutmütig zu. Brennessel und Clara ab.)*

HERR SCHÜLER: Du verwöhnst die Leute, Henriette, der Mann ist gewöhnt, im Freien zu grasen.

SIMEON *(der in die Laube gekommen ist)*: Der Mann bekommt seinen Lohn und damit basta, Mutter.

FRAU SCHÜLER: In meinem Elternhaus ging niemand heim, ungestärkt.

SIMEON *(zum Vater)*: In den Dingen der Ökonomie ist mit der Mutter nicht zu reden.

*Julius kommt in die Laube.*

HERR SCHÜLER *(etwas unangenehm von dem Urteil seines zweiten Sohnes berührt)*: Im Hause wollen wir schon die *Mutter* walten lassen.

JULIUS *(reinigt sein Lorgnon; er schnüffelt)*: Es duftet nach Rodontkuchen – – Oder irr ich mich?

MUTTER: Ihn hat gestern abend noch Katharina mit der Köchin gebacken.

VATER *(unbewußt etwas eifersüchtig auf Katharinas nahende Verlobung)*: Ein Prachtmädel, beileibe, der Doktor kann sich gratulieren.

SIMEON: Wie weit ist die Unterredung mit seinen Eltern gediehen?

MUTTER *(blickt auf zum seitlichen Erkerfenster)*: Sch – –

SIMEON: Darum eben, *weil* sie gleich kommen werden.

MUTTER *(auf ihren Gatten weisend)*: Der Herr Vater erklärte sich einverstanden, ihrem Sohn eine Mittelapotheke zu kaufen.

SIMEON: Was sagt Frau Mutter dazu?

MUTTER: Diese Fragen müssen wir des Herrn Vaters großer Erfahrenheit überlassen.

*Der Vater fühlt sich sichtlich befriedigt von der Antwort seiner Gattin.*

VATER: Ich kann dir nur denselben Rat erteilen, mein Sohn Simeon.

JULIUS: Mich überraschen des neugebackenen Schwagers Kenntnisse in der modernen Literatur. Er deklamiert den ganzen Faust I. und II. Teil auswendig!

SIMEON *(überhört Julius' Einwurf):* Noch bei den schlechten Zeiten.

VATER: Auch sind die Zeiten nicht die schlechtesten. Das Glück meiner Tochter Katharina liegt mir lediglich am Herzen. Mein Prachtmädel!

JULIUS *(wie auf dem Katheder geschwollen, überspannt):* Den II. Teil!! Deklamiert er *auswendig!* Begreift ihr Herren Eltern, welche Intensivität des Verstandes zu dieser Leistung gehört?

SIMEON *(sarkastisch):* Ein Werther scheint der neugebackene Schwager *keinesfalls* zu sein.

VATER: Wer weiß – denn er liebt mein Mädelchen.

*Mutter, gerührt über ihren Gatten, streichelt ihm die Hand.*

SIMEON: Idealisten –

VATER *(sich wieder ermannend):* Wenn nur nachher die Herde nicht in unsere Konferenz einfällt –

MUTTER: Ich habe Elischen und Fanny mit den sämtlichen Kindern auf die Farresbeck geschickt, Milch trinken und Waldbeeren suchen. Beim Pflücken lassen sich die Kinder so leicht nicht stören.

SIMEON *(vorsichtig):* Mit Fürlaub, Herr Vater, ich bat Menachem, unseren ältesten Bruder, deinen Erstgeborenen, über Vogelsangs Erkundigungen einzuziehen.

*Kleine Pause. Vater springt empört auf, sein Gesicht er-*

*rötet sich. Aber schon nahen Vogelsangs und ihnen zur Seite Padersteins.*

SIMEON: Ja, sie zählen tatsächlich zu den wohlhabendsten Familien im Wuppertal.

*Der Vater erhebt sich, beherrscht, geht wie ein Grandseigneur seinen Gästen entgegen, führt die alte Frau Vogelsang artig in die Laube, die anderen folgen ihnen nach. Fräulein Paderstein kommt in den Garten.*

FRAU VOGELSANG *(geschmacklos in lila und grüne Seide gekleidet; Wuppertaler Dialekt):* Vogelsang wollt nicht aufwachen, und ich konnt doch bei seinem Schnarchen nicht einschlafen – so stört er mir immer die Ruhe seit unserer Hochzeit.

HERR VOGELSANG: Alwinchen, plauderst wieder aus der Schule.

*Es lachen alle; Herr Schüler aus Höflichkeit ebenfalls; nur Simeon kalkuliert noch abwesend.*

HERR SCHÜLER: Desto besser wird Madame Vogelsang der Rodontkuchen, von unserer Katharina gebacken, munden.

FRÄULEIN PADERSTEIN *(neugierig):* Na, seid ihr schon einig geworden?

FRAU PADERSTEIN *(dumm):* Ne gute Partie macht der Engelbrecht.

FRAU VOGELSANG *(listig):* Man langsam voran.

FRAU SCHÜLER *(für ihre Tochter an die Ehre gegriffen):* Meine Tochter?

*Herr Schüler überhört diplomatisch den kleinen Vorgang zugunsten Katharinas.*

FRAU VOGELSANG *(stößt ihres Mannes Fuß unterm Tisch an, sie hält ihre Kaffeetasse in der Hand):* Du kennst dich doch aus in Porzellan, Vogelsang?

VOGELSANG: Erste Qualität, Schüler, echtes Sèvres. Was titulieren wir uns eigentlich noch immer mit Madame und Monsieur – zwei Brauteltern.

HERR PADERSTEIN *(schmaust und kräht):* Erhebet eure gefüllten Tassen! Also Moritz und Wilhelm – Henriettchen und *(er weist auf seine Schwiegermutter Vogelsang)* Alwine.

FRAU VOGELSANG: Nu man langsam voran, Schwiegersohn.

HERR SCHÜLER: Eh bien, Madame Vogelsang *(reserviert und hart).*

FRAU VOGELSANG *(empfindet die plötzlich abgekühlte Atmosphäre, listig lenkt sie ein):* Der liebe Engelbrecht, sämtliche Frauenzimmer sind in Elberfeld hinter ihm her.

FRAU PADERSTEIN *(dumm):* Das will ich meinen. Allen hat er den Kopf –

FRAU VOGELSANG *(fällt erschrocken ein):* – gewaschen mit seinem unvergleichlichen gesetzlich geschützten Kopfwasser.

FRÄULEIN PADERSTEIN: Wie nennt sich dat?

SIMEON *(sarkastisch, er streift seine Eltern):* Nach Katharina.

FRAU PADERSTEIN *(trocken):* Dat is 'ne gute Idee!!

HERR SCHÜLER *(energisch):* Bevor unsere Kinder kommen, schlage ich vor, die interne Angelegenheit zu regeln.

FRAU VOGELSANG: Dat mein ich auch *(kratzt sich im Bakkenbart).*

HERR VOGELSANG *(intim):* Also, Moritz? *(Zu seiner Frau)* Wir werden schon einig werden.

JULIUS *(für seine Schwester an die Ehre gegriffen, in beschwingtem Ton):* Mit dem Kuhhandel? Was?

HERR SCHÜLER: Ich also erkläre mich bereit, eine Mittelapotheke zu kaufen, und zwar die vakante Ihrer Schwesterstadt Barmen. Ich liebe meine Tochter Katharina und will ihr Glück.

FRÄULEIN PADERSTEIN *(neidisch):* Sie hat ja immer für die Pharmazeuden geschwärmt, seitdem der Profisor hier in Gaesecke mit der Kleie ihre roten Händ' gebleicht hat.

FRAU VOGELSANG *(aufatmend):* Bravo, Moritz! *(Auf einmal intim)* Siehste, Vogelsang, so eine Vaterliebe imponiert mir! *(Tränen stehen in den Augen des Herrn Vogelsang. Frau Vogelsang würdig)* Beherrsch dich, Vogelsang. *(Frau Vogelsang läßt en passant die Worte fallen)* Unserem Jungen stand die Welt offen –

FRÄULEIN PADERSTEIN *(etwas neidisch):* Die Katharina wird sie ihm wacker zuriegeln.

SIMEON *(eiskalt, Fräulein Padersteins Bemerkung überhörend):* Dann rate ich Ihnen, Madame Vogelsang, dieselbe noch nicht hinter ihm zu schließen.

*Eine kühle Pause.*

HERR VOGELSANG *(vorwurfsvoll):* Das hat nu deine Liebe, Alwinchen, zu unserem Engelbrecht dir wieder eingebrockt.

FRAU PADERSTEIN: Mutter meint es ja nicht so.

FRAU VOGELSANG *(verbrennt sich die Zunge an dem heißen Kaffee):* Kinder, der Kaffee, der Kaffee, der Kaffee.

*Frau Paderstein tritt ihrer Mutter auf den Fuß.*

HERR VOGELSANG: Ein vorzüglicher Mocca.

FRAU VOGELSANG *(hält ihren Leib mit beiden Händen):* Ich bin ja so dunkel nicht gewöhnt, Kinderkes!

*Sie ächzt und erhebt sich schnell, um an einen bestimmten Ort zu eilen.*

HERR VOGELSANG: Wird Alwinchen auch finden?

*Frau Schüler eilt ihr etwas angewidert nach; Herr Vogelsang spaziert indessen etwas über den Kiesweg.*

HERR PADERSTEIN *(kräht):* In Barmen haben die Kinder von der ollen Vogelsang nix zu fürchten, Schüler!

*Das Brautpaar tritt durch die Pforte in den Gartengang, ganz im Gespräch vertieft. Sie übersehen die verstummten Verwandten in der Laube und steigen die Freitreppe Arm in Arm hinauf. Katharina lehnt komisch an Engelbrechts Schulter.*

FRÄULEIN PADERSTEIN *(neidisch):* Daß seine Wahl nicht auf die schöne Fanny fiel?

*Frau Schüler tritt erregt wieder in die Laube, vom Seiteneingang des Hauses her. Frau Vogelsang aufatmend mit den Händen auf dem Leibe wie nach überstandener Operation.*

HERR SCHÜLER: Faßt Euch, Frau Mutter. *(Er zeigt auf das Brautpaar.)* Darum laßt sieben grad sein.

FRAU VOGELSANG: Habt ihr unsere beiden Kinder gesehen, als ob sie nicht auf Erden seien. Das Käthchen gefällt mir von Minute zu Minute immer *noch* besser. Ein herziges Kind! *(Kleine Pause)* Bist wohl abgespannt, Henriettchen, nach der ernsten Konferenz? Weißte wat, leg dich aufs Kanapee in der guten Stube und streck die Glieder von dir. Wir in der Zeit promenieren wat im Garten umher. Komm, Moritz! Sei ein Kavalier und reich mir deinen Arm.

*Herr Schüler reicht ihr artig seinen Arm, beherrscht.*

FRAU VOGELSANG: Nimm dir'n Beispiel, Vogelsang.

FRAU SCHÜLER *(ruft ihren Gatten stehenbleibend vor der Freitreppe):* Moritz, alles erträgst du in deiner blinden Liebe zu Katharina, da hat das Mädchen nun an deinem Hals geweint –

HERR SCHÜLER: Das ernste Mädchen, Henriette, sie *weiß*, was sie will! Übrigens, lange wird die siebzigjährige

Närrin auch nicht mehr leben, Katharina wird schon aufräumen. *(Frau Schüler geht ins Haus, indessen spaziert Frau Vogelsang mit ihrem Gatten auf den Gartenwegen. Herr Schüler nimmt aus seinem Portefeuille einen Brief. Er liest ihn noch einmal, bevor er in die Laube zurückkehrt, in der Fräulein Paderstein auf ihn wartet. Den Brief wieder faltend) Auch* übertrieben!

ELISCHEN *(tritt durchs Gartentor, erregt)*: Wo ist die Mutter?

HERR SCHÜLER: Was willst du von der Mutter?

ELISCHEN: Die Fanny hat sich von unserer Schar getrennt und sitzt bei Prells mit einem Dr. Faust.

*Die Kinder kommen alle durch das Tor und singen: »Sah ein Knab ein Röslein stehn.« Die Kinder kommen von der Stadt her, zwischen Ferdinand und Berthold die sehr zappelige Dora, dann die Zwillinge Meta, Luise, Hand in Hand. Hinter ihnen fährt Albert behutsam den kranken Alex im Wägelchen. Hinter ihnen Eleonore und August, dann Bettina und Margarete, hinter ihnen Arthur Aronymus mit Lenchen an der Hand, dann Karl mit Meierchen und Titi. Sie bemerken den Vater und gehen behutsam weiter die Freitreppe herauf ins Haus.*

HERR SCHÜLER *(wohlwollend, fast im gutmütigen Tone der Mutter)*: Seid nur weiter frohgemut, Kinder!

*Er betritt wieder die Jasminlaube.*

FRÄULEIN PADERSTEIN: Deine Prozession *(auf die Kinder zeigend)*, Moritz.

*Herr Schüler nickt abwesend.*

FRÄULEIN PADERSTEIN *(schmeichlerisch)*: Früher hast du mich doch beim Vornamen genannt, Moritz, nun sag schon wieder Milchen zu mir, wo wir verwandt geworden sind.

*Elischen kommt zurück in die Laube.*

HERR SCHÜLER *(zu Elischen):* Was erzähltest du eben von deiner Schwester Fanny?

ELISCHEN: Sie trennte sich von unserer Schar und sitzt mit einem fremden Monsieur bei Prells im Weingarten.

HERR SCHÜLER: Ich werde gleich Julius hinschicken.

*Elischen ab. Brennessel ist im Begriff, sich aus dem Garten zu entfernen.*

HERR SCHÜLER: Hole er mir das Blättchen vom Händler, Brennessel!

*Brennessel nähert sich in einem Sprung der Laube. Herr Schüler legt ihm eine Münze in die Hand. Brennessel bespuckt sie dreimal, lüftet dankend den Hut, und zwar einige Male.*

FRÄULEIN PADERSTEIN *(lauernd):* Vielleicht stehts schon drin.

HERR SCHÜLER: *Weiß* die Jungfer von den angekündeten Pogromen in Erwitte und den benachbarten Flecken? *Er sucht mechanisch nach seinem Portefeuille, darin sich der beunruhigende Brief seines Sohnes Menachem befindet.*

FRÄULEIN PADERSTEIN: Das hör ich heut zum ersten Mal.

HERR SCHÜLER: Also was meinte die Jungfer denn, von welcher Neuigkeit sprach die Jungfer denn? Sie bequeme sich, deutlich und ohne Hinterhalt zu reden.

*Brennessel reicht das Blatt Herrn Schüler durch das Laub der Laube, ab.*

FRÄULEIN PADERSTEIN: Es wird gemunkelt im Dorf, du beabsichtigtest, Moritz, deinen Sohn Arthur Aronymus taufen zu lassen.

HERR SCHÜLER *(erstarrt):* Entweder hat das die Jungfer erfunden, oder das Gerücht, an dem kein Haar echt ist, hat man ihr aufgebunden.

FRÄULEIN PADERSTEIN *(lacht höhnisch auf):* Weißt du denn

nicht, Moritz, daß sie beide über die Tierhecken springen um die Wette, der Kaplan und dein Aronymus? Trug der wilde Junge ihm doch erst vor ein paar Tagen sein Christbäumlein vom Markt in die Stube.

HERR SCHÜLER *(steht auf)*: Da möchte ich doch eben meine Henriette wecken.

FRÄULEIN PADERSTEIN: Sie weiß davon, und hat sie dem Gemahl das verschwiegen? *(Listig)* Darüber würde ich mich an deiner Stelle sehr kränken, Moritz.

HERR SCHÜLER: Kränken? *(Klug und überlegen)* Im Gegenteil, ich respektiere diesen jungen frischen Geistlichen, und es sei mir eine Lehre fürder seine Freundschaft, mit der er meinen, von mir vernachlässigten *(er betont) lieben* Arthur Aronymus auszeichnet, mich dringlicher um meines Jungen Erziehung zu kümmern.

*Fanny sieht im Vorbeischleichen ins Haus den Vater.*

HERR SCHÜLER: Fanny! Du kommst mir wie gerufen.

*Er legt ihren Arm in den seinen und zieht sie, froh, die Jungfer los zu sein, ins Haus. Die Jungfer putzt sich die Nase in ein gesticktes Tüchlein, nimmt ihr Lorgnon und späht nach den Verwandten im Garten.*

*Im kleinen Kaplanhaus. Ein geschmückter Christbaum. Die beiden kleinen Nichten des Kaplans, Narzissa und Ursula, knien in der Nische vor einem kleinen Altar vor dem Kreuz, daran Herr Jesus hängt. Angezündete Kerzen, Tannen- und Blumenschmuck und ein Wachsherz, geweiht Maria.*

*Kaplan; Arthur Aronymus; Narzissa; Ursula; Nathanael Brennessel und Leute aus Gaesecke.*

ARTHUR ARONYMUS *(verharrend vor der halbgeöffneten Stube des Kaplans. Er hält einen Weihnachsstrauß in der Hand):* Mutter hat mir's verboten, *heute* durch dein Fenster zu klettern – selbst – wenn es geöffnet ständ.

KAPLAN *(lacht):* Vermutlich des schönen Blumenstraußes in der kostbaren Spitzenmanschette wegen.

*Er zieht Arthur Aronymus in die Stube.*

ARTHUR ARONYMUS: Der Weihe wegen – sagte meine Mutter. *(Arthur Aronymus erblickt den Baum.)* Ah – h – –! Bezähme dich, Junge, sagte meine Mutter, damit der Herr Kaplan deine gute Kinderstube nicht vermißt.

*Arthur Aronymus gewahrt plötzlich die beiden Nichten des Kaplans, die die letzten Strophen des Vaterunsers beten.*

URSULA UND NARZISSA *(gleichzeitig):* – – und vergib uns unsere Schuld, wie auch wir vergeben unsern Schuldigern. Und führe uns nicht in Versuchung, sondern erlöse uns von dem Übel. Amen.

*Sie erheben sich beide, Ursula kommt auf Arthur Aronymus zu.*

KAPLAN: Nun Kinder, gebt euch mal alle die Hände! *(Zu*

*den Nichten gewandt)* Dieser nette Junge ist mein kleiner Freund Arthur Aronymus, und diese kleinen artigen Mädchen, lieber Aronymus, sind meine Nichten Ursula und Narzissa. Tretet näher, laßt uns vorerst den Christbaum anschauen.

*Arthur Aronymus regt sich plötzlich nicht von der Stelle und ist verstummt.*

KAPLAN *(zu Arthur Aronymus):* Du bist ja mit einem Mal so still geworden, was ist dir denn, mein Junge?

ARTHUR ARONYMUS: Mir is wat unheimlich.

*Er sieht sich im Zimmer um.*

KAPLAN *(die beiden Mädchen drängen sich um den Kaplan, der Kaplan führt den Arthur Aronymus an den Christbaum, die beiden Mädchen folgen):* Nun laßt uns zusammen »O Tannenbaum, o Tannenbaum« singen.

URSULA: Und dann beschert uns der Onkel Bernard.

NARZISSA: Lieber Onkel Bernard! *(Sie umhalst ihn.)*

KAPLAN *(streicht Arthur Aronymus über seinen Scheitel):* Oder wißt ihr was? Ihr stellt euch dort in die Ecke und schließt alle drei die Augen, und wenn ich rufe: »Macht die Augen auf!«, war das Christkind hier gewesen und hat seine Präsente gebracht.

DIE DREI KINDER: O ja!

*Kaplan holt aus dem Schrank zwei Puppen, zwei kleine Testamente in Samt gebunden, einen kleinen Baukasten, einen Kreisel und stellt die Geschenke unter den Baum auf den Tisch, holt dann drei Teller, mit Spekulatius, Äpfel, Apfelsinen und Nüssen gefüllt. Zuguterletzt zieht er ein Schaukelpferd hinter dem Schreibtisch hervor.*

URSULA *(zu Arthur Aronymus, leise):* Ich kann alles sehen, zwischen den Fingern!

ARTHUR ARONYMUS: Ich seh gar nix.

*Kaplan hört es und lächelt amüsiert.*

NARZISSA: Ich muß so zittern, Onkel Bernard.

KAPLAN: Augen auf!!!

DIE KINDER: Aaaaaaaah!

KAPLAN: Nehmt den Arthur Aronymus in die Mitte, ihr zwei Mädchen, und tretet vor den Tisch des Christbaums!

*Ursula im Begriff, auf die Geschenke loszustürzen.*

KAPLAN: Nicht so ungeduldig, Ursula.

*Die Kinder betrachten mit Jubel ihre Geschenke.*

URSULA: Narzissa, sollen wir tauschen? Ich möchte lieber deine rosane Puppe –.

*Arthur Aronymus, beglückt über das schöne Schaukelpferd, hat alles andere um sich vergessen.*

KAPLAN: Nun wollen wir singen.

NARZISSA *(mit einem sehr feinen hellen Stimmchen):* »O Tannenbaum« – –

ALLE: »O Tannenbaum, wie grün sind deine Blätter« – – *(die erste Strophe.)*

ARTHUR ARONYMUS *(zum Kaplan):* Das haben wir grade in der Gesangsstunde gelernt *(freudestrahlend).*

KAPLAN: Das hörte ich eben vom Christkindchen.

ARTHUR ARONYMUS: Ich muß es immer allein singen in der Schule. Der Lehrer sagt, dann käme er so richtig ins Lachen mal. Das täte seinen trägen Därmen gut.

NARZISSA *(hebt den Finger):* Ist das nicht eine Sünde von seinem Lehrer, über ein heiliges Lied zu lachen, Onkel Bernard?

KAPLAN *(erschüttert):* Eine sehr große, mein Kind. Nun schnell wieder an die Weihnachtsgaben, die das Christkindlein euch brachte.

NARZISSA *(verzückt):* Lieber, lieber Onkel Bernard.

*Sie nimmt die Puppe in den Arm, mit dem andern Arm umarmt sie den Kaplan.*

KAPLAN: Wahrlich, du bist so ein rechtes Gotteskind.

URSULA *(zu Narzissa):* Tausch doch mit mir, ich geb dir meine blaue, und du gibst mir deine rosane.

*Arthur Aronymus springt auf den Gaul und reitet. Seine Augen blitzen.*

KAPLAN: Daß du ihm aber einen Stall baust, Arthur Aronymus. *(Tief gerührt beobachtet der Kaplan die Kinder.)*

ARTHUR ARONYMUS *(fällt ihm jäh um den Hals):* Ich danke dir, lieber Onkel Bernard.

URSULA *(zu Narzissa):* Zeig mal deinen Teller *(zu Arthur Aronymus)* und deinen.

NARZISSA: Fein, nicht?

URSULA *(zu Arthur Aronymus):* Du hast ja einen Zuckerfrosch, ich und Narzissa nicht. *(Zum Kaplan)* Warum hat Arthur Aronymus einen Zuckerfrosch?

KAPLAN: Der kam gewiß auf seinen Teller gehüpft.

URSULA: Wie komisch.

KAPLAN: Nun wollen wir aber die Schokolade in der großen Kanne nicht länger warten lassen, denn meine Hausfrau feiert bei ihrer Tochter und ihren Enkelkindern den Heiligen Abend und wird sie nicht wieder aufwärmen. Plaziert euch drei bescherte Kinder recht brav um den Tisch.

*Vor dem Kaplan steht die größte Tasse mit Goldbuchstaben: Bernard. In zwei Körben liegen Aniszwiebäcke und Kuchen. Die beiden Mädchen ordnen umständlich beim Niedersetzen die weiten Röcke, um sie nicht zu verrammeln. Arthur Aronymus betrachtet noch vertieft sein Schaukelpferd, und dann jäh mit einem Satz sitzt er auf dem Stuhl zwischen den Mädchen am Tisch.*

KAPLAN: Nun, Ursula, Narzissa, ihr wollt doch mal Hausfrauen werden, reicht schön die Bäckerei von Hand zu Hand.

*Der Kaplan füllt in der Zeit die Tassen.*

NARZISSA: Ich will Nonne werden, so eine recht andächtige, im schwarzen Gewande.

KAPLAN: Und du, Ursula?

URSULA: Ich will freien und lauter Kinder haben und dann gibts alle Tage Pudding und Safrantunke.

*Der Kaplan und Arthur Aronymus lachen.*

KAPLAN: Und unser Arthur Aronymus, was will er mal werden?

*Arthur Aronymus lächelt verlegen.*

KAPLAN: Doch wahrscheinlich ein Baumeister.

ARTHUR ARONYMUS: Ach ja, ich wußt nur nicht, wie das heißt.

KAPLAN: A propos, ich wollte dich schon fragen, wie es deiner kranken Schwester, der Dora, geht?

ARTHUR ARONYMUS: Simeon hat gesagt: »Der Arzt studiert nur an dem Kinde herum. Bald hat er dein Geld geschluckt, der Quacksalber, Herr Vater« – und Julius hat gesagt: »Lasse Professor Eisenbart aus Paderborn kommen, der ist Arzt über fünfhundert *unheilbare* Kranke.«

*Kaplan verbeißt sich das Lachen. Auf einmal wird ein Stein ans kleine Fenster geworfen, und es singt jemand gehässig vor dem Kaplanhaus.*

STIMME: Dat käm ein Christenkind zu gut, herfür mit dinne Judenbrut!!

*Kaplan eilt ans Fenster, der Lästerer ist nicht zu sehen.*

ARTHUR ARONYMUS *(hebt den Finger)*: Darf ich was sagen?

KAPLAN: Gewiß, mein Junge.

ARTHUR ARONYMUS: Der singt immer im Sommer, wenn sie

das Fallobst bei uns sammeln in ihren Säcken – meine Mutter sagt, arme Leute wollen auch Obst essen.

KAPLAN *(beunruhigt):* Habt ihr verstanden, was der böse Mann gesungen hat?

URSULA *(lügt kindlich):* Ich hab alles verstanden, Onkel Bernard.

ARTHUR ARONYMUS *(vertieft in sein Schaukelpferd; er zieht es an den Tisch zu sich. Er glaubt, er muß Ursulas Worte bestätigen):* Präzise.

NARZISSA *(versonnen):* Ich hab es nicht verstanden – – –.

KAPLAN *(legt den Kindern noch Kuchen auf den Teller):* Nun schmaust weiter, meine lieben kleinen Gäste, sonst ladet euch das Christkindchen nicht wieder nächstes Jahr zum Kaplan ein.

ARTHUR ARONYMUS *(zu Ursula):* Du hast ja schon leer.

URSULA *(zu Arthur Aronymus):* Trink doch aus. *(Zeigt auf Narzissa)* Die ist so zimperlich immer.

ARTHUR ARONYMUS: Laß doch das Puffen.

URSULA: Onkel Bernard, ich hab noch so Durst. *(Kaplan füllt noch einmal ihre Tasse.)* Schmeckt lecker, Onkel Bernard.

*Ein zweiter Stein trifft wieder das Fenster. Derselbe Gesang, etwas ferner, und zwar dieses Mal von einigen Stimmen. Der Kaplan eilt wieder ans Fenster, öffnet es. Brennessel kommt über den Marktplatz. Der Kaplan erkennt ihn. Im Arm hält er ein kleines geputztes Weihnachtsbäumchen.*

BRENNESSEL: Da laufen sie doch.

KAPLAN: Kennen Sie die Leute bei Namen?

BRENNESSEL: Die Missetäter? Nää. *(Er hebt das Bäumchen empor, ein bißchen affektiert im Flötenton)* Vom Zuckerclärchen. Se hat dem Nathanael ein Bäumchen geputzt. *(Er geht weiter.)* Schönen Weihnachtsabend wünsch ich Herrn Kaplan.

*Geht ab.*

KAPLAN *(kommt vom Fenster, vergißt, es ganz zu schließen. Setzt sich wieder zu den Kindern)*: Nun dürft ihr euch alle noch etwas zum Schluß der Feier vom Baume abpflücken.

NARZISSA: Den schönen Silberstern, bitte, bitte.

*Kaplan geht nochmals ans Fenster, das er vergessen hatte, wieder zu schließen.*

URSULA *(zu Arthur Aronymus)*: Pflück mir wacker die Schaumkugel, kiek, die da!

ARTHUR ARONYMUS: Nää.

URSULA *(auf den Kaplan zeigend)*: Er merkts jetzt nicht. *(Sie reckt Arthur Aronymus' Arm in die Höhe)* Nur wacker.

*Arthur Aronymus, wie behext, pflückt die Kugel.*

KAPLAN *(kommt dazu, zu Arthur Aronymus)*: Aber du willst doch nicht gar ein dreister Judenjunge werden? *(Tief erschrocken über die ihm entfahrene Bemerkung.)*

ARTHUR ARONYMUS *(instinktiv schwer erschrocken, jäh erwacht, dann apathisch, ruft auf einmal weinerlich und furchtbar schmerzlich)*: Ich will zu meiner Mutter.

*Pause. Kaplan erschüttert.*

ARTHUR ARONYMUS *(schwingt sich jäh aufs Schaukelpferd und reitet unbändig – vorwurfsvoll)*: Nun bin ich bald zu Hause angekommen.

*Der sich schwer schuldig fühlende Kaplan ergreift den Arthur Aronymus in seinem galoppierenden Ritt, hebt ihn vom Pferde zu sich empor und küßt ihn auf den Mund. Dann holt er den Wachsengel aus der Krone des Baumes.*

KAPLAN: Für Lenchen, dein Schwesterchen.

*Arthur Aronymus lächelt müde, er läßt sich apathisch den Engel in die Tasche stecken, und ohne sich auch nur nach seinen Geschenken umzusehen, flieht er aus der Stube, aus dem kleinen Kaplanhaus über den Markt dem Gutshaus zu.*

KAPLAN *(verzweifelt):* Legt euch in der Nebenstube schlafen, Ursula und Narzissa, damit ihr morgen ausgeruht seid für die Heimreise.

*Narzissa, instinktiv, streichelt tröstend des Kaplans Wange und schreitet mit Ursula in das Nebenzimmer.*

KAPLAN *(nimmt seinen Rosenkranz, der auf dem kleinen Altar unter den Blumen liegt, kniet vor dem Altar nieder):* Vergib mir armem Sünder, Jesus Christus, diese giftige Muschel! *(Tränen fließen über sein Gesicht.)* Längst geläutertes Blut trieb sie an den Strand meiner Lippen. *(Seine Augen tief geschlossen.)*

*Nach einer Weile erhebt er sich und bläst die Kerzen des Baumes aus.*

## *Siebtes Bild*

*In der Schlafstube des Arthur Aronymus und einiger seiner Brüder: Bertholds und Ferdinands Betten stehen rechts an der Wand; Arthur Aronymus' Bett und das Bett seines Bruders Max an der linken Wand. Zwei größere Waschtische, zwei Schränke, einige Stühle, ein kleines Pult mit Schulheften, Tinten usw. und ein Tisch, ebenfalls mit Schulsachen darauf. Früh am Weihnachtsmorgen.*

*Berthold; Ferdinand; Arthur Aronymus; Max; Katharina; Fanny; Elischen; Dora; Lenchen.*

*Arthur Aronymus liegt unruhig schlummernd noch in seinem Bett. Ab und zu stöhnt er und spricht weinerlich im Traum. Von draußen hört man die Weihnachtsglokken hell durch Hexengaesecke läuten. Die Geschwister sind schon alle aufgestanden und unterhalten sich im Garten. Man hört ganz nah die Magd Clara schimpfen vom hinteren Garteneingang herauf.*

CLARA: Ich hol gleich den Inspektor, den Monsieur Filigran, wenn ihr euch nicht fortschert noch am Christmorgen –.

DORFLEUTE IM GARTEN *(äffen Clara nach):* Monsieur *(näselnd)* Filigran – – – Solche Redensarten, wie Sie am Leibe haben, nimmt sich ja noch nicht mal die Madame heraus! Hol' ihn ens, den Monsieur *(näselnd)* Filigran.

CLARA: Nicht eine Birne oder 'n Appel blieb für uns Angestellte in der Küche übrig. Abgegrast habt ihr täglich die Obstwiesen, darauf die fettesten Bäume stehen. *(Lügt)* Dat sagt auch die Madame.

DORFLEUTE: Das soll die Madame Schüler gesagt haben??–!

Gefegt haben wir das faule Fallobst von die Wiesenplätze! Unsere Kinder haben Hunger nach heilem Obst, schäbiges Weibsbild!

CLARA: Faulet Obst? Dat macht einer Dümmeren weiß, wie eck et bin. Grad der Appel, der vom Zweig fällt, ist der schmackhafteste! Und gelegen hat er auch nicht allzulange im Gras, davor habt ihr gesorgt, ihr Aasgeier. – Dat sagt auch *(sie lügt)* die Madame.

DORFLEUTE: Der werden wirs besorgen.

*Verlassen drohend und murrend den Garten. – Oben in der Schlafstube spiegelt sich der Traum Arthur Aronymus' an der Wand wider.*

### DER TRAUM

*(Tonfilm)*

*Sein Großväterlein, der Rabbuni, und er wandeln durch die Straßen von Paderborn, passieren die altmodischen Bibel-Giebelhäuser. Manches von den Häusern trägt eine Arabeske in Form einer spitzen, langen Nase mitten im Gesicht. Bei manchen Häusern öffnen sich zwischen den Fenstern große Mäuler – eins schluckt nach Großväterlein und ihm. Großväterlein stolpert immer über seinen langen Bart; er ist schon steinalt, viel älter, als er geworden ist in Wahrheit. Auch er, Arthur Aronymus, hat weiße Haare, und er trägt den kleinen Wachsengel in der Hand vom Christbaum. Auf einmal begegnet ihnen Lämmle Zilinsky; der grüßt sie beide artig. Großväterlein winkt ihm stehenzubleiben, fragt ihn: »Sind jetzt die Kinder auch alle artig zu dir?« Lämmle nickt, und Arthur Aronymus sagt zu ihm: »Ich will dich nie mehr beschimpfen.« Dem Großväterlein wachsen zwei schwarze Flügel an den Schultern; die werden im-*

*mer größer, und Arthur Aronymus bittet Großväterlein: »Liebes Großväterlein, bleib doch auf der Erden.« Auf einmal kommt ein ganz groß gewachsener Mann auf seinem Schaukelpferd geritten – und da gucken Fanny, Elischen, Arthur Aronymus und Katharina aus dem Fenster eines ganz alten Hauses. Und Fanny sagt: »Das ist der Kurfürst von Hohenstaufen.« Katharina sagt: »Wo?« Elischen sagt: »Wie ungebildet, Fanny, schäme dich, der heißt nicht Kurfürst, sondern Conradin, der Ritter Kreuz.« Da lacht der Kaplan Bernard ganz übermütig, und an seinen Ohren bammelt die rote Schaumkugel vom Christbaum, die Arthur Aronymus der Ursula stibitzen sollte. Da kommt plötzlich ein Blitz vom Himmel und trifft Arthur Aronymus mitten ins Herz. Und danach ein Donner. Zu gleicher Zeit mit dem Donnerschlag fällt die Stubentür – der Traum ist aus – ins Schloß.*

*Fanny tritt ein, nach ihr Elischen, mit überlegenem Lächeln auf Fanny, dann Katharina mit der sehr unruhigen, an Veitstanz leidenden Dora an der Hand.*

*Arthur Aronymus schlaftrunken im Bettchen. Dora plumpst auf den Boden. Katharina und Elischen heben sie auf und legen sie auf eines der Betten.*

FANNY *(ungeduldig):* Nun wach mal richtig auf, dummer Junge! *(Schüttelt ihn etwas.)*

KATHARINA: Nicht so wüst, Fanny.

FANNY: Du und Elischen geht doch sonst morgens mit Dora spazieren.

ELISCHEN: Bitte, wir drei wollten uns abwechseln.

FANNY: Ich kann sie nicht halten. Mir fehlen die Muskeln.

ELISCHEN: Muskeln hat überhaupt von uns Schwestern nur die Käthe.

KATHARINA: Es gehört mehr Liebe als Muskeln dazu, unser Dorchen zu pflegen.

*Dora will was fragen, aber man versteht sie ihrer geschwollenen Zunge wegen nicht.*

ELISCHEN: Sie meint, wir zanken uns immer um ihretwegen. Unser armes Dorchen!

*Sie küßt sie sehr gutmütig und warm.*

KATHARINA: Wir sollten uns schämen!

*Dora nickt dazu. Arthur Aronymus öffnet ganz die Augen; die sind noch wehmütig, feucht und weit aufgetan.*

FANNY: Was fehlt dir denn, du dummer Junge?

*Sie setzen ihn aufrecht in die Kissen.*

ALLE *(hastig, neugierig)*: Wie wars gestern beim Herrn Kaplan? Erzähl!!

FANNY UND ELISCHEN *(gleichzeitig)*: Sieh mal an, unsere Braut!

FANNY: Was hat er gesagt?

ELISCHEN: Sprich doch, Arthürchen!

ARTHUR ARONYMUS: Nix!

FANNY *(ahmt ihn nach)*: Nix! Er muß doch was gesagt haben!

ELISCHEN: Na?

KATHARINA *(klug)*: Der arme Junge muß sich doch erst besinnen.

ARTHUR ARONYMUS: Ein Schaukelpferd hab ich bekommen, vom Christkind.

ELISCHEN: Vom Christkind?? –

FANNY: Warum denn nicht?

ARTHUR ARONYMUS: Und einen Teller mit Leckers – *(Trübe)* Und allerlei sonst noch – –

ELISCHEN: Junge, was hast du denn nur?

ARTHUR ARONYMUS: Nix!

FANNY *(hebt den Zuckerfrosch aus einer Falte des Kissens):* Der ist dir wohl über die Zunge gelaufen.

*Sie betrachtet heimlich lächelnd das grüne Tier.*

ARTHUR ARONYMUS: Laß meinen Frosch.

*Er will sie klapsen.*

FANNY: Nun ist er wenigstens wach!

ALLE *(ihn ermunternd):* Erzähle.

ARTHUR ARONYMUS: Was soll ich erzählen?

*Dora will etwas sagen und kann nicht.*

ARTHUR ARONYMUS: Ein Weihnachtsbaum stand, Ursula und Narzissa beteten vor Jesus, der blutete.

FANNY: Wer sind die?

ARTHUR ARONYMUS: Wer meinste?

FANNY: Ursula und Narzissa.

ALLE: Sinds noch Kinder?

ARTHUR ARONYMUS: Onkel Bernards Nichten. – Er hatte die größte Tasse mit Bernard darauf, aber Zwiebäcke mit Anis aßen wir und Mandelkuchen und nachher Pudding mit Safrantunke. Und dann galoppierte ich auf dem Schaukelpferd nach Hause.

*Er blickt im Zimmer umher nach dem Schaukelpferd.*

FANNY: Weißt du, was du bist?

*Arthur Aronymus den Mund öffnend.*

FANNY: Ein kleines Kamel.

ARTHUR ARONYMUS: Er ließ euch grüßen.

FANNY: Wirklich?

ALLE: Wirklich?

ARTHUR ARONYMUS: Er wollte euch jeder einen Überwurf mit Mäuseschwänzen schenken. *(Er bemerkt das Entsetzen in den Augen der Schwestern. Dora lacht dick auf)* – – mit goldenen Fransen, sagte er, und Rosetten für die

Haare und ein Testament von Goethe – von Jesus seiner Mutter gereimt.

ALLE: Was?

ARTHUR ARONYMUS: Verdeck wahr.

ALLE: Nää – –?

*Arthur Aronymus sinkt trübselig wieder zurück in die Kissen.*

ELISCHEN: Dem Jungen ist doch was?

KATHARINA: Er hat sich den Magen verdorben.

*Von draußen hören die Schwestern das Hexenliedchen dreistimmig bösartig singen:*

*Maria, Joseph, es läutet so heiß*
*Bimmel la Bammel,*
*Wasch in Jesu Blut deck weiß,*
*Bimmel la Bammel!*
*Widerstrebt deck der Christenwein,*
*Bimmel la Bammel!*

DORA *(schwerfällig, aber vernehmbar):* Ich hab so Angst– –

LIED:
*Zieh ding Hexenschwänzlein ein*
*Und erleide Höllenpein, Höllenpein*
*h, h, Höllenpein.*
*Wir aber danken Herrn Jesu Christ,*
*Da durch ihn unsere Seele errettet ist.*

*Elischen macht sich um Dora zu tun, erwärmt ihre Hände:*

DORA: Ich geh auch nicht mehr in den Garten.

ELISCHEN: Aber Dorachen, deine Angst mußt du überwinden.

*Katharina legt Dora ihren Nerzkragen um. Katharina und Elischen tragen das Kind aus dem Zimmer. Die Wintersonne scheint warm und hell.*

FANNY: Arthürchen Aronymuschen, ich schenk dir einen neuen Baukasten.

*Arthur Aronymus setzt sich blitzschnell in die Kissen.*

FANNY: Sag mir genau, hat Bernard von mir gesprochen? Von Fanny? Hat er alle oder nur mich, die Jungfer Fanny, grüßen lassen? *(Sie betont noch einmal)* Fanny, Fanny – mich?!

ARTHUR ARONYMUS *(anmutig und naiv):* Vielleicht fällt es mir ein, wenn ich den neuen Baukasten habe.

FANNY *(nimmt ihre Börse, zählt in Arthur Aronymus' Händchen):* Eine, zwei, drei, vier, fünf, sechs, sieben, acht, neun, zehn Münzen.

*Die Brüder Berthold und Ferdinand kommen und bringen das Schaukelpferd und die anderen Weihnachtsgeschenke und eine große gelbe Tüte mit den Leckers. Lenchen trippelt mit ihnen in die Stube.*

BERTHOLD UND FERDINAND *(gleichzeitig, auf Fanny blikkend):* Vom *Herz*bischof auf dem katholischen Kirchplatz.

FANNY: Alberne Bengels, macht, daß ihr rauskommt. *(Sie zwinkert Arthur Aronymus zu.)* Arthur Aronymus soll noch schlafen.

*Sie zieht die Gardinen zu. Lenchen ist im Begriff, ihr Köpfchen neben das des Arthur Aronymus zu legen.*

ARTHUR ARONYMUS *(zu Lenchen):* In meiner Jacke steckt wat für dich, Lenchen. *Ich* mag nichts haben.

*Er wendet sein Gesicht der Wand zu. Fanny entfernt sich unmutig. Lenchen kramt in seiner Tasche, holt den Wachsengel heraus. Legt sich neben Arthur Aronymus in die Kissen. Draußen läuten immerfort die Weihnachtsglocken.*

## *Achtes Bild*

*Mittags. Vor dem Kaplanhause steht Fanny an der Hecke des Gärtchens, auf den Kaplan wartend. Der Eingang des Hauses liegt seitwärts. Vis-à-vis: Prells großer Weingarten zur Seite des Platzes. Der Kaplan kommt gerade aus der Kirche; seine Gemeinde sieht man andächtig über den Platz schreiten. Man hört noch etwas Musik der Orgel. Der Wanderbursche Nathanael Brennessel streicht um das Kaplanhaus herum. Warme Wintersonne scheint.*

*Fanny; der Kaplan; Brennessel.*

NATHANAEL BRENNESSEL *(sagt, für den Kaplan vernehmbar, mit dem Gedanken, von dem mitfühlenden Kaplan eine kleine Gabe zu bekommen):* Der Fuchs hat seinen Bau, der Vogel sein Nest, nur der Wanderbursch hat kein Ruhekissen, wo er sein Haupt legen kann, – sagte auch Herr Jesus. *(Er sieht Fanny.)* Ja, ja, ja. *(Im Flötenton)* Nur der Nathanael Brennessel hat kein Himmelbettchen, wo er süß drin schlummern tät.

KAPLAN *(überhört die letzten Worte mit Absicht, freundlich):* Nur war der Heiland kein Wanderbursch, aber eben der *Heiland.*

BRENNESSEL: Streifte er etwa nicht durch die Lande, mit Fürlaub?

KAPLAN *(erkennt die verlegene Fanny und tritt an sie heran):* Jungfer Fanny, *(etwas erschrocken)* meinem kleinen Freund Arthur Aronymus ist doch nichts zugestoßen?

FANNY: Darum erlaubte ich mir, auf Sie zu warten, Herr Kaplan.

KAPLAN: Um Himmelswillen!

BRENNESSEL: Er stand doch eben noch im Fensterrahmen,

quietschvergnügt, und wieherte mit einem Pferdchen in die Landschaft.

FANNY: Im Gegenteil, er weint, seitdem er gestern abend heimkam.

KAPLAN: Um Himmelswillen. *(Er öffnet die Haustür.)* Wollen Jungfer Fanny mir nicht in meiner Behausung Näheres mitteilen? Zwar verlebt meine Hausfrau bei ihrer Tochter die Christtage.

BRENNESSEL *(für sich):* Am Weihnachten ständ man sich besser, kein Jud zu sein.

KAPLAN *(der es gehört hat):* Ich wunderte mich schon, lieber Brennessel, da er nie zur Beichte kam.

*Er legt ihm ein Geldstück in die Hand.*

BRENNESSEL: Da sagt man, die weißen Juden sind schlimmer als die unsrigen!

FANNY: Unser Großvater in Paderborn redete dem Ziegenbock *(sie stockt im Sprechen)* ein, er sei der Pan. Das hat er sich in den Kopf gesetzt.

KAPLAN *(ehrerbietig):* Wenn ein so gottgefälliger Mensch wie der große Rabbuni also behauptet, wird es wohl stimmen, Jungfer Fanny.

*Sie gehen beide ins Haus. Das Fenster ist geöffnet; man hört sie sprechen.*

FANNY: Er kann sehr dreist werden, glauben Sie es mir nur, Herr Kaplan.

KAPLAN *(ironisch lächelnd):* Das ist so die Eigenart des Pans – namentlich, wenn er gereizt wird.

*Er sagt das im Märchenton, wie man einem Kinde etwas erzählt.*

FANNY: Sie sind ja himmlisch gut, Herr Kaplan.

*Sie will seine Hand küssen.*

KAPLAN: Jungfer Fanny, wir leben doch nicht im Mittelalter. -- Aber wir sind vom eigentlichen Thema abgekommen. *(Verwirrt)* Was ist mit meinem lieben kleinen Freund los? *(Sie treten beide ans offene Fenster.)*

FANNY *(spricht wie auswendig gelernt):* Schon gestern abend kam er nicht wie sonst mutwillig ins Haus die Treppe raufgesprungen; ja, ganz benommen war er, selbst die Mutter konnte ihn nicht trösten.

*Sie tut entsetzt.*

KAPLAN *(dem ein Licht aufgeht):* Ach?

FANNY: Nun läßt die Mutter höflichst Herrn Kaplan fragen, ob sich mein kleiner wilder Bruder vielleicht nicht geziemend betragen habe, Herr Kaplan, und im voraus um Excüs bitten.

KAPLAN *(überschaut klug immer tiefer die Situation und antwortet im gleichen konventionellen Ton):* Jungfer Fanny, bestellen Sie Ihrer Frau Mutter gefälligst, mein kleiner Freund habe sich tadellos betragen, und nur in einem Versehen meinerseits könne eventuell die Ursache zu seiner Mißstimmung liegen.

FANNY: Das glaube ich Ihnen nie und nimmer, *(plötzlich warm)* Herr Kaplan Michalski.

KAPLAN *(rückt einen Stuhl ans Fenster):* Darf ich bitten? Denn die Sonne scheint wie im Mai.

FANNY: Ich möchte Ihre schöne Weihnachtszeit nicht länger in Anspruch nehmen.

KAPLAN: Aber den geschmückten Baum muß sich die verehrte Jungfer Fanny doch vorerst betrachten.

FANNY *(wendet ihr Gesicht der Stube zu):* Und wie er duftet!

*Der Kaplan geht vom Fenster zurück, pflückt vom Baum ein Körbchen aus Schokolade und überreicht es Fanny.*

KAPLAN: Und die Freude meiner kleinen lieben Gäste, gestern abend. Warum haben Sie nicht Ihr mir so liebes Brüderchen begleitet, Jungfer Fanny?

*Fanny wird sentimental. Draußen beginnt ein Orgelmann am Weg vor dem Platze das Hexenliedchen zu spielen: »Maria, Joseph, et läutet so heiß.« Der Kaplan lauscht erschrocken.*

FANNY *(halb für sich)*: Selbst heute –

KAPLAN: Unfug! Ich werde den Mann zurechtweisen.

*Er eilt aus der Stube über den Platz mit einer Geschwindigkeit wie ein großer Schuljunge. Fanny erhebt sich und blickt dem dahinsausenden Kaplan, weit aus dem Fenster gelehnt, nach. Der Orgelmann nimmt seine Orgel auf den Rücken und verschwindet in ein naheliegendes Haus. Der Kaplan kehrt lächelnd in die Stube zurück.*

KAPLAN: Excüs, Jungfer Fanny, hier heißt es ebenso schnell wie energisch handeln!

FANNY: Der Gendarmsergeant antwortete kürzlich dem Herrn Vater, der sich wegen des sträflichen Liedes beklagte: »Da müßten wir viele Kehlen umstimmen.«

KAPLAN *(Fanny beruhigend)*: Die verirrten Leute werden ihren Weg hoffentlich bald wiederfinden.

FANNY: Um unsere erkrankte Schwester ängstigen wir uns jeder heimlich im Hause, keiner wagts dem anderen zu gestehen. Und wir können Dorachen nur durch Zureden bewegen, im Garten spazieren zu gehen. Ich führe sie meist. Gestern rief so 'n Kerl durch die Hecke: »Du Hexken kommst nun auch ran!!«

KAPLAN: Diese furchtbaren Rückfälle religiöser Verirrungen des Mittelalters.

FANNY *(tut jetzt nur sentimental)*: Selbst heute, wo die Lichte brennen an den Zweigen.

*Fanny wendet zum Weihnachtsbaum ihr Gesicht.*

KAPLAN: Macht es Ihnen wirklich Freude, ihn brennen zu sehen? Wir wollen das Fenster schließen und die Gardinen zuziehen, um ihn im lauteren Weihnachtsglanz zu schauen.

FANNY *(überkommt eine liebende Angst, hält ihn zurück, das Fenster zu schließen):* Die Leute werden meinen, – Sie – seien – verreist, – Herr Kaplan.

KAPLAN *(von Fannys zurückhaltender Mädchenhaftigkeit betroffen. Er bemüht sich, beherrscht zu antworten):* Eine Lüge allerdings sollte man auch nicht *vortäuschen!* Meine Mutter zwar *(er zeigt auf ihr Bild)* würde sagen: »Der Bernard wird ins Traumland gereist sein.«

*Er zündet die Lichte an. Fanny bebt vor Erwartung.*

KAPLAN *(kehrt zur Fanny ans erste Fenster zurück):* Jungfer Fanny, *(er wendet sich wieder zum Christbaum um, ebenfalls Fanny)* selig die, welche ihr Leben hängen an kindliche Freuden. *(Fanny begreift nicht recht.)* Nun stehen wir vor dem heiligen Licht der Welt, Jungfer Fanny – Sie – Fanny, wie eine Braut Christi.

*Fanny verlegen.*

KAPLAN: Jungfer Fanny *(er betastet ihre Hand)*, das Licht vereinigt – *(er stockt)* alle Herzen – – –

*Fanny bebt vor Seligkeit.*

KAPLAN *(wieder gefaßt):* – – – wie gestern die pochenden der Kinder sich reihten neben das meine.

FANNY: Sie predigten einmal, Christus sei das Licht der Welt.

KAPLAN *(gespannt):* Kamen Sie mal in meine Predigt, Jungfer Fanny?

FANNY *(verlegen):* Zum Schluß.

KAPLAN: Fürchteten Sie, daß, wenn jemand Sie gesehen hätte, außer unserm Heiland –?

FANNY: Unser Großvater lebte noch –

KAPLAN *(sie zu überführen gedenkend)*: Mich dünkt, der große Rabbiner war doch ein toleranter Mensch. Jesus, unser Herr, hätte ihn geliebt.

FANNY *(nach einiger Überlegung, rührend)*: Herr Kaplan, ich habe keinen Wortschatz.

KAPLAN *(geht wieder ans zweite Fenster, bläst die Lichte aus am Baum. Kehrt dann zu Fanny wieder zurück. Er zeigt auf die Eberesche im Vorgärtchen)*: Der ist mein ständiger Weihnachtsbaum, der mich beseligt. Noch hängen Dolden von Beeren an seinen Zweigen, Jungfer Fanny. Wär ich ein Dichter und kein Kaplan, – ich würde Sie vor der lieblichen Eberesche besingen, Jungfer Fanny.

FANNY *(überrascht)*: Davon stehen viele, viele zwischen den Nadelbäumen bei uns. *(Sie benutzt die Gelegenheit, den Kaplan einzuladen.)* Wollen Sie sie sich nicht einmal ansehen?

KAPLAN: Ich habe nur diese einzige Braut. Sehen Sie, Jungfer Fanny, diese Eberesche ist meine Vertraute, ja, meine Geliebte. Unter ihren Zweigen sitze ich noch im späten Herbst und träume *(spielend mit Fannys Gefühlen)* von der Welt, *(Fanny betrachtend)* – der ich entsagte.

FANNY: Herr Kaplan – –

KAPLAN: Betrachten Sie nur im Oktober ihr leuchtendes Korallengeschmeide, Jungfer Fanny.

*Fanny weint vor Erregung.*

KAPLAN *(spielt mit ihren Gefühlen, im Grunde, sich zu retten)*: Um die *beneiden* Sie doch nicht etwa die liebe Eberesche?

*Fanny verblüfft.*

KAPLAN *(fast zärtlich, aber beherrscht)*: Und dabei blüht sie ganz allein, besitzt gar kein Schwesterlein und Brüderlein, die sie betreuen kann. Wenn ich den großen Gutsgarten passiere in der Abendstunde im Sommer und Sie und die Geschwister alle auf dem weiten Rasen sitzen oder Blindekuh spielen, denke ich mir, welche schöne Aufgabe für die älteren Geschwister, die jüngeren zu betreuen.

FANNY *(wieder gefaßt und etwas ärgerlich):* Jetzt sprachen Sie wirklich wie mein Vater.

KAPLAN *(lacht ganz laut):* Alter schützt vor Torheit.

FANNY: Daß gerade Ihre Wahl *(Fanny ist abgekühlt)* auf den wilden Bengel fiel – das begreift der Vater nie und nimmer.

KAPLAN: Und die Frau Mutter?

FANNY: Ihr Abgott ist der Junge doch. Ich mag ihn ja auch ganz gern. *(Konventionell kokett)* Hätt mich doch auch mal jemand lieb. *(Pause)*

KAPLAN: Ach, ich vermutete, die Jungfer Fanny hätts dem Dr. Faust angetan?

*Er sieht hinüber seitwärts in den Prellschen Weingarten.*

FANNY: Hm – hm, der affige Mensch! – Kennen Sie ihn?

KAPLAN: Ich kann doch nicht alle die Doktoren Faust kennen. *(Pause)* – Im Oktober schon *(er deutet wieder träumerisch auf die Eberesche)* stand meine *liebe* Eberesche ganz im Feuerkleid. Sie war meine keusche Göttin, meine fromme, glühende Schwester – und ich warte nun auf des nächsten Jahres scheidenden Monat, der sie wieder für mich schmückt.

FANNY *(erhebt sich; sie beugt ihren Kopf vor dem Kaplan, sagt leise zu ihm, indem sie ihm die Hand reicht):* Herr Kaplan – –

KAPLAN: Fanny!

## *Neuntes Bild*

*Am Nachmittage, noch im halben Tageslicht. Im großen Eßraum versammeln sich Schülers Familienmitglieder, außer Menachem, Simeon und Julius. Ein kleiner, festlich gedeckter Tisch steht fast in der Mitte des Eßraums, mit zwei Kandelabern. In dem großen Spiegel an der Wand spiegelt sich der Raum mit dem großen Büfett und dem sämtlichen andern Mobiliar. Die Mutter steht vor dem kleinen Tischchen und legt ein in grünen Samt gebundenes Tagebuch auf das kleine Lesepult des Tischchens, rückt den geblümten Sessel vor dem Tisch zurecht und zündet die Kerzen am Kandelaber an. Fanny steht nachsinnend an einer der Gardinen.*

*Herr Schüler; Frau Schüler; Fanny; Katharina; Elischen; Dora und die anderen Geschwister.*

MUTTER: Was ist das mit dir, Fanny?
FANNY *(elegisch):* Wie meint die Mutter das?
MUTTER: Bist gar verliebt, Kind?
FANNY: Aber Mutter – *(unterdrückt ihre Tränen).*
MUTTER: Hast du mir nicht sonst stets alles anvertraut? Ist deine Mutter dir nicht eine gute Freundin gewesen, mein Kind?
FANNY *(gedenkt das Thema abzulenken; im alltäglichen Ton):* Ich verstehe die Mutter oft gar nicht – *(schnippisch)* den lieben langen Tag – der Herr Vater hie, der Herr Vater dort, und die dreiundzwanzig Kinder! Ich an Mutters Stelle wäre längst schon ausgerückt.
*Kleine Pause. Sie umhalst plötzlich die Mutter und bricht in Tränen aus.*

MUTTER *(bewegt):* Aber Fanny, mein Kind – ich ahne es ja, ich ahne ja deinen Schmerz.

FANNY *(jäh):* Mutter, ich will Nonne werden. – *(Kleine Pause)* – Ich habe es mir gründlich überlegt.

MUTTER *(gerührt):* Und *so* hoffst du, ihn zu gewinnen, geliebtes Kind.

*Die Mutter streichelt Fannys Haare innig.*

FANNY: Wen meinst du, Mutter? Um Himmelswillen, sag seinen Namen nicht, Mutter, um Himmelswillen!

*Mutter schweigt lächelnd.*

FANNY *(nach einer Pause):* Mutter, rate mir, was soll ich tun?

MUTTER: Ich kann dir den Entschluß, Nonne zu werden, lebhaft nachfühlen, Kind – ihn seelisch nicht zu verlieren? – – Du weißt doch – der katholischen Geistlichkeit ist es untersagt zu heiraten. Auch bist du ja keine Katholikin –

*Fanny zieht die Schultern, als ob man das doch ändern könnte.*

MUTTER: Und wie streng es in den Klöstern zugeht, wirst du doch wissen vom Hörensagen?

FANNY *(elegisch, zu sich selbst sprechend):* Ja, ja, ich würde ihn nie mehr wiedersehen. Oder – höchstens im Traum – –

MUTTER: Siehst du!

FANNY: Ach Mutter, dir kann man wirklich alles anvertrauen – du bist meine allerbeste Freundin, ja?

*Zärtlich, gibt der Mutter einen Kuß.*

MUTTER: Fühlst du das?

*Pause.*

FANNY: Mutter, es ist der Kaplan.

*Pause. Mutter lächelt.*

FANNY: Ich war bei ihm am Weihnachtsmorgen, Mutter.

MUTTER *(bange):* Hat *er* dir geraten, ins Kloster zu gehen? – Sag mir die volle Wahrheit!

FANNY: Aber nein – das ist es ja, er hält mich für so ein recht oberflächliches Ding aus dem Gutsgarten! Der Bengel ist ihm tausendmal lieber!

MUTTER: Das fehlt noch, daß du auf dein achtjährig Brüderlein, unser Arthürchen Aronymus, eifersüchtig bist. Aber Fanny!

FANNY: Den schönen Mädchen *(sie blickt flüchtig in den Spiegel)* traut man nie Tiefe zu.

MUTTER: Sitzengebliebener Jungfern Weisheit, Kind. *(Sie hält bescheiden inne)* – Auch ich habe darunter – –

FANNY: Gelitten? Wolltest du sagen, Mutter?

MUTTER: Nun ja –

FANNY *(vertraulich):* Jungfer Paderstein, die alte Schraube, vertraute mir mal an, du habest eigentlich den semmelblonden *(verbessert sich erschrocken)* hellblonden Onkel Berthold geliebt, Herrn Vaters – schwärmerischen Bruder.

MUTTER *(ist sehr konsterniert darüber, aber um Fannys Vertrauen nicht einzubüßen, mädchenhaft):* – – – Nun ja, ich war damals verliebt in ihn, aber den Vater lernte ich lieben, mein Kind.

FANNY *(die Mutter liebevoll betrachtend, fast wie ein Freier):* Henriettchen, genau wie mon amie Antoinette aus dem Pensionat in Münster siehst du jetzt aus.

MUTTER *(hält die Hand lächelnd vor Fannys Mund):* Wenn uns jemand hören würde.

FANNY *(wie zu einer Freundin):* Mutter, ich will ihm *imponieren!* Wie mach ich das?

MUTTER: Da gäbe es doch noch andere Wege! Aber seinen Glauben wechselt man nicht wie ein Gewand mit dem andern, gilt es auch, dem Herzallerliebsten zu imponieren.

FANNY: Ach ja: Herzallerliebsten – – –

MUTTER *(Fanny prüfend):* Und noch dazu unseren ewigen Glauben an den alleinigen Gott, die Haut deines stolzen Herzens abzustreifen, vermagst du das?

FANNY: Wir haben doch alle einen Gott! Sein Gott ist mein Gott!

MUTTER: Aber willst du ihn in einem dir fremden Hause anbeten, zwischen feindlichen Menschen? *(Von der Landstraße her kommen wieder Leute nach Gaesecke heimgezogen und singen das Hexenliedchen: »Maria, Joseph« usw. Die Mutter deutet nach draußen.)* Genügt dir die Bestätigung meiner Worte nicht, Fanny?

FANNY *(horcht mit der Mutter):* Dieselben grellen Stimmen drangen im Spätherbst vom Garten in meine Stube hinauf – – Die Clara brachte den Leuten immer noch heißen Kaffee.

MUTTER *(legt die Hand auf das schmerzende Herz):* Wie mich das verwundert. Daß gerade diese Leute – –

FANNY: Hör nicht hin, wir waren doch so schön beim Erzählen.

MUTTER: Gleich kommen die Kinder, und der Vater beginnt zu lesen aus seinem Tagebuch. Strenge dich an aufzupassen, Fannychen; du weißt doch, wie ihn Unaufmerksamkeit kränkt. Und die kleinen Aufzeichnungen sind doch einmal sein Faible.

FANNY *(nickt und dann wieder elegisch):* Ich vergaß dir noch anzuvertrauen, wie ich es anstellte, ihn in seinem Hause zu besuchen.

MUTTER: Ja?

FANNY: Ich kam von dir gesandt, mich in deinem Namen zu

erkundigen, ob sich etwa unser Arthur Aronymus ungeziemend gestern am Heiligen Abend benommen, da der Junge bis jetzt noch nicht den Mund aufgetan habe.

MUTTER: Das hättest du um des unschuldigen Jungen willen unterlassen sollen, Fanny.

FANNY: Aber es klappte vorzüglich, Mutter. Ich mußte mir seinen Baum ansehen. Er zündete die Kerzchen an, ach, der Duft sitzt noch jetzt in meiner Nase, überhaupt seitdem duftet alles nach Tannenbaum, auch unsere Stuben, mein Kleid, mein Schrank und alle Kleider darin *(schwärmerisch)*. Dann mußte ich mich auf einen Stuhl vor sein winziges Gärtchen an sein Fenster setzen. Mutter, er liebt doch eine Eberesche, er ist doch in eine Eberesche verliebt, am meisten im Spätherbst, wenn sie ihre roten Korallen trage. – *(Kleine Pause)* – Er ist entzückend, Mutter!!

MUTTER: Und dann?

FANNY *(elegisch)*: Ja, dann ging ich heim.

*Mutter atmet auf.*

FANNY: Mutter, bitte, bitte, bring mir von Paderborn ein Paar Korallenohrringe mit, so ganz dunkelrote! Du wolltest doch mit Arthur Aronymus hinreisen. Immer der Bengel!! Dafür mußt du mir die Korallenohrringe mitbringen.

HERR SCHÜLER *(tritt mit seinen Kindern in den Eßraum, zur Mutter)*: Fehlt keines?

MUTTER *(zählt)*: Selbst Titichen!

*Sie hebt das Kleinste auf ihren Schoß. Die Zwillinge Meta sitzen auf Katharinens Schoß. Vor Katharina steht Meierchen. Elischen hält ihren Arm um Dora geschlungen; vorher aber legt Elischen sich heimlich ein Buch »Der Briefwechsel Goethes mit Lessing« auf den Stuhl-*

*sitz. Max plaziert sich auf ein Schemelchen neben dem Vater. Alex sitzt im Krankenstuhl am Kamin. Arthur Aronymus und Lenchen zusammen aneinander geschmiegt auf einem Stuhl. Die übrigen Kinder auf Stühlen an der Wand entlang an einem großen Tisch. Der Vater, im Begriff, seinen Platz einzunehmen, kommt die alte Küchenmamsell eilend in die Eßstube.*

VATER *(mit erhobener Stimme):* Schade, daß Simeon und Julius und Menachem mit seiner Familie sich nicht unter euch befinden.

MUTTER: Wie werden sie sich bangen während der Examen in Paderborn – –

*Ferdinand stößt den Berthold an, sie verbeißen sich das Lachen.*

MAMSELL: Das Mehl vom Müller ist noch nicht eingetroffen. *(Wichtig):* Soll Clara wacker hinlaufen, Madame Schüler?

VATER *(erstaunt betrachtend):* Wer ist denn das wieder?

FRAU SCHÜLER *(verständigt die Mamsell, weiter nicht mit Fragen zu stören):* Kennt denn der Vater unsere Mamsell nicht, die schon zwanzig Jahre mit uns unter *einem* Dache wohnt?

MAMSELL: Nee, der Herr Gutsbesitzer kennt mer scheints nich. – Wie sinne eegenen Kenger heute morgen nich! Ha, ha, ha! Aus däm Garten Eden hätt er se verdeck beenahe vertrieben, wie der Allvater eenst die Eva und dän Adam no däm Sündenfall. *(Alle lachen.)*

VATER *(wohlwollend lächelnd):* Sehr verehrte Mamsell, bei der Schar Kinder kann das doch einem mal passieren? Sie verdufte! – – –

*Draußen singen die Leute wieder das Hexenliedchen. Man hört noch Klänge aus der Entfernung.*

DORA *(mit schwerer Zunge)*: Bald holen sie mich, ich hab so Angst – –!

*Sie schwankt wieder ganz gewaltig. Elischen kann sie nur mit Mühe halten. Elischen küßt die Schwester sehr gutmütig tröstend.*

FERDINAND *(zu den Eltern)*: Sie sei eine Hexe – sieben Kinder habe sie im Dorf verhext!

VATER *(winkt Katharina, ihr leise ins Ohr)*: Die Mutter ahnt doch von dem anonymen Schreiben nichts?

*Katharina hebt abwehrend die Hände.*

MUTTER *(zu Ferdinand)*: Wer hat dir den Unsinn aufgebunden?

*Ferdinand zögernd, zeigt auf Arthur Aronymus.*

MUTTER *(sich zwingend)*: Stell dich in die Ecke und rühre dich nicht, bis ich dich rufe.

*Lenchen begleitet Arthur Aronymus in die Ecke.*

MAX: Hahahaha!

VATER: Diesmal ist mir Frau Mutter einsichtlich zuvorgekommen. A propos, noch eine zweite Angelegenheit. *(Vater ruft Fanny, die an der Gardine der Nische lehnt, gleichgültig die Vorlesung erwartend)*: Fanny!!

*Fanny schlägt plötzlich das Gewissen.*

VATER: Der Schulze machte mich gestern abend beim Dominospiel aufmerksam, daß meine Tochter, die Jungfer Fanny, allabendlich spät einsam Spaziergänge unternähme? –

FANNY *(halb für sich)*: Nur der blöde Ziegenbock, der Brennnessel, kanns dem Schulzen hinterbracht haben.

VATER: Welch unpassender Ausdruck für eine junge Tochter: Ziegenbock!!? Schäme sie sich!!

MUTTER *(lügt zugunsten Fannys)*: Vorgestern begleitete ich unsere Fanny auf ihrem harmlosen kleinen Ausflug.

FANNY *(kühn):* Die Abendluft tut mir gut *(streift den Spiegel)*. Sie konserviert den Teint.

*Elischens und Katharinas Blicke begegnen sich.*

MUTTER *(klug und liebevoll):* Warum lassen der Herr Vater uns so lange harren auf das spannende Ende, wie er sich gestern auszudrücken pflegte, seines Tagebuches? Moritz!

VATER *(schließt das Tagebuch lächelnd auf):* Nehmt euch ein Beispiel an eurer Frau Mutter; mit welcher Liebe sie wieder diesen kleinen Tisch betreute – *(Ritterlich)* Also, wie meine Gattin befiehlt. *(Er räuspert sich, verbeugt sich wie bei Hof.)* Vernehmt hiermit aufmerksam den Schlußakkord meiner Jugendzeit: »Ich ergreife die Feder, Dir, Gotthold Ephraim Lessing, die letzten Seiten meines bescheidenen Tagebuchs zuzueignen. Nimm sie demütigst hin. In Klammern: Am Abend spielte man seinen ›Nathan‹ im herzoglichen Goethetheater in Weimar.«

*Arthur Aronymus blickt sich zu Dora um, um sich mit ihr in der Zeichensprache zu verständigen. Dora lacht krampfhaft.*

MUTTER *(zum Vater):* Bitte, bitte, spanne unsere Ungeduld nicht auf die Folter, Moritz!

*Fanny zuckt, die Mutter anblickend, die Achseln.*

VATER *(in sich versunken):* »Paderborn. Donnerstag, den 25. September 1810. Ich, Moritz Schüler, der Erstgeborene meiner Eltern, und mein jüngerer Bruder Berthold Schüler erhoben uns um acht Uhr am Morgen aus unseren Betten. Nicht wie üblich geweckt durch der Wanduhr *(er deutet auf die Wanduhr)* harmonischen Schlag. Ihr stummer Zeiger beichtete uns grenzenlose Geschehnisse. Vermutend, die achtbaren guten Eltern ruheten noch in Morpheus Armen, erschraken wir auf das heftigste, weder den Herrn Vater noch die Frau Mutter weder in ihrem Schlafgemach noch in der Wohnstube anzufinden. Wir schämeten uns beide Brüder, waren wir auch müde vom Studium, den Schlaf des Gerechten geschlafen zu haben. Die vermutlichen, erschreckenden Hilferufe der verehrten Eltern uns so entgangen!«

MUTTER *(mitleidig):* Oh!

VATER: »Zum erstenmal kam es zwischen uns jungen Männern, uns Brüdern, zu Streitigkeiten.«

*Fanny bemerkt die Opposition in den Mienen der Mutter. Ihre Blicke treffen sich problematisch. Lenchen hebt den Finger, wie in der Schule. Sie hebt ihn von hinten.*

LENCHEN: Mutter, darf sich Arthur Aronymus wieder setzen?

*Mutter nickt heimlich, die Kinder setzen sich zur rechten und linken Seite neben Alex' Krankenstuhl.*

VATER *(vertieft):* »Von der Straße dröhnte die Wut der aufgestachelten Christen, und wir beiden Jünglinge stürmten versöhnt und vereint in unserem Nachtgewande und in den Zipfelmützen, also beinahe entblößt, auf die Straßen Paderborns. Da!! Was bot sich unsren Blicken? *(Er blickt jeden der Zuhörenden an. Kleine Pause.)* Wen gewahrten wir? *(Kleine Pause.)* Mein Bruder Berthold: ›Moritz, hörst du die Eltern rufen hoch vom Dom?‹ Ich blickte empor, Zähren traten in meine Augen, und antwortete: ›Kein Zweifel, mein Bruder, es *sind* die Eltern.‹ Wir aber drängten uns durch die gaffenden Massen Paderborns, sprengten wie Rosse die Wendeltreppen des katholischen Hauses empor, immer höher, immer höher, bis wir vor der kleinen ehernen Pforte standen, die uns tapfere Söhne von den gequälten Eltern noch grausam trennte.«

MUTTER *(gespannt):* Und?

VATER *(selbst tief gerührt):* »Niemals werde ich den Anblick verschmerzen, liebe Leser, der sich unseren verwirrten Augen darbot. Eingezwängt im Glockenturm erlitten unsere verehrten Eltern *Höllenqualen* zwischen den anderen achtbaren Judenfamilien Paderborns. Und nicht allein die aufgewiegelten Christen übermannten wir, ich und Berthold, schließlich auch die *Gendarmerie,* die sich uns entgegen in den Weg stellte. Ohne mich meiner Männlichkeit rühmen zu wollen, ich kämpfte noch meinen Mann, bis der letzte geschmähte Jude befreit, schon, um korrekt zu berichten, meinem Bruder Berthold die Kräfte versagten.«

*Fanny nickt der Mutter mit einem Auge schelmisch zu.*

ARTHUR ARONYMUS *(fast weinerlich):* Immer so traurig.

VATER *(mit Eifer lobend):* Ja, ja, mein Sohn! *(Liest weiter)* »Aber als der Abend mit seinen Sternen kam, glänzten die Straßen wieder gesäubert von der Schmach der aufständigen Menge, und Vater und Mutter saßen kosend umschlungen auf ihrem Kanapee. Wir Brüder ihnen zu Füßen. Und Friede zog in die Riesenstadt Paderborn, in jede Stube, in das kleinste Kämmerlein ein. *(Schwulstig)* Und höher wölbte sich jedermanns Busen, und das Herz begann wieder *lieblich* zu schlagen. Ende!«

*Er tut einen Atemzug.*

ELISCHEN *(für sich):* Von Goethe beeinflußt.

VATER: Glaubst du, Elischen?

MUTTER *(ihr ins Wort fallend):* Ein Lessing ist in Herrn Vater verloren gegangen.

VATER: Dank, Henriette.

MUTTER *(winkt den Kindern, ins Freie hinauszugehen):* Das war einmal wieder ein Nachmittag!

*Vater geschmeichelt.*

MUTTER: Willst du mir eine Bitte erfüllen?

VATER *(mit königlicher Gebärde):* Und wenn es mein halbes Königreich wäre, Esther Henriette!

MUTTER: Ich möchte morgen nach Paderborn. Meines holdseligen Vaters Grab besuchen.

*Vater mit königlicher Geste, neigt bejahend sein Haupt.*

MUTTER: Und – Moritz, ich möchte Arthur Aronymus mitnehmen? Erlaubs *mir* zuliebe.

VATER *(noch verzückt in höheren Sphären): Seinen* Lieblingsenkel *(nickt zustimmend).*

MONSIEUR INSPEKTOR FILIGRAN *(kommt ins Zimmer, und etwas näselnd):* Herr Gutsbesitzer, zwei von den gescheckten Kühen kalben. Excüs, Madame.

*Er verbeugt sich vor Frau Schüler; Herr Schüler eilt mit ihm in den Garten. Frau Schüler trocknet mit einem Tüchelchen ihre Stirne. Sie ist erledigt wie nach einer Operation. Lehnt sich zurück in ihren Sessel und schließt die Augen.*

## *Zehntes Bild*

*Auf dem alten Judenfriedhof in Paderborn.*

*Frau Schüler; Arthur Aronymus; zwei Gärtner, ein jüdischer und ein christlicher.*

*Arthur Aronymus kommt an der Hand der Mutter an die kleine Pforte des Friedhofs; es schneit; es ist Anfang Januar.*

MUTTER: Nun sei recht brav, mein Kind *(sie zeigt zum Himmel)*, damit sich dein liebes Großväterlein freut über dich.

ARTHUR ARONYMUS: Ist er denn da oben im Himmel?

MUTTER: Das will ich meinen; ein Engel hat ihm Geleit gegeben.

ARTHUR ARONYMUS: Ach, Großväterlein lachte so, als ich und Lenchen auf seinem Perser Purzelbäume schlugen. Der Ephraim kämmte morgens seine Fransen. *(Er sieht, wie seine Mutter weint. Ein Kuckuck schlägt.)* Hör mal, Mutter! *(Er zählt):* Eins, zwei, drei, vier, fünf, sechs, sieben! *(Im Ton der westfälischen Bauern):* Genau so alt wie eck wurd der Groatvatter, schönet Alter! Wat, Modder!?

MUTTER *(sie muß lachen):* Strick! Manchmal glaubte man wirklich, dein liebes Großväterlein war so alt wie der Strick da. *(Ermahnend)* Aber dann dünkte es mich, er sei gottalt.

ARTHUR ARONYMUS: Weil er soviel vom lieben Gott erzählte?

MUTTER: Auch darum, mein Kind, aber auch, weil er leuchtete und ewigen Frieden verbreitete – und – wer ihn anblickte, ward getröstet.

ARTHUR ARONYMUS *(im selben traurigen Ton):* Allerwegen.

MUTTER *(biegt in eine Reihe der Grabsteine ein; sie lä-*

*chelt):* Und du mußt ein guter Mensch bleiben, mein Kind, schon Großväterlein zur Ehre.

*Arthur Aronymus macht auf einmal einige Sprünge.*

MUTTER *(erschreckt):* Aber Junge, du wolltest doch brav sein?

ARTHUR ARONYMUS: Weil du ömmer so hülst, Modder.

MUTTER *(bleibt stehen vor einem Grab, auf dessen Stein senkrecht zwei betende Hände graviert sind und die Inschrift ihres Vaters):* Dort liegt unser geliebtes, unvergeßliches Großväterlein, *(betont)* der berühmte Rabbuni von Rheinland und Westfalen, mein Kind. *(Sie sinnt vertieft, hebt dann Arthur Aronymus etwas höher.)* Nun hol deine Steinchen aus deinem Perlentäschchen und lege sie kunstgerecht, wie du deine Bauklötze legst, eines neben dem andern und über dem andern auf die große Steintafel.

ARTHUR ARONYMUS: Und diesen Stein mit Erz in die Mitte. *(Er macht das ganz kunstgerecht.)* Mutter, warum sollte ich die Steine auf die Gedenktafel legen? Caspar bringt immer seinem Vatter eenen ollen Kranz aus Strohblumen am Sonntag.

MUTTER: Das will ich dir erklären, wenn du einmal älter bist, mein Kind, dann wollen wir Großväterlein *(sie legt ebenfalls Steine, und zwar über Arthur Aronymus' Steine, viel ungeschickter wie er, auf den Denkstein. Arthur Aronymus sinnt kopfschüttelnd, wie untalentiert die Mutter das macht)* – – – bis in den Himmel hoch eine Wohnung bauen. Jedenfalls, mein kleiner Arthur Aronymus, dieses war dein *erster ernster Bau,* mein Junge.

ARTHUR ARONYMUS: Du sprichst jetzt verdeck, Mutter, wie Großpapalein Rabbi.

MUTTER: Nun falte deine Hände und bete. *(Er legt die Hände, wie sie auf den Grabstein eingemeißelt sind, und will sein Abendgebet sprechen. Aber er fängt auf einmal an zu weinen, so daß die Mutter beginnt zu beten. Man hört sie nicht. Ihren Arm legt sie um Arthur Aronymus. Sie stehen beide sehr bewegt und still vor dem Grabe. Von einem Seitenweg tönen Stimmen herüber. Die Mutter trocknet Arthur Aronymus' nasses Gesichtchen.)* Nun, mein Liebling, wollen wir wieder zum Ephraim gehen, in Großpapaleins kleines Haus. In seiner Stube zündet bald der gute Ephraim die Sabbathkerzen an.

*Sie schreiten den stillen Weg entlang, vernehmend die Stimmen der beiden Männer, die dabei sind, die Stämme der Bäume vor dem Winterfrost zu verbinden.*

JÜDISCHER GÄRTNER: Sagen Sie's noch einmal, wenn Sie Mut haben. – Nun, wird's bald!

CHRISTLICHER GÄRTNER: Ich meinte man doch bloß so – aber wenn Se's durchaus nochmal hören wollen, so wiederhole ich's haarklein. Ich habe gesagt: So kommt man herunter, daß man schließlich die Hälse der Judenbäume hinter den Judengräbern einwickelt.

JÜDISCHER GÄRTNER: So, ich wollte es nur nochmal hören.

CHRISTLICHER GÄRTNER: Klagen Se mer dreist an, bei Ihrer semitischen Kanzlei, schad nur, *(lauernd)* daß nicht auch die jüdischen *Brüders* von die Hexen verbrannt werden.

JÜDISCHER GÄRTNER: Meine Mutter, hochselig, liegt hier begraben – aber bald kann ich mich nicht mehr beherrschen.

CHRISTLICHER GÄRTNER: Komm' Se doch mal an mich heran, Sie feiger Jud!

*Jüdischer Gärtner ist im Begriff, sich auf ihn zu stürzen.*

MUTTER *(zu Arthur Aronymus)*: Rühr dich nicht vom Fleck.

*(Zu den Männern gewandt)* Aber Männer, hier im heiligen Garten – –

CHRISTLICHER GÄRTNER: Er fängt immer an, mir zu kuinieren.

JÜDISCHER GÄRTNER *(keucht)*: Er hat gesagt – –

MUTTER: Ja, ja, ich habe es gehört, was er gesagt hat. *(Zu dem christlichen Gärtner gewandt)* Arbeite er doch fürder auf einem seiner Kirchhöfe, wenn er sogar nach dem Tode des Menschen nicht die Liebe hochhält.

CHRISTLICHER GÄRTNER: Auf unserem Kirchhof? Das lohnt sich nicht, Madame. Die Juden zahlen weit besser.

JÜDISCHER GÄRTNER: Dafür sin wir gut.

MUTTER: Aber wissen Sie denn nicht, Mann, daß über uns ein und derselbe Herrgott wohnt?

ARTHUR ARONYMUS *(will seine Mutter, für sie beängstigt, von den Männern fortziehen)*: Mutter, die Lichter werden angezündet, gewiß schon.

JÜDISCHER GÄRTNER: Ist doch noch hell, Junge.

ARTHUR ARONYMUS: Präzise – –

CHRISTLICHER GÄRTNER *(wieder zuvorkommend)*: Erst etwa vier Uhr, junges Herrchen.

ARTHUR ARONYMUS: Mutter, gleich haut er dich.

MUTTER *(zum jüdischen Gärtner)*: Wie lange arbeitet Ihr Kollege schon auf unserem Friedhof?

JÜDISCHER GÄRTNER: Seit dem auferstandenen Aberglauben. Aus Zuvorkommenheit stellt man jetzt auch Christen auf diesem heiligen Posten an.

CHRISTLICHER GÄRTNER: Eck kann doch verdeck nicht dafür, daß se wiederum Jagd auf eure Hexen machen. Meine Großmutter, die Mutter von meinem Vater, war doch selber Kantor gewesen.

MUTTER: Soo? Sie sind vom Vater her ein Jude? Und schämen sich nicht, Mann? So auf eigenes Blut loszugehen?

JÜDISCHER GÄRTNER: Du heilige Drehorgel!

CHRISTLICHER GÄRTNER: Na siehste, da wären wir wieder ins Reine. Wenn man christlich ist, auch nur zur Hälfte, denkt man sich garnichts dabei.

MUTTER: Nun versöhnt euch wieder, denn wir sind doch alle Gottes Kinder.

CHRISTLICHER GÄRTNER *(reicht dem jüdischen Gärtner die Hand):* Schlag ein. *(Der jüdische Gärtner zögert.)* Seh'n Se, Madame, er weiß nix von de Nächstenliebe.

MUTTER *(ermuntert den jüdischen Gärtner, einzuschlagen. Sie nimmt aus dem kleinen Perlentäschen, das Arthur Aronymus an der Seite trägt, einen Dukaten und sagt):* Erfrischt euch gemeinsam im Angedenken des heiligen Rabbuni Uriel, dessen Leib hier in der geweihten Erde ruht.

JÜDISCHER GÄRTNER: Excüs, excüs, Madame Schüler. Nun erkenn ich Madame, das Fräulein Rabbuni, wieder, des hochwürdigen Rabbi Uriels Henriettchen.

*Er küßt die Volants des Überwurfes der Frau Schüler. In der Zeit bricht der christliche Gärtner ein kleines Zweiglein vom Lebensbäumchen ab und heftet es dem kleinen Arthur Aronymus an die Mütze.*

JÜDISCHER GÄRTNER *(murmelt vor sich hin):* Sein Herz war ein Krug aus Erz. Darein goß der Allmächtige seinen Willen.

*Es beginnt zu dämmern, die Männer stellen ihre Spaten an die Stämme der Bäume und wandern hinter Frau Schüler und Arthur Aronymus aus dem frommen Garten. Man hört hinter ihnen nur mit einem dunklen Schall das Tor ins Schloß fallen. Ein Stern geht auf und leuchtet gerade über des Rabbunis Hügel.*

## *Elftes Bild*

*In der großen Wohnstube bei Schülers. Es konferieren: Herr und Frau Schüler; die drei ältesten Söhne: Menachem, Simeon und Julius; Katharina; Herr und Frau Paderstein. Später kommen noch die drei anderen Töchter: Fanny, Elischen, Dora, der Sohn Hugo Paderstein; Arthur Aronymus; sein Schwesterchen Lenchen; der Kaplan und der Arzt.*

ARZT *(im Begriff, sich zu verabschieden, zu Frau Schüler):* Kopf hoch, chère Madame Schüler, Ihr Dorachen wird sehr bald hergestellt sein! Baldrian, Baldrian, *(zu Katharina)* fleißig Baldrian!

FRAU SCHÜLER: Und bleibt auch nichts zurück?

ARZT: Das vergnügte, anmütige Jüngferchen von damals.

SIMEON: Der Aberglaube der Leute im Dorf dünkt mich bedrohender in seiner Folge.

ARZT *(tritt noch einmal in die Mitte der Wohnstube zurück):* Dja, für diese Epidemie ist uns Medizinern kein Kraut gewachsen. Aber Junker Simon und Junker Julius kommen doch gerade von der hohen Schule aus der westfälischen Residenz. Wie denkt man dort über den mittelalterlichen Spuk?

JULIUS: Von dort infizierte man ja gerade alle anderen Städte und Dörfer Westfalens.

ARZT: Ein böser Same allerdings – – –

MUTTER: – – – schießt über unser friedliches Dorf.

*Arzt geht ab.*

VATER: Meines Erachtens streute ihn, sich speziell an *uns* zu rächen, ein hiesiger Mitbürger.

MUTTER: Solche infamen Streiche führen doch nur Leute aus triftiger Veranlassung aus.

FRAU PADERSTEIN *(schmeichlerisch):* Du hast ihnen doch sicher keine gegeben, Henriettchen.

SIMEON *(zu den Eltern):* Ich habe euch gewarnt, Hinz und Kunz in den Garten kommen zu lassen.

MENACHEM *(zu Simeon):* Natürlich, der Bruder hätte lieber gesehen, das Fallobst wäre verfault auf den Wiesen.

SIMEON *(hart):* Reserviertheit hält vom Leibe.

MUTTER: Wie wenig gleichst du meinem holdseligen Vater, Simeon.

HERR PADERSTEIN *(kräht):* Dem gottesfürchtigen Manne.

ARTHUR ARONYMUS UND LENCHEN *(sitzen gebeugt hinter der Seite des Kamins, die zur Türe führt, er zeigt auf Herrn Paderstein):* Die Krähe!

SIMEON: Er war ein Geistlicher und kein Gutsbesitzer, basta.

VATER: Wir sind hier nicht mit unseren Freunden *(auf Padersteins zeigend)* beisammen, zu streiten, aber ein Kind, das meine, zu retten, aus den Händen der Antisemiten.

FRAU PADERSTEIN: Herr Schüler hat recht.

HERR PADERSTEIN *(krähend):* Das will ich meinen. *(Paderstein trinkt wie ein Vogel, mit dem Kopf zum Himmel dankend, den sich in die Untertasse gegossenen Kaffee, erhebt sich dann, um sich neben seiner Frau aufs Kanapee zu setzen.)* Rück was, Weibchen.

ARTHUR ARONYMUS *(zu Lenchen):* Krah, krah, krah.

HERR SCHÜLER: Was war das?

FRAU SCHÜLER *(Arthur Aronymus ahnend, gleichgültig):* Holzscheite knistern.

SIMEON: Was ungefähr gedenkt der Herr Vater dem Herrn Kaplan vorzutragen?

MENACHEM *(zu Padersteins):* Meine Elfriede wagt sich

schon gar nicht mehr mit dem Oskar vor die Türe in Erwitte.

JULIUS: Um sieben Uhr, also in einer Viertelstunde, muß Michalski kommen *(es schlägt auf der großen Wanduhr des Eßraums nebenan)* eins, zwei *(also zweimal).*

SIMEON *(zum Vater):* Wenn der Herr Vater ihm vielleicht eine Geldsumme anböte – für wohltätige Zwecke?

FRAU SCHÜLER *(atmet erleichtert auf):* Das ist *großzügig* gedacht, Simeon, gerade von dir, Simeon. Mir lag es auf der Zunge.

*Er küßt der Mutter, die neben ihm sitzt, wohlerzogen die Hand.*

SIMEON: Natürlich, man veranstaltet eine Sammlung

*Mutter irgend enttäuscht.*

SIMEON: – – unter den westfälischen Juden, denn die gesamte westfälische Judenschaft ist ja in Mitleidenschaft gezogen. *(Kleine Pause.)*

JULIUS: Attention, die Wände haben Ohren – –

MUTTER *(erhebt sich, schreitet zum Kamin, zu den Kindern hinter dem Kamin):* Macht, daß ihr sofort durch diese Tür kommt!

*Beide ab – die Mutter deckt sie.*

SIMEON: Unsere sind bei der gesegneten Familie immun geworden.

*Alle plötzlich erheitert.*

HERR PADERSTEIN *(kräht):* Trocknen Witz hat er bei all seiner Genauigkeit.

HERR SCHÜLER *(zu seinem Sohn Simeon):* Dein Vorschlag nicht übel, geht mir durch den Kopf.

SIMEON *(notiert fleißig in seinem Notitzbuch):* In Münster beteiligen sich mindestens zwanzig Judenfamilien, ebenso die jüdischen wohlhabenden Kaufleute in Paderborn,

Dortmund, Bochum, Lippstadt – – übrigens beherbergt die Sanitätsrat Grünebaum augenblicklich ihre zwei Brüder aus Kalifornien.

*Frau Paderstein winkt ihrem Jungen, der, ohne anzuklopfen, die Türe öffnete, im Rahmen wartet.*

HUGO: Dort hat man sogar weißes Gold gefunden – stand im Blättchen *(drängt sich unerzogen breit zwischen seine Eltern aufs Kanapee).* Und die Indianer sind sie nun am Verdrängen.

FRAU PADERSTEIN *(ungemein stolz auf ihren Hugo):* Erzähl weiter – –

HUGO: Unterm portugiesischen Feldherrn, wie hieß doch nochmal der Monsieur – ? Die Indianer glaubten, er sei der weiße Heiland. *(Fanatisch)* Ein Teufel ist er, ein fieser Teufel!

FRAU PADERSTEIN: Er studiert die Inkasier und ihren Häuptling. *(Heimlich zu Hugo)* Wie heißt er doch noch? Schief?

HUGO *(ihr brüllend ins Ohr):* Chief Big White Horse Eagle!! Wie oft soll ich 's dir sagen?

HERR SCHÜLER: Ja, sind wir hier einer Privatangelegenheit wegen zusammengekommen?

*Er zieht die Brauen finster.*

FRAU PADERSTEIN *(mit großer Affenliebe):* Er möcht immer mit die Inkasier gegen unsrige kämpfen.

HUGO *(mit einer komischen Gebärde eines Feldherrn):* Anführen möcht ich sie gegen die Weißgesichter, verdeck.

FRAU PADERSTEIN *(stolz auf ihn):* Ha, ha, ha, ha, ha.

SIMEON: Zur Sache!

JULIUS: In ein paar Minuten kommt er.

HERR SCHÜLER: Wer für die Sammlung ist, erhebe die Hand.

HUGO *(glaubt, man sammelt für Aufrüstungen gegen die Indianer):* Ich heb nicht die Hand – –

SIMEON: Halt den Schnabel.

*Frau Paderstein gekränkt.*

FRAU SCHÜLER *(ermahnend)*: Simeon!

*Alle heben die Hände. Man hört den Kaplan draußen sprechen mit Fanny und Elischen. Katharina, die neben Simeon in der Stube sitzt, errötet. Man versteht die Worte, die der Kaplan zu Dora spricht.*

KAPLAN: Jüngferchen Dora scheints ja wieder gut zu gehen.

ELISCHEN *(öffnet dem Kaplan die Wohnstubentür und meldet)*: Der Herr Kaplan Michalski.

*Die in der Stube Sitzenden sehen, wie der Kaplan, der Arthur Aronymus in die Höhe gehoben hat, ihn auf den Boden des Flurs stellt. Er tritt ein. Die Anwesenden erheben sich beklommen. Der Vater Schüler, beherrscht, von der sonnigen, ernsten Schönheit des Kaplans sympathisch berührt.*

HERR SCHÜLER *(sagt mit weltmännischer Geste)*: Gestatten Sie, Herr Kaplan Michalski, meine Gattin, Frau Henriette, meine älteste Tochter Katharina, Menachem, Simeon und Julius, meine drei ältesten Söhne, und unsere Freunde Herr und Frau Paderstein. Meine Gattin und mich schmerzt es tief, Sie, Herr Kaplan, nicht eines freudigeren Anlasses wegen in unserem Hause begrüßen zu dürfen.

*Frau Schüler reicht dem Kaplan die Hand und will die seine danach küssen, aber er küßt die ihre. – Fanny, Elischen und Dora treten schüchtern ein und setzen sich auf die Stühle, die an den Wänden stehen.*

KAPLAN: Wir Geistlichen, Madame Schüler, vertauschten mit dem heiligen Rock keineswegs die Ritterlichkeit.

*Selbst Simeon kann sich nicht ausschließen, die Schönheit und die edle Zucht des Kaplans zu bewundern.*

FRAU SCHÜLER: Davon hab ich mich eben wohl überzeugt, Herr Kaplan.

*Zwischen Herrn und Frau Schüler nimmt auf dem ihm dargebotenen Sessel der Kaplan Platz.*

JULIUS: Ich hatte schon die Ehre, Ihnen in Paderborn zu begegnen, und zwar in Ihrem eigenen großen Hause, im Dom, Herr Kaplan.

KAPLAN *(interessiert)*: Besuchten Sie unsere Gottesdienste, Herr Schüler?

JULIUS: Ohne mich einer Phrase zu bedienen, wir reden ja ehrlich unter Männern, mich interessieren die Reliquien der katholischen Gotteshäuser.

SIMEON: Und wenn auf meinen Bruder des leibhaftigen Teufels Mumie in einem Schrein wartete.

KAPLAN: Wäre der Teufel nicht das ewig*jungbleibende* böse Element!

FRAU SCHÜLER: Das sagen *Sie*, Herr Kaplan?

KAPLAN *(artig)*: Als der Menschheit abschreckendes Beispiel, Madame.

HERR PADERSTEIN *(kräht)*: Ganz meine Meinung, richtig!

*Frau Paderstein nickt beständig.*

KAPLAN: Die Sprünge, die sich wieder einmal – tableau – Beelzebub zu leisten erlaubt, bieten gewissermaßen unseren katholischen Christen Gelegenheit zur reuigen Buße.

HERR SCHÜLER: Ich bitte den Herrn Kaplan, sich ohne Gêne weiter mitzuteilen *(gespannt)*.

KAPLAN: Die Kirche in ihrer Eigenschaft als Hirte legt Gewicht darauf, sich *gerade* der verirrten schwarzen Schafe in Liebe anzunehmen. Saß nicht der Herr mit den Zöllnern und Sündern an einem Tisch beisammen und speiste? Indem die Kirche, dem Herrn nachwandelnd,

Geduld mit ihren im finsteren Labyrinthe verirrten Seelen übt, erübrigt man ihnen Zeit zur Einsicht und zur Umkehr. Nur dieses Prinzip führt zur vollständigen Errettung verirrter Gefühle in der Brust des Menschen.

SIMEON: Gestatten Sie, Ehrwürden – –

KAPLAN *(ihn verbessernd):* Kaplan!

SIMEON: Diesen Einwand, Herr Kaplan! Und werden die Prinzipien der verehrten katholischen Kirche nicht ein Fiasko erleiden, im Fall die Drohungen *(ein ganz klein wenig sarkastisch)* der verirrten Seelen sich in Tat umsetzen?

*Frau Schüler mahnt Simeon im Blick.*

KAPLAN *(bemerkt es, höflich):* Ich liebe jede klare Frage, mundet sie auch noch so herb.

HERR PADERSTEIN *(hört gespannt zu und äußerst zuvorkommend):* Krah! krah!

KAPLAN: In den tausenden Fächern des Vatikans wartet für jede Frage eine Antwort, aber der Vatikan besitzt ebenfalls einen Messer, darin er die Verirrungen seiner gläubigen Katholiken auf einen Grad zu ermessen vermag.

JULIUS: Und er vereitelte nicht die blutigen Pogrome vor einem Jahrhundert in Spanien und hierzulande, Herr Kaplan? Lasen Sie Lessing an Goethe?

ELISCHEN *(schüchtern, aber geistreichelnd):* Kann ich Ihnen empfehlen, Herr Kaplan.

KAPLAN *(verbeugt sich, artig lächelnd):* Lessing wie Goethe sind mir zwei hochgeschätzte Dichter. Der Heilige Vater in Rom in seiner *Unfehlbarkeit* nicht abzuschätzen.

*Frau Schüler seufzt ganz tief.*

KAPLAN *(mit unendlich liebreichem, tröstendem Blick zu Frau Schüler):* Wie Unsere Liebe Frau; ich weiß es zu würdigen.

SIMEON *(schaut auf den Kaplan, leise für sich):* Hier gehts nicht weiter – – –

ARTHUR ARONYMUS *(springt jäh in die Stube):* Ich war eben *so ungezogen* wieder, ich muß in die Ecke.

*Alle lachen. Die Mutter weist ihn sofort wieder aus der Stube.*

HERR SCHÜLER *(gießt dem Kaplan vom Wein ein):* Ja, wie erklären Sie sich, Herr Kaplan, die plötzliche Gehässigkeit Ihrer Gemeinde speziell gegen *mein* Haus gerichtet?

KAPLAN *(klug):* Saß nicht einmal auch ein Kaiphas auf dem Priesterstuhl in Juda, der den edelsten Juden, den Heiland, kreuzigen ließ –

*Große Ruhe.*

SIMEON: Daraus könnte man schließen: ein einzelner Mensch ist imstande, das göttliche Prinzip umzustoßen.

KAPLAN *(klug und fromm):* Nur zu verschleiern – durch der Sünde Finsternis.

*Simeon fühlt sich überlegen, schweigt.*

HERR SCHÜLER: Wir schwenkten vom Wege, dünkt mich.

FRAU SCHÜLER: Darf ich mir erlauben, das interessante Gespräch mit einer Privatfrage zu unterbrechen? Sind Sie, Herr Kaplan, wirklich davon überzeugt, daß der dunkle Aberglaube über Gaesecke sich bald in Wohlgefallen auflösen wird?

*Herr Schüler nimmt den Brief, den er damals im Garten entfaltete, das anonyme Schreiben, aus seinem Portefeuille und reicht es dem Kaplan.*

KAPLAN *(zu Frau Schüler):* Ganz recht, wie eine Wolke.

FRAU SCHÜLER *(zum Vater, verwundert auf den Brief zeigend):* Davon weiß ich doch nichts.

KAPLAN *(ist dabei, den Brief zu lesen, lächelt):* Mir hinterbrachte man sogar, *(liebevoll ironisch)* Ihre kleine Hexe habe in unserem Dorfe Kinder verhext. *(Die andern blikken sich gegenseitig an, wie leicht im Grund und spöttelnd der Kaplan den Brief aufnimmt.)* Da kam die Marktfrau, dann kam ein Tagelöhner, ein Nichtstuer und wer weiß alles, die mir die Kunde von der kleinen Hexe im Dorf überbrachten.

*Fanny läßt den schwärmerischen Blick nicht vom Gesicht des Kaplans.*

ELISCHEN: Mit Fürlaub, Herr Kaplan, war 's die Marktfrau vom Mittwochmarkt gewesen *(verschämt)*, die sich von unserem Rasen im Herbst das Fallobst sammelte?

FRAU PADERSTEIN *(schnalzend)*: Undank ist der Welt Lohn.

KAPLAN: Wahrscheinlich. *(Nach einer Pause, er hebt nur seinen Oberkörper feierlich empor – eine kleine Pause.)* Ich erlaube mir, – Ihnen einen Vorschlag zu machen, Herr und Frau Gutsbesitzer Schüler, um zunächst einmal *hier* in *unserem* Dorfe die üble Angelegenheit und *(betont)* jede *Gefahr*, die Ihrer kleinen Tochter Dora dräut, aus dem Wege zu schaffen. *(Sich räuspernd)* Nämlich – eines Ihrer Kinder im katholischen Glauben erziehen zu lassen.

FRAU SCHÜLER *(sie denkt an Fanny)*: Um Gotteswillen.

KAPLAN *(blickt auf, er ahnt den Gedanken der Frau Schüler)*: Aber nein, Madame Schüler, ich dachte an meinen kleinen Freund Arthur Aronymus, Ihren Sohn, der mir lieb ist *wie* ein Brüderchen, *(fast mit Ekstase)* ja, ich hab ihn lieb mit meinem ganzen Herzen. *(Eine Träne steht ihm im Auge.)* Er ist mir der *liebste* kleine Mensch auf dieser weiten Welt. Er ist das *köstlichste* Bübchen, das mir auf Erden je begegnet ist.

*Frau Schüler weint leise vor Rührung.*

KAPLAN: Mit diesem demütigen Entgegenkommen unserer

allein seligmachenden Kirche brechen Sie ein für allemal jeder Gefahr, die Ihrer jungen Tochter Dora dräut, die Spitze ab.

*Große Pause. – Rührung, Verlegenheit, Schauer.*

HERR SCHÜLER *(erhebt sich mit einer Hoheit, zum ersten Male wirklich echt menschlich):* Herr Kaplan, gestatten Sie mir, Ihnen in unser aller Namen für Ihren ebenso sinnigen wie gutgemeinten Vorschlag unseren Dank auszusprechen. Leider zwingen mich folgende Umstände, denselben mit respektvollem Kompliment von der Hand weisen zu müssen. Ich, wie mein Vater, noch meines hochseligen Vaters hochseliger Vater und dessen Väter Väterväter, noch die Väter Frau Henriettens, meiner Gattin, in Gott ruhenden Vaters, pflegten auf *direktem* Wege zu Gott zu gelangen, und ich sollte *Seinem Sohn* – meinen noch unmündigen Sohn auf *Umwegen* zuführen lassen? Der Herr behüte uns vor allem Bösen! ADONAI JISCHMERENU MIKOL RAR – – – – – –

*Beide Padersteins heulen. Ihr Sohn Hugo betrachtet zum erstenmal mit Respekt ein Weißgesicht.*

*Herr Schüler streichelt die weinende Mutter. Die Söhne und Töchter staunen den Vater an, nur Fanny sitzt gebeugt wie eine Trauernde auf ihrem Stuhl.*

*Kaplan erhebt sich, ein Geschlagener, – dann gefaßt. Er verbeugt sich, tief innerlich erregt. Kein Mensch sieht, daß er die Stube verläßt.*

ARTHUR ARONYMUS *(springt plötzlich vom Flur aus in die Stube):* Ich hab Bernard meinen Pipser geschenkt am grünen Band.

KATHARINA *(zu den Eltern):* Seine Flöte.

ALLE *(zu Arthur Aronymus, begierig):* Was sagte er?

ARTHUR ARONYMUS: Nix!

FRAU SCHÜLER: Nix, Arthürchen?

ARTHUR ARONYMUS: Er küßte mich nur *(er zeigt auf die rechte Backe)*, hier *(er zeigt auf die linke Backe)*, und hier. Aber Fannys Sträußchen hat er nicht genommen. *Nur Elischen und Frau Paderstein hören diese letzten Worte.*

ELISCHEN *(leise zu Katharina)*: Das tut ihr gut.

FRAU PADERSTEIN *(heuchlerisch, aber auch gutmütig zu Frau Schüler)*: Sie ist so romantisch, unser schönes Fannychen.

JULIUS *(in Gedanken)*: Schon ein Papst an Würde, er.

SIMEON *(nüchtern, aber pathetisch)*: Der Vater sende Kundschafter ins feindliche Lager, auszuspüren, was der Feind im Zelte unternimmt.

HERR SCHÜLER: Geht mir und Frau Mutter contre coeur.

FANNY: Ich weigere mich zu spionieren.

FRAU PADERSTEIN *(geschwätzig)*: Soll sich eure Mutter, meine Freundin Henriette, etwa zu Tode bangen?

HERR PADERSTEIN *(kräht)*: Gesprochen hast du, Moritz, na! Reich mir die Hand, mein Freund!

SÖHNE: Und wir müssen Herrn Paderstein beistimmen, Herr Vater.

FRAU PADERSTEIN *(in höchsten Tönen)*: Wie ein Gott!

FRAU SCHÜLER *(liebreich)*: Du erinnertest mich dieses Mal wirklich an meinen gottseligen Vater.

ARTHUR ARONYMUS *(eilt zu Fanny, flüstert ihr ins Ohr)*: Ich geh *auch* nicht mit, aber ich sag's Bernard wieder!

*Fanny verläßt die Stube.*

HERR SCHÜLER *(testamentarisch)*: Rüstet euch, meine Söhne und Töchter!

FRAU PADERSTEIN: Unser Hugochen macht mit, als Längster! Er kiekt in jedes Fenster rein, ists noch so hoch.

HUGO: Soll ich wacker mein Kriegsbeil holen?

HERR SCHÜLER: So ziehet denn hin, mit Gott, mir Kunde bringen: Heinrich Menachem! Simeon Morderchei! Julius Ahasferos! *(Berthold und Ferdinand treten ins Zimmer. Der Vater zu ihnen):* Und ihr, meine beiden Söhne, Berthold und Ferdinand Simson! Und ihr, meine Töchter Katharina Deborah! Elise Naemi! *(Sucht Fanny vergebens mit dem Blick, sie ist aus der Stube verschwunden. Unecht, dem Rabbi nachahmend):* Mein Segen begleitet euch!

ARTHUR ARONYMUS *(zur Mutter, leise. Etwas eifersüchtig für seinen Großvater):* Das sagte doch Großväterlein immer zu dir und Herrn Vater.

*Die Kinder gehen alle ab, Hugo schleichend, wie ein Indianer hinterher. Herr und Frau Paderstein begeben sich nach Hause, der Vater geleitet sie bis an die Pforte.*

ARTHUR ARONYMUS: Mutter, ich will dich was fragen. Gibt es *zwei* Schutzengel der Kinder?

FRAU SCHÜLER: Wieso, Arthurchen Aronymus?

ARTHUR ARONYMUS: Bei Großväterlein stand einer mit *schwarzen* Flügeln und lachte ganz leise mit Großväterlein, als Lenchen und ich Purzelbäume über den Teppich schlugen und ihm dann Gute Nacht sagten. *(Frau Schüler ganz erstaunt.)* Und der Bernard eben hatte ganz *weiße* Flügel. Erzähl mir von dem Schutzengel mit den lustigen Flügeln!

FRAU SCHÜLER: Wie mir's leicht ums Herz wird! *(Bebend)* Geliebter Junge – komm, ich erzähle dir vom Schutzengel der Kinder!

*Vor dem Kaplanhäuschen: seitlicher Vollmond. Eines der Fenster matt beleuchtet und eines der Dachfensterchen. Auf dem Tisch des Kaplans steht eine Petroleumlampe. Er sitzt und schreibt auf einem Amtsbogen, hochparterre. Auf dem Tisch steht ein Glaskrug Milch, auf einem Teller etwas Weißbrot.*

*Menachem; Simeon; Julius; Berthold; Ferdinand; Katharina; Elischen; Hugo.*
*Sie sind im Begriff, über den kleinen Zaun zu klettern. Sie flüstern.*

HUGO *(mit einer schleichenden Bewegung):* Ich klettere ruff und schleich mich ans Fenster ran.
*Alle treten in einer Gruppe zusammen unter dem Fenster der Kaplanstube.*

FERDINAND UND BERTHOLD *(gleichzeitig):* Steig auf unsere Schultern, Hugo, erspar dir den halben Weg.
*Die übrigen Geschwister kalkulieren in stummen Worten, wie man am leichtesten heraufsteigt.*

HUGO *(zu den beiden):* Macht mich nur nicht widerspenstig, ihr zwei Weißgesichter.

SIMEON *(im Flüsterton, zu den jüngeren Brüdern):* Holt die Leiter dort! Seht ihr nicht?
*Sie stellen die Leiter ganz behutsam an die Wand des kleinen Häuschens. Hugo steigt herauf, hält sich, oben angekommen, am Stuck fest.*

HUGO: Die is dem Schornsteinfeger sinne.

JULIUS: Vorsicht gebiert die Stunde.

HUGO *(zischt herunter im Eifer):* Deine Gelehrsamkeit soll mich – ollet Weißgesicht!

SIMEON *(mit dem Gedanken, den Hugo anzuspannen):* Nun laßt ihn mal.

ELISCHEN: Fall nur nicht, Hugo.

*Hugo klettert immer höher, er hält sich an der Fensterbrüstung fest.*

KATHARINA: Halt dich fest, denk an deine gute Mutter.

HUGO *(im Eifer):* Hört ihr nun endlich uff zu predigen! – *(Ganz kleine Pause)* – Simeon, eck kann ihn sehen. Er sitzt am Tisch vor 'ner Lampe mit 'nem grünen Schirm.

ELISCHEN: Was noch?

JULIUS: Sch – –

ELISCHEN: Ich setz mich was auf de Bank, bin so müde von Dorachens Rekonvaleszenz.

SIMEON: Zu gefährlich, ich stütz dich lieber, Schwester.

JULIUS *(nach oben blickend):* Weiter?

HUGO: Allet mit Ruhe, wie im Stamm.

MENACHEM *(zu Katharina):* Was sagt er vom Stammbaum?

KATHARINA: Von seinem Indianerstamm fabuliert er.

HUGO: Nun nimmt er den Federkiel wieder – nu überlegt er – ich glaub, er summt dabei. Hören tu ich zwar nix!

SIMEON: Kannst du das Geschriebene lesen?

HUGO: Ich laß mir nicht kommandieren! Sonst komm ich herunter *(tut, als ob er absteigen will).*

SIMEON *(klug):* Dem tapferen Löwen, dem Häuptling kommandieren?

HUGO *(schielt furchtbar nach unten in seinem Eifer):* Auf dem Tisch steht eine Kanne Milch. Und daneben auf einem Teller Bretzel zum Aufpäppeln, wie in 'ner Kinderstube. Und nu schreibt er wieder.

MENACHEM: Was schreibt er, Knabe?

HUGO: Wartet ens.

ALLE: Was? Was?

HUGO: »Ich ergreife die Feder« – das »F« malt er bei der »Feder«.

JULIUS: Soll ich dir mein Lorgnon raufreichen, Hugo?

HUGO: Für wat? Für de Augen oder für de Löffels? – Drüber steht geschrieben – wartet man: An Seinen Faden.

SIMEON: An Seiner Gnaden?

HUGO: Stimmt!

KATHARINA: Versuche noch mehr zu entziffern, Hugo.

ELISCHEN: Unsere Mutter, soll ich dir sagen, schenkt dir ein paar Dukaten für deine Sparbüchse.

HUGO: Nu mal langsam voran. – Sch! – Nu faltet er den Zettel. – *(Pause)* – Er siegelt. Er hat sich den Finger verbrannt.

JULIUS: Sch!

HUGO: Leiser kann ich doch nicht, Menschenskinder! Er leckt am Daumen und nu am Mittelfinger.

SIMEON: Komm herunter, Hugo, das genügt.

MENACHEM: Wir wissen wenigstens, daß unsere Konferenz gefruchtet hat.

HUGO *(guckt nochmal neugierig durch das Fenster):* Seine Klappe ist verrammelt und der Nachtpott – –

SIMEON UND JULIUS: Sch – – Sch – –

ELISCHEN UND KATHARINA: Aber Hugo – –

*Der Postillon tutet das erstemal vor Abgang der Postkutsche.*

HUGO: Er holt den Mantelkragen. – Kinder, nu aber rasch herunter.

*Er klettert über den Stuck des Hauses herab und dann, von Ferdinand und Berthold gehalten, springt er in den Garten.*

KATHARINA *(stolz):* Des Vaters Rede hat gefruchtet.

HUGO *(wieder unten, ungeduldig):* Wo sind die Dukaten?

BEIDE MÄDCHEN: Die Mutter will sie dir selbst geben.

HUGO *(impertinent):* Das laßt euch alle gesagt sein: krieg ich se nicht, denn klatsch ich ihm die Vorgänge wieder, daß seine Kaplannose weiß wird wie sinne Milchpulle.

SIMEON *(überlegen):* Unter den Indianern, glaubte ich bis jetzt, gäb es keine Erpresser.

JULIUS: Seine Eltern können sich gratulieren.

KATHARINA *(auf Hugo weisend):* Er ist doch noch halbwüchsig.

HUGO *(kleinlaut):* Den Mantelkragen hatte er sich schon von der Wand genommen, – wacker.

*Alle schleichen auf Zehen vom Hause fort und klettern über den Zaun wieder zurück. Ferdinand und Berthold springen hinüber. Hugo, wie ein Indianer; Simeon und Julius sind ihrer Schwester Katharina behilflich, und Elischen, von plötzlicher Angst getrieben, der Kaplan könne kommen, setzt wie eine wilde Stute über den dornigen Blattzaun, ihr halbes Hosenbein mit der langen Spitze daran bleibt in den Dornen der Hecke hängen. Sie verstecken sich alle hinter der Kirche. Sie hören, wie der Kaplan seine Türe aufschließt, und sehen ihn eilig über den Platz zur Postkutsche gehen. Von der Postkutsche sieht man nur das rote Laternenlichtchen zwischen dem Laub der Bäume auf den Wegen. Es tutet das zweitemal.*

SIMEON: Nun geht ihr alle heim und tröstet die Eltern. Ich warte auf ihn.

MENACHEM: Als Bauer hab ich mir manche Schlauheit zugeeignet und rate dir von diesem Schritte ab.

KATHARINA: Ich warte mit dir, Simeon.

ELISCHEN *(ironisch neckend):* Ei, ei, liebe Schwester – wenn das dein Engelbrecht ahnte.

SIMEON: Laß die Albernheiten.

MENACHEM: Um der *Gradheit* willen sollte man zu ihm hinaufsteigen.

SIMEON *(überhört Menachems Äußerung)*: Bruder, du hast recht, es wäre undiplomatisch, ihn weiter zu bedrängen.

JULIUS: Auch nach meiner Meinung.

ELISCHEN: Er glaubt dann, wir haben Angst.

MENACHEM: Aber selbstverständlich haben wir Angst, wir dürfen Angst haben! Noch dazu die Eltern – was werden wird.

KATHARINA: Geht doch beide zu ihm, gern schließ ich mich euch an.

ELISCHEN *(gebieterisch)*: Oder ich!!

SIMEON: Oder die ganze Herde.

*Es tutet das drittemal. Man hört das Geschirr der Pferde. Sie brechen alle im Sturmschritt plötzlich auf, eilen über den Markt heimwärts. Sie sind entkommen.*

NACHTWÄCHTER ALTMANN *(kommt über den Marktplatz, bleibt in der Mitte des Marktplatzes stehen, die Ankunft des Kaplans, den er am Rand des Marktes erblickte, abwartend)*: Einen gesegneten Abend wünsch ich Ehrwürden. *(Zeigt auf die Richtung der Postkutsche)* Nun ist sie fortgaloppiert. *(Er berührt seine alten Beine, die knarren.)* Die Postkutschräder sein dat nicht! Aber minne ollen Beine knarren.

*Kaplan lächelt zerstreut.*

NACHTWÄCHTER *(blickt auf zum Mond)*: Wie er so jede vier Wochen von oben herunterkömmt, grade über Hexengaesecke. Und immer hab eck dann meine liebe Not, de Kenger all im Schlaf zu blasen.

*Er räuspert sich und spuckt lange aus.*

KAPLAN *(zerstreut)*: Ich werd auch nicht schlafen können,

alter Freund. Komm er, lieber Altmann, und trinke er einen Korn mit mir oben im Stübchen.

NACHTWÄCHTER *(trottelt hinter dem Kaplan her):* Wenn mich doch der liebe Herrgott erhöhen möchte.

KAPLAN: Ist er denn nicht mit seinem Amt zufrieden?

NACHTWÄCHTER: Den roten grellen Dudelsack da oben *(er bleibt stehen und sieht nochmal nach oben; zornig)* tät eck verdammt den Bauch aufschlitzen. Wenn et schlägt vom Kirchenturm.

*Sie treten ins Haus, und man sieht nur noch das matterleuchtete Zimmer des Kaplans.*

## *Dreizehntes Bild*

*Im Hintergrund die katholische Kirche auf dem Marktplatz. Die sämtlichen Einwohner Gaeseckes und der Umgebung, unter ihnen der Nachtwächter, der Hausierer Lämmle Zilinsky, der Wanderbursche Nathanael Brennnessel; der lugt hinter einem noch stehengebliebenen großen Obstkorb vor. Die Kinder der Schule geordnet, hintereinander, wie eine Prozession, von ihren zwei Lehrern begleitet. Der elegante Dr. Faust (Herr Kissingen) in lila Beinkleidern, Herr und Frau Schüler, ihre dreiundzwanzig Kinder mit Menachems Frau und Sohn Oskar, die Mägde und Knechte aller Häuser, auch Schülers Kochmamsell, die Clara, und die anderen Mägde. Der Gärtner, die Melkerinnen, der Imker, Monsieur Filigran, alles in tiefer und schwerer Spannung.*

ARTHUR ARONYMUS *(kommt als letzter gerannt, mit Lenchen an der Hand):* Heiliger Strohsack, Lenken, eck hatt so Angst, wir wären zu spät gekommen, wir zwei Hampelmänner.

LENCHEN: Verpust dich – sonst merkts der Herr Vater.

ARTHUR ARONYMUS: Siehst du se?

LENCHEN: Da stehn sie doch – alle zusammen. Die Mutter guckt, Aronymus!

ARTHUR ARONYMUS *(nickt seiner Mutter zu und trampelt was. Frau Schüler legt den Finger ermahnend an die Lippen. Arthur Aronymus zieht Lenchen näher an sich heran und nickt stark der Mutter zu, brav zu sein, Arthur Aronymus zu Lenchen):* Wann kommt denn der Bernard?

EIN FANATISCHER KATHOLIK *(bemerkt zu ein paar Leuten):*

Was der klenge fiese Judenjunge sich herausnimmt! *(Will ihn ohrfeigen. Arthur Aronymus weicht ihm nicht aus.)* Ick will dir helfen, unsern Herrn Kaplan – Bernard zu nennen.

LENCHEN *(ihn verteidigend):* Bernard ist doch sein Freund.

FANATISCHE FRAU: Kommt ihr beide nicht aus Moses sein Gutsgarten?

ARTHUR ARONYMUS: Nää, ollet goldenes Kalb.

*Die Herumstehenden lachen.*

FANATISCHER MANN: Dat glöb eck, der Moses aus 'em alten Testament hat nicht so viel Geld unredlich gescharrt.

*Frau Schüler merkt den Zwischenfall, winkt den Kindern, sich zu ihr zu gesellen.*

ARTHUR ARONYMUS *(zu Lenchen):* Wir wollen lieber nicht bei den allen stehen, Lenchen. Aber wenn der Bernard kömmt, rennen wir wacker an de Treppe.

*Die Menschen auf dem Marktplatz werden ungeduldig und unruhig, ein Gemurmel vernimmt man, und es kommt zu kleinen Reibereien. Das Geläute hört auf. Der Himmel überzieht sich im Westen pechschwarz.*

ELISCHEN *(zu Katharina und Fanny):* Der Dr. Faust!

*Dieser ist im Begriff, sich immer mehr der Familie zu nähern. Er ist sehr elegant angezogen und sein ganzes Benehmen distinguiert. Er macht Halt in kleiner Entfernung hinter den vier jungen Mädchen: Katharina, Elischen, Fanny, Dora.*

*Kaplan tritt aus der Kirchentür, eine große Rolle in der Hand haltend. Er steht nun auf der obersten Stufe der steinernen Treppe. Die vier ältesten Töchter Schülers halten sich umschlungen. Julius, ihr Bruder, steht hinter ihnen.*

JULIUS: Wahrlich, der kommende Papst.

*Fanny bebt vor Erwartung.*

KATHARINA *(zu den Schwestern, ungewollt feierlich):* Unser Kaplan – – –

DORA: Sehen mich die Leute auch nicht?

*Herr Schüler hebt sein Haupt ermahnend zu den vier Töchtern, aufzupassen. Frau Schüler legt ihren Arm durch Herrn Schülers Arm, die Söhne lüften die Hüte, der Vater den grauen Zylinder, die anderen Kinder stehen nebeneinander artig in Reih und Glied. Die ganze Familie Schüler ist in ihre besten Kleider gekleidet. Der Kaplan deutet auf die immer stärker und finsterer werdende drohende Wolke am westlichen Horizont.*

KAPLAN *(als ob er zu sich selbst spräche, die Menge aber im Auge):* Der Himmel hat sich verbündet mit Seiner Gnaden, dem Bischof – – *(Er beginnt zu der Menge zu sprechen)* Ich grüße euch, meine liebe Gemeinde in Christo, im Namen Seiner Gnaden, des Bischof Matthias zu Paderborn.

*Enormer Donnerschlag rollt, wie ein böses Wunder, durch Gaesecke. Es ist Februar. Die Leute erschrecken.*

SIMEON *(zu Julius):* Monumental seine Gebärden!

KAPLAN *(öffnet ruhig und stark die Bulle, entrollt den Inhalt und beginnt zu lesen):* Ich grüße euch mit sorgendem Herzen, meine vom Wege geratenen Schafe, und ermahne euch, Vernunft anzunehmen, nicht trotzig zu beharren in eurer Sünde dunklem Aberglauben! Noch ist es Zeit zur Reue und Buße, meine armen Kinderlein, um deren Seelenheil *(der Kaplan erhebt den Finger ernst und drohend)* ich, so schreibt der Bischof, unablässig schwere Sorge und Verantwortung im Herzen trage. *(Kaplan blickt streng über die unzähligen Köpfe der Leute auf dem Marktplatz.)* Wehe euch, eure böse Lust zu stillen, wenn auch nur in der Hölle eures Wunsches, am Feuertode unserer guten Schwestern aus dem alten Hause Israels. Vergesset nicht in eurem schwarzen Hasse, daß unser Heiland Jesus Christus *selbst* ein Jude war, dem Blute Davids entsprossen. Mit tausend Zungen werde ich dem Himmel jedes Frevlers Sünde verkünden, daß seine Seele brate bis zum Jüngsten Tag! Darum, meine armen verirrten Kinder, kehret in euch, waschet euch in der Reue unschuldiger Quelle. – Lasset ab, ihr schwarzgewordenen Schafe!! Lasset ab! Und jetzt zum dritten Male: Lasset ab von eurem Frevel um Jesu Christi willen, unserm Herrn! *(Kleine Pause. Kaplan faltet die Hände, im bebenden Ton)* »So habt ihr jetzt zwar Trauer, aber ich werde euch wiedersehen, euer Herz wird sich freuen, und eure Freude nimmt niemand von euch.«

»Et vos igitur nunc quidem tristitiam habetis, iterum autem videbo vos, et gaudebit cor vestrum: et gaudium vestrum nemo tollet a vobis!!!«

*Es wird plötzlich so hell, daß der ganze katholische Kirchplatz wie im bengalischen Lichte steht, die Leute sinken in die Knie verzückt, weinen, jammern. Frau Schüler weint. Der Vater überwältigt. Er trocknet sich die Tropfen von der Stirn. Seine Kinder weinen alle.*

ARTHUR ARONYMUS *(zu Lenchen):* Nu hör schon auf; Bernard hat doch recht, die Dora wollten sie doch braten.

LENCHEN: Du hülst ja auch.

*Tränen rinnen Arthur Aronymus über die Wange. Kaplan rollt die Urkunde ruhig zusammen und steckt sie in die Bulle; geht ernst, ohne sich umzublicken, streng bis zur Kirchentür und dann durch die Tür in die Kirche zurück. Es schallt zurück im dreifachen Echo, wie er sie zuschließt. Die Glocken läuten wieder. Etliche versuchen ihm vergebens in die Kirche nachzueilen. Nach und nach leert sich der Marktplatz. Ein Wirbelwind pfeift durch Gaesecke, es stürmt nun, Schnee und Hagel fällt, aber gesittet und andächtig ordnet sich die Menge zum Heimweg. Vater und Mutter sieht man mit den Kindern noch eine Weile hinter dem Marktplatz nach Hause schreiten.*

## *Vierzehntes Bild*

*In Schülers Garten. Fanny und Dora, viele von den kleineren Kindern. Unter ihnen Arthur Aronymus, Lenchen, Eleonore, Albert, Bettina, Margarete, Karl, Max, Meyerchen, Oskar (Menachem Schülers Söhnchen), Arthur Aronymus' Schulkameraden, unter ihnen Willy Himmel und Caspar. Der Bischof, der Kaplan, Frau Schüler, eine der Kindermägde, der Schornsteinfeger und die Gäste aus der jüdischen Gemeinde, die Söhne des Freundes des Herrn Schüler: Alexander Ostermorgen, Siegfried Ostermorgen. Der Weinreisende Kissingen (Dr. Faust), der Nachtwächter Altmann, der Hausierer Lämmle Zilinsky, der Wanderbursch Nathanael Brennessel, drei Brüder namens Perlmutter – Ostjuden – mit ihres ältesten Brudersohns Sohne Josefje.*

*In der Jasminlaube sitzen Fanny und Dora. Vor der Freitreppe des Hauses stehen die Kinder alle, beraten eng zusammen in einer Gruppe, kichernd.*

FANNY: Sag die Wahrheit, hat der Kaplan wirklich, bevor er nach Paderborn abfuhr, dir gesagt, du solltest besonders deine Schwester, die Jungfer Elischen, herzlich grüßen?

DORA *(verlegen)*: So wie ich es damals sagte – stimmts – – – Frag ihn doch selbst, wenn du mal wieder nach Paderborn reist.

FANNY *(mit Nachdruck)*: Also du solltest Jungfer Elise herzlich grüßen – sieh einer an!

*Dora nickt beklommen.*

FANNY: Ich hätte dir ja meine Korallenohrringe geschenkt, – die gefallen dir doch so – nicht?

*Pause. Die Kinder bilden einen großen Kreis.*

LENCHEN *(zählt ab):* Ine, wine, wing, pang, ting, tang, ose, wose, wacker dir, eier weier weg!

*Sie zählt, bis das letzte Kind übrigbleibt. Das letzte Kind ist Arthur Aronymus.*

ALLE *(rufen):* Der kann se auch am dollsten spielen!

FANNY: Nun? *(Umarmt ihre Schwester Dora.)* Vielleicht versprachst du dich, Dora?

DORA: Was würden aber denn Katharina und Elischen sagen?

FANNY: Die erfahren es nie!

*Sie erhebt ihre Hand zum Eid.*

DORA *(ermutigt):* Die Katharina hat mir damals ihren Fächer geschenkt, mit dem Amoren drauf gemalt, ich mach mir ja aus Elischens Bücher nichts – –

FANNY *(etwas heftig, beherrscht sich aber diplomatisch):* Also beide stecken dahinter *(weich)* und haben zu Schwester Dorachen gesagt: Liebes Dorachen, wir haben dich doch Tag und Nacht gepflegt und waren immer so gut zu dir.

DORA: Genau so. *(Ein paar von den Kindern rennen hinter Arthur Aronymus in den Seitengang ins Haus, die andern sammeln Blätter und Reisig.)* Denn du bist unsere Lieblingsschwester, Dorachen – *(Auf einmal erschrokken)* Aber wenn du mich doch verklatschst bei Käthchen und Elischen? *(Auf einmal)* Da kommt der Schornsteinfeger.

*Er steigt den Seitengang ins Gutshaus.*

FANNY: Der hilft fegen! *(Schwört)* Ich beteure! *(Dora blickt entzückt auf ihre Ohrringe, Fanny überlegt.)* Du, Dorachen, die Schatulle von dem charmanten Weinreisenden, *die* kannst du dir aus meiner Kommode nehmen, weißte, mit den kandierten Früchten – *(Dora schweigt.)* Wir werden uns schon einigen, – erzähl aber die *strikte* Wahrheit!

DORA: Unser Käthchen und unser Elischen sagten zu mir, ich könnte mir zu dem Fächer noch eine Agraffe für meine erwachsene Frisur kaufen beim Lämmle. Aber ich müsse dir aufbinden, der Herr Kaplan Michalski habe besonders herzlich Jungfer *Elise* grüßen lassen!

FANNY: Und sie möge ihn nicht vergessen.

DORA *(ganz unglücklich über ihre Lüge, nickt)*: Ach, liebe Fanny, ich kann ja nichts dafür.

*Fanny ist durch diese Intrige beinahe apathisch geworden, in sich zusammengesunken mit starren Augen.*

DORA: Was ist dir, Fanny? Fanny! Du stirbst ja! Sag, bitte, bitte, bitte – ich ruf unsre Mutter.

*Arthur Aronymus kommt in den abgelegten Kleidern Doras, die sie in ihrer Krankheit trug, die Treppe heruntergewackelt, den Rock komisch aufgerafft. Auf seinem Kopf trägt er ihren damaligen Sommerhut mit dem Butterblumenkranz und den lang herunterhängenden Samtbändern. Einige Kinder hinter ihm, die seine Geschwister vorstellen sollen. Max: sein Vater; Lenchen: seine Mutter; das kleine Meyerchen (fünfjährig): sein ältester Bruder Menachem.*

ARTHUR ARONYMUS *(als Dora; zu Lenchen, theatralisch)*: Lebe wohl, meine Mutter! *(Heult laut, zu Max)* Lebe wohl, Herr Vater! *(Arthur Aronymus streckt ihm die Zunge raus. Jeder Schwester gibt er einen Kuß.)* Heute noch werde ich verbrannt. *(Er umarmt das fünfjährige Meyerchen.)* Menachem, mein erstgeborner Bruder, auf Wiedersehen!

*Es ist schon etwas dunkel, zwei Gestalten treten durch das Tor des Gartens und bleiben an der Hecke stehen.*

LENCHEN *(als Mutter, macht, als ob sie jammervoll weint):* Dorachen, mein Zuckerdorachen!

*Die anderen Kinder sind noch dabei, sich zu verkleiden, indem sie ihre Röcke wenden und ihre Jacken. Sie fertigen sich aus Ästen Säbel an. Willy hat seine Trommel mitgebracht und Caspar seinen Helm. Oskar, Menachems kleiner Sohn, wartet finster auf seine Verkleidung. Arthur Aronymus, der die große Schere seiner Mutter mitgebracht hat, reicht sie der Margarete. Die will dem Neffen Oskar die Schere an einem Soutacheband um das braune Tuch binden, das sie ihm vorher wie eine Kutte um seinen Anzug legte.*

OSKAR *(reißt die Schere finster von der Seite):* Das ist Frevel!

ARTHUR ARONYMUS: Du oller Duckmäuser.

LENCHEN *(zu Oskar, zum ersten Mal in westfälischer Mundart):* Eck glob et deck bald.

DORA *(in der Laube):* Endlich bist du wieder wach!

*Fanny beginnt erschütternd zu weinen.*

DORA: Soll ich doch die Mutter rufen?

FANNY *(elegisch):* Du Liebe, gleich ist ja schon alles vorbei.

*Dora umhalst Fanny immer wieder.*

FANNY: Das hat man davon, wenn man schön ist.

*Sie hebt den Kopf wie eine Königin, zieht ein kleines Spiegelchen aus der Tasche unter dem Reifenrock und betrachtet sich.*

DORA: Nää, dafür kann doch kein Mensch. *(Zögernd auf einmal)* Ist die Schatulle noch voll?

FANNY: Wie kannst du nur jetzt an die Schatulle denken,

Dora? Wo ich mir das Herz abhärme. *(Dora schämt sich.)* Du hast also wirklich und wahrhaftig damals gelogen?

DORA *(hebt die Hand zum Schwur auf):* Wirklich und wahrhaftig!

ALLE DIE KINDER *(zu Oskar):* Was stehste da so grimmig, du Scheinheiliger.

*Einer der Jungens schält einen Ast vom Hagebuttenstrauch, an dem eine zerquetschte Hagebutte hängt. Sie klebt noch an dem geschälten Ast wie Blut. Sie fertigen aus ihm ein Kreuz an und hängen es Oskar statt der Schere um die Lenden.*

CASPAR: Jetzt siehste genau so giftig aus wie Onkel Pater.

DER BISCHOF *(zum Kaplan):* Sch! Mein Sohn – – –

LENCHEN: Ist dein Onkel im Kloster, Caspar?

CASPAR: Vater sagt immer, dort sitzt er, und dort soll er sitzen bleiben.

WILLY *(an seine Ehre gegriffen, da seine Eltern fromm katholisch sind):* Sing Vatter war man ein Ketzer.

*Caspar gibt Willy eine Watsche. Willy haut sie zurück.*

DORA *(unendlich lieb zu Fanny):* Aber in der Postkutsche guckt er sich die Augen nach deinem Fenster aus, Fannychen. Wahrhaftig, ich spreche die reine Wahrheit! Ich könnte Großvater Rabbi, wenn er noch lebte, in die Augen dabei sehen – –

*Fanny lächelt beglückt.*

*Die Kinder beginnen den Scheiterhaufen zu bauen, aus alten Blättern, dürrem Gras und Reisig.*

FANNY: Wie soll er aber wissen, wo meine Stube grade liegt?

DORA: Für dumm mußt du mich aber auch nicht halten, Fanny.

FANNY: Wieso?

DORA: Katharina und Elischen lauerten auf dich die halbe Nacht oft von unserem Fenster aus. Einmal flogen deine Scheiben auf, und dann schnappten sie wieder zu, einmal flogen sie auf, das andere Mal wieder zu – – »Sie hat ihm eine Rose zugeworfen«, rief einmal spät am Abend Katharina – *empört*.

FANNY: Du warst doch krank und schlummertest.

DORA: Zuletzt tat ich nur so und tanzte auch immer ein bißchen Polka mehr, wie ich mußte. Ich ging ja so *ungern* in die Schule, Fanny.

*Fanny lächelt wieder über ihr Glück.*

DORA: Wie du mich verstehst, Fanny.

*Beide gehen ins Haus.*

MAX *(heult, zu den Kindern)*: Meine Figuren, die ich im Sand formte, habt ihr zertrampelt.

LENCHEN *(im Ton der Mutter)*: Morgen formt Mäxchen wieder neue.

ALLE: Mäxken! Mäxken! Mäxken!

*Max spielt wieder mit den Kindern weiter. Das Spiel beginnt. Arthur Aronymus als Hexe Dora wackelt den Zaun entlang, alle Kinder hinterher, die die Leute von Gaesecke spielen, und kreischen das Hexenliedchen: »Maria, Joseph, es läutet so heiß – – –«*

WILLY *(mit seiner Trommel und)* CASPAR *(im Helm treten zu Oskar, dem Mönch)*: Geduld, gleich bringen wir sie Euch, heiliger Pater, und dann soll sie brennen wie im Fegefeuer!

*Arthur Aronymus klettert auf einen Zwetschgenbaum, und alle die Kinder, die die Leute aus Gaesecke spielen, rufen: »Hexlein, Hexlein, kömm herunger von däm Zwetschgenboom!« Sie schütteln den Baum, und dann singen sie wieder den Anfang des Liedes: »Maria, Jo-*

*seph – –« Bischof und Kaplan schleichen sich tiefer in den Garten und verbergen sich hinter den langen Haaren einer großen Weide.*

KAPLAN: Das Hexen-Mysterium von unschuldigen Kindern aufgeführt.

BISCHOF *(schlägt ein Kreuz über seine Brust, der Kaplan ebenfalls):* Wahrlich, ein erschütterndes Echo des Hexen-Aberglaubens.

KAPLAN: Seiner Gnaden energisches Eingreifen zur Stunde tat not.

ARTHUR ARONYMUS *(lauscht plötzlich auf, und dann alle, wie gehemmt):* Der Vatter kommt.

KAPLAN *(zum Bischof):* Vor dem hat er Angst.

*Bischof hält, weiter lauschend, die Hand liebreich vor des Kaplans Lippe. – Die Kinder haben sich geirrt in ihrer Annahme und spielen weiter. Ein tolles Durcheinander beginnt unter den Kindern. Lenchen-Mutter und Max-Vater jammern, und die Kinder, die seine Geschwister spielen, fliehen zu den andern Kindern, die die Gaeseckeaner Leute spielen.*

LENCHEN – MUTTER: O unser Kind! O unser Dorachen!

*Die Familienmitglieder ziehen sich jammernd auf die Stufen der Treppe zurück. Denn die Gaeseckeaner werden der Hexe habhaft, binden sie und schleppen sie vor den Mönch – Oskar.*

MÖNCH – OSKAR *(finster):* Nun haben wir den Teufelsbraten; bekenne, Hexe, und bereue sie ihre Zaubereien, sie Satansweib!

BISCHOF: Siehe da! *(Erstaunt über den Sadismus des kleinen Jungen.)*

ARTHUR ARONYMUS *(in Doras hoher Stimme):* Ich bin keine Hexe, ich bin keine Hexe!

KAPLAN *(zum Bischof):* Das ist der köstliche Junge.

ARTHUR ARONYMUS *(ganz hoch, er quietscht fast):* Ich bin Schülers Dora!

OSKAR: Das schert uns nicht; aber ich frage sie, den Teufelsbraten, will sie bereuen ihre Missetaten und sich reinigen in Jesu Blut? So soll sie nicht gebraten werden auf dem Scheiterhaufen, sie Ausgeburt!

ALLE: Scheiterhaufen! Scheiterhaufen! Scheiterhaufen!

*Und dann das Hexenlied: »Maria, Joseph – – –«*

KAPLAN *(zum Bischof):* Diese Sprache lehrte sie die verirrte Zeit.

*Alle springen wie kleine Teufel umher. Arthur Aronymus beißt dem Mönch in die Hand.*

OSKAR *(hart und voll Rache):* Schleppt sie zur Hölle!

*Sie schleppen Arthur Aronymus beim Gesang des Hexenliedchens »Maria, Joseph – – –« auf den Scheiterhaufen. Die Angehörigen stürmen plötzlich von den Stufen der Treppe herab hinter dem Mönch her. Lenchen-Mutter umklammert seine Lenden, die Geschwister fallen ihm zu Füßen.*

DIE FAMILIE: Gnade! Gnade! Gnade für unser Dorachen!

*Bischof schlägt wieder ein Kreuz gerührt über seine Brust. Arthur Aronymus steht gebeugt auf dem Scheiterhaufen, die Kinder tanzen um ihn. Auf einmal springt er über alle hinweg mit einem Satz, Doras Rock verlierend, den Mönch umreißend, vom Scheiterhaufen herunter – die tobende Schar hinter ihm her. Man kann die Worte nicht mehr verstehen.*

BISCHOF: Soll man weinen oder lachen? *(Und schon beginnt der Bischof mit einer solchen Wucht zu lachen, daß die Kinder in ihrer Raserei jäh stehenbleiben und lauschen. Kaplan über das Lachen in dieser eigentlich ernsten An-*

*gelegenheit verdutzt.)* Na, na, mein lieber Sohn in Christo, verarge er seinem alten geistlichen Bruder und Oheim nicht *(er klammert sich an des Kaplans Arm, um nicht vor Lachen umzustürzen)* ha, haha, ha, ha, da er kein Spielverderber ist, zumal aus dem Herzen des Kindes des Lachens Quelle entspringt – und – wie bitter sie des öfteren mündet.

*Kaplan will entgegnen, daß er Verständnis dafür habe, als schon eine Magd auf sie beide zutritt.*

MAGD: Eck sollt ens kieken, wer die beeden Figuren hinterm Weedenboom sin?

FRAU SCHÜLER *(folgt der Magd. Leichtfüßig ist noch ihre Gangart, jugendlich wiegt sie ihren Körper. Die Kinder versuchen sich zu verstecken, wie sie die Magd erblicken. Der Bischof kann sich noch nicht beruhigen):* Sehe ich recht – unser hochverehrter Herr Kaplan Michalski?

BISCHOF: Und sein alter Bischof –

KAPLAN: Seine Gnaden Matthias aus Paderborn, Madame Schüler *(küßt Frau Schüler die Hand. Der Bischof streckt gewohnheitsgemäß seine Hand zum Kusse dar.)*

FRAU SCHÜLER *(schlicht und liebenswürdig):* Diese Freude für mich und meinen Gatten und für meine Kinder und – *(sie sucht nach Arthur Aronymus)* wo ist er?

KAPLAN: Er hat ihn schon! *(Er hat Arthur Aronymus erfaßt und trägt ihn auf dem Arm dem Bischof hin.)* Lebendig hier!

FRAU SCHÜLER *(auf Arthur Aronymus zeigend, zum Kaplan):* Er ist ja wieder so wild geworden, seitdem sein vergötterter Herr Kaplan Bernard nicht mehr in unserem Gaesecke weilt.

BISCHOF: Und wir, sein Bischof, Madame, tragen die Schuld daran.

MAGD *(treibend, wie eine Herde, mit einer kleinen Rute in der Hand):* Nu man wacker in de Wannen, Pessah is schon da! Und ihr fremde Balgen, schert euch nach Haus!

*Bischof blickt den Kindern nach. Er muß wieder andauernd lachen.*

FRAU SCHÜLER: Heute abend beginnt unser Osterfest, und meinem Gatten und mir würde es zur größten Ehre und Freude gereichen, wenn Euer Gnaden und der uns allen unvergeßliche Herr Kaplan den Sederabend mit uns gemeinsam feiern wollten! –

BISCHOF *(galant, er wendet sich zum Kaplan):* Sein Bischof ist kein Spielverderber, antworte Er, mein lieber Sohn – der artigen Madame Schüler.

KAPLAN: Mit Freuden akzeptieren Seine Gnaden und meine Wenigkeit Madame Schülers liebenswürdige Einladung.

BISCHOF: Ja, gern sind wir beiden Einbrecher bereit, den frommen Osterbrauch mit dem Gatten und seiner liebenswürdigen Gattin und den – *(zum Kaplan)* Wieviel sind 's doch?

KAPLAN *(lachend):* Dreiundzwanzig?!

BISCHOF: Und den dreiundzwanzig Kindern zu feiern.

MUTTER: Und dem Zuwachs. *(Zum Kaplan gewandt)* Katharina hat sich vermählt, unsere zweite Tochter, und weilt mit ihrem Doktor seit gestern in ihrem Elternhause in Gaesecke. Auch Heinrich Menachems sind gekommen zum Feste *(sie zeigt auf den kleinen Mönch Oskar)* mit ihrem Söhnchen. Zwei Jahre ist er älter wie sein Onkel, unser Arthur Aronymus.

*Bischof schneidet dem Jungen ein finsteres Gesicht, wie Oskar es zu schneiden versteht.*

ARTHUR ARONYMUS *(beseligt über die Rückkehr seines Freun-*

*des):* Bernardchen, jetzt gehst du doch nie mehr wieder fort!?!

*Die Kinderschar zieht sich wie eine Herde vor der Magd zurück durch die hintere Pforte ins Haus. Das ganze Haus steht plötzlich im Kerzenglanz. Die Mutter geleitet die geistlichen Herren über die Freitreppe. Es ist dunkel geworden. Vor dem Gutshaus wird eine Laterne angezündet. Durch die Pforte tritt der sehr elegante Weinreisende Kissingen (Dr. Faust), nach ihm die geladenen armen sieben Juden der Gemeinde. Nach ihnen in gleicher Tracht die Brüder Ostermorgen, zuletzt kommt der Vater, im grauen Zylinder, höchst distinguiert durch die Pforte, durch den Vorgarten, über die Treppe ins Haus. Großer Frieden im Garten.*

## *Fünfzehntes Bild*

*Im Schülerschen Gutshause feiern im großen Eßraum den Sederabend des Pessahfestes:*
*Herr und Frau Schüler; ihre dreiundzwanzig Kinder: Heinrich Menachem, seine Frau Elfriede und beider Sohn, der zehnjährige Oskar; alle die anderen Kinder; Dr. Engelbrecht Vogelsang, Katharinas Gatte; der Bischof Matthias von Paderborn; der Kaplan Bernard Michalski; Monsieur Filigran, Inspektor des Schülerschen Gutshauses; der Weinreisende Kissingen; Alexander Ostermorgen; Siegfried Ostermorgen, die Söhne des Jugendfreundes von Herrn Schüler; sieben arme Juden der jüdischen Gemeinde in Gaesecke: Nachtwächter Altmann, Hausierer Zilinsky, Wanderbursche Nathanael Brennessel, drei Lumpenhändler Perlmutter, Josefje, ihr kleiner Neffe.*

*Tischordnung:*

*Am Kopfende der großen Tafel: Herr Gutsbesitzer Schüler, ihm gegenüber Bischof Matthias; an den Längsseiten, links: Fanny, Herr Kissingen, Dora, Arthur Aronymus, Lenchen, Max, Meta, Meta Luise, Berthold, Karl, Siegfried Ostermorgen, Bettina, Alexander Ostermorgen, Elischen, Titi, Frau Schüler; rechts: Alex, Eleonore, Julius, Meyerchen, Menachem, Oskar, Elfriede, Ferdinand, Albert, Margarete, Monsieur Filigran, August, Katharina, Dr. Vogelsang, Simeon, Kaplan Bernard.*
*An der kleinen Tafel sitzen die sieben geladenen armen Juden der jüdischen Gemeinde in Gaesecke.*
*Schneeweiß steht die Tafel feierlich gedeckt. Die großen und die kleinen Töchter tragen alle samtne Kleider und die kleinen Söhne Samtjacken.*

*Zwei brennende jüdische silberne Leuchter stehen auf dem Tisch vor dem Platz des Gutsbesitzers. Vor dem Platz des Gutsbesitzers steht eine große Schüssel mit drei ungesäuerten Broten, in eine Serviette gehüllt. Außerdem stehen auf dem Tisch vor dem Vater kleine Schüsselchen mit Rettich, Bitterkraut, Petersilie und harten Eiern in Salzwasser.*

HERR SCHÜLER *(mit weltmännischer Geste):* Bevor ich mit der Zeremonie beginne, gestatten mir Euer Gnaden und Herr Kaplan Michalski –

FRAU SCHÜLER: Der Schutzengel unseres Hauses – – –

KAPLAN: Er lieh mir nur sein Kleid.

HERR SCHÜLER *(fortfahrend, der Vater zeigt auf Alex im Krankenwagen):* Dieser liebste Jüngling, mein Sohn Alex, hat sich vor Jahren einen Katarrh zugezogen, von dem er in Bälde geheilt sein dürfte.

*Bischof lächelt liebreich dem Kranken zu.*

HERR SCHÜLER: Mir zur Linken – *(Fanny streift schnell den großen Spiegel an der Wand)* meine älteste Tochter Fanny, die ihren Sprachschatz erweiterte in einem französischen Pensionat voriges Jahr in Münster.

*Fanny und des Kaplans Auge treffen sich. Der Kaplan bemerkt ihre Korallenohrringe, sichtlich beglückt.*

HERR SCHÜLER: Neben meiner lieben ältesten Tochter Fanny Herr Kissingen aus Kissingen im Bayerlande. Ein erprobter Weinkenner.

*Der Bischof betrachtet ihn lange, überlegend.*

KAPLAN *(wie zu sich selbst sagend, aber Fanny liest es von seinen Lippen):* Der Doktor Faust – – –

HERR SCHÜLER: Hier unsere *heitere* Dora wieder! Sie wurde gestern sechzehn Jahre alt. *(Herr Schüler dankt mit weltmännischer Gebärde dem Bischof und dann dem Ka-*

*plan.)* Unser Lenchen, Arthur Aronymus sein treues Schwesterlein.

BISCHOF: Es erinnert mich unbedingt an dein gutes, sanftes Mütterchen, Bernard, dieses herzige Kind. *(Kleine Pause.)*

HERR SCHÜLER: Mein Max, unser angehender Bildner, Meta und Luise, unsere kleinen Zwillinge.

BISCHOF: Auf ein Haar – – –

FRAU SCHÜLER: Darum nennen wir die beiden Kinder, jedes von ihnen, einfach Meta.

HERR SCHÜLER: Karl, mein hoffnungsvoller Sohn, Herr Siegfried Ostermorgen. Unsere Bettina, Herr Alexander Ostermorgen, Siegfrieds Bruder, die Söhne meines Schulfreundes Ostermorgen aus Bochum. Meine drittälteste Tochter Elise, die Belesene, *(mit einer chevaleresken Geste auf seine Gattin zeigend)* meine, Seiner Gnaden schon bekannte, liebe Gattin, Frau Henriette.

FRAU SCHÜLER *(hebt das kleine Titichen an ihrer Seite in die Höhe):* Unser Kleinstes.

HERR SCHÜLER: Neben meinem Sohne Alex: Eleonore! Nach Goethes Eleonore fuhr ums Morgenrot.

BISCHOF *(zum Kaplan):* Zehn Eleonoren unter zwanzig kleinen Jungfrauen zählen die Priester unter den Firmantinnen.

HERR SCHÜLER: Mein dritter Sohn, unser Julius. In den Werken Goethes bewandert. Unser Meyerlein, Bauer will er mal werden! *(Mit großer Geste)* Augustus.

BISCHOF: Mit der strotzenden Stirn des Römers.

HERR SCHÜLER: Menachem, mein Erstgeborener und seine treue Gattin Elfriede und beider hoffnungsvoller Sohn Oskar.

*Bischof kräuselt finster wie der die Stirne in Falten.*

HERR SCHÜLER: Der liebe Berthold. Nach meinem einzigen

Bruder benamet. Unsere Margarete. Monsieur de Filigran, mein Inspektor. Meine zweitälteste geliebte Tochter Katharina und ihr Gatte, der Apotheker Dr. Engelbrecht Vogelsang aus dem Wuppertal; *(verlegen)* der Ärmste verlor vorigen Monat beide Eltern an einem Tag. Neben ihm mein zweiter Sohn Simeon, meine geistige Stütze. – Und nun wären wir endlich bei unserem hochverehrten Herrn Kaplan angelangt.

BISCHOF *(zum Kaplan, zeigt auf das kleine, ebenfalls feierlich gedeckte Nebentischchen der Tafel):* Und wer sind die?

HERR SCHÜLER *(flüstert):* Sieben arme Juden unserer Gemeinde! *(Herr Schüler stellt die sieben der Gemeinde vor.)* Wie es so Sitte ist am Sederabend bei uns Juden. *(Er weist auf den Nachtwächter.)* Der sorgliche Vater unseres Dorfes: Altmann! Er bläst mit seinem Horne allabendlich die Kinder Gaeseckes in den Schlummer. *(Er weist auf Brennessel.)* Unser Weltenbummler: Nathanael Brennessel! Ein nimmermüder Wanderer. *(Nathanael kichert.)* Pan nannte ihn der berühmte Vater meiner Gattin Henriette. *(Herr Schüler weist auf Lämmle Zilinsky.)* Lämmle Zilinsky aus Lemberg, unser Großkaufmann. Seine Ware kann ich mit gutem Gewissen empfehlen. *(Zilinsky reißt sich in der Schüchternheit fast die Knöpfe seines Kaftans ab. – Herr Schüler gnädig)* Meine drei lieben Freunde Perlmutter. Sie sammeln die Antiquitäten des Dorfes! Ihr kleiner Neffe, der Josef.

DER EINE DER DREI PERLMUTTER: Josefje, erheb dich!

BISCHOF *(zum Kaplan):* Antiquitäten?

KAPLAN *(lächelnd):* Drei Lumpensammler.

BISCHOF *(enthusiasmiert von der Demut des Hausherrn):* Wahrlich, wir sind bei einem Fürsten zum Mahle.

HERR SCHÜLER *(legt sein Gebettuch um die Schultern und betet):* Boruch ata adoney elohenu melech haolum hamozi lechan min haarez. (König der Welt, der hervorbringt das Brot aus der Erden.)

*Er liest aus der Hâggâdâ eine kleine Stelle vor, aus dem kleinen Osterbüchlein. Er wickelt die ungesäuerten Brote aus der Serviette, bricht sie in kleine Stücke; er tunkt das erste Stück in Salz, legt etwas von den Bitterkräutern darauf, erhebt sich und reicht es selbst dem Bischof. Das zweite Stück muß Arthur Aronymus holen, seinem Kaplan zu reichen. Arthur Aronymus ist sehr niedergeschlagen.*

BISCHOF: Mich dünkt, das Büblein, Bernard sein kleiner Freund, will heute abend nicht so recht mitmachen?!

FRAU SCHÜLER: Er wollte neben seinem lieben Herrn Kaplan sitzen, Euer Gnaden.

BISCHOF *(mit selbstverständlicher Anordnung des Tisches):* Da hat er recht! Schnell wechsle er seinen Platz mit dem älteren Bruder, damit wir keinen unzufriedenen Gast zwischen uns an der Tafel beherbergen.

*Der Bischof reicht gewohnheitsgemäß dem Kaplan seine Hand zum Kusse dar. Simeon, etwas unwillig, aber kultiviert beherrscht, erhebt sich und setzt sich auf Arthur Aronymus' Platz zwischen Dora und Lenchen. Arthur Aronymus strahlt die Mutter an, er und der Kaplan sitzen fortan Hand in Hand. Jedem von den Kindern und Gästen müssen die beiden Brüder Berthold und Ferdinand von dem in Salz getauchten ungesäuerten Brot reichen mit den bitteren Kräutern. Simeon und Julius sind dabei, die Gläser zu füllen mit Moselwein.*

FRAU SCHÜLER *(leise zu Elischen):* Wenn nur die Karpfen nicht kalt werden.

*Es stehen große zugedeckte Schüsseln auf der Tafel und in den Saucieren Rosinensauce.*

BISCHOF: Ich bitte unseren liebenswürdigen Gastgeber, nicht *ein* Wörtchen oder eine der gottalten Silben der Zeremonie des Heiligen Sederabends zu vergessen. Wir, Unser Gnaden, der Bischof Matthias, würden Uns Vorwürfe machen, Uns gar einbilden, der Störenfried des Festes zu sein, und *(zu Frau Schüler gewandt)* Wir möchten Uns *so* recht zu Hause fühlen.

FRAU SCHÜLER: Euer Gnaden, Herr Bischof, im Traume wäre es meinem Gatten und mir, seiner Gattin, nicht eingefallen, daß der Herr Bischof und der uns so willkommene zurückgekehrte Herr Kaplan mit unserer Familie gemeinsam dieses heilige Fest feiern werden.

BISCHOF *(breit lachend)*: Aber die liebreiche, jugendfrische Madame Mutter hat sich Uns, den Bischof Matthias von Paderborn, doch nicht gar als einen Duckmäuser vorgestellt!

*Bischof bewegt die Hände, als ob er sagen wollte: beileibe nicht. – Herr Schüler spricht noch einige Segensworte, er erhebt sich darauf und füllt das Glas des Bischofs selbst wieder mit dem Moselwein; er übergibt Simeon die Flasche. Der kleine Oskar blickt unverwandt, beinahe schon ehrgeizig, aber finster auf den Bischof.*

ARTHUR ARONYMUS *(zum Kaplan, der sich das Lachen verbeißt)*: Guck mal, Bernard, wie der Oskar *deinen* Bischof anguckt, mir wirklich unangenehm.

*Die Mamsell und die Clara, die im Eßraum warten, beginnen auf einen Wink der Mutter die Karpfen herumzureichen; zuerst reichen sie dem Bischof die Schlüssel. Bischof greift zu und sagt zum Kaplan:*

BISCHOF: Das wird deinem Oheim aber munden.

*Er freut sich wie ein Kind. Kaplan etwas verlegen.*

BISCHOF *(im Ton des Kindes, den Kindern zuzwinkernd): Immer* muß er sich ärgern über seinen bischöflichen Oheim; im Garten *schon* gab Er *ihm* Gelegenheit dazu.

*Die Kinder lachen frisch.*

KAPLAN: Aber Euer Gnaden!

BISCHOF: Noch vor einer Stunde, als der kleine mutwillige Matthias *(zu den Kindern im Einverständnis)* wieder so *recht herzlich* über die Schelme da *(er zeigt auf die Kinder am Tisch)* sich im Gutsgarten amüsierte. *(Der Bischof lacht plötzlich stürmisch, kaum kann er sich beruhigen.)* Aber daß mir das Hexenverbrennen fürder aufhört!!

KAPLAN *(demutsvoll):* Eine beglückende Stunde war 's Eurem geistlichen Sohn, Euer Gnaden so herzhaft lachen zu hören.

*Bischof reicht gewohnheitsgemäß wiederum dem Kaplan die Hand zum Kuß. Eine Ruhe tritt ein, sie essen alle mit Appetit den Fisch usw., bis der Bischof bemerkt, daß der Vater etwas Festliches sagen will, legt Messer und Gabel nieder, faltet die Hände und legt sie auf den Tisch, hebt aufmerksam den großen Kopf mit den runden lachenden Augen.*

BISCHOF: Der Herr des Hauses beginne. *(Er mahnt die kleinen Kinder mit seinem großen Finger.)* Wir lauschen andächtig seinem Wort.

HERR SCHÜLER: Eure Gnaden beliebten die stumme Frage an meine Wenigkeit zu richten betreffs der bitteren Kräuter. Sie symbolisieren gewissermaßen die Bitternis der Knechtschaft, die unser Volk erduldete im fremden Lande; das ungesäuerte Brot jedoch an den eilenden befreienden Auszug aus Ägypten.

*Die Leute am kleinen Tische beginnen zusammen zu murmeln, doch immer andächtig mit Maß und Ziel. Sie speisen wieder; auch alle an der großen Tafel.*

DER EINE DER DREI PERLMUTTER: Zwei Goyen am *Sederabend* *Seiniges?*

ZILINSKY *(schüchtern)*: Der neben dem Bischof ist a halber Jid.

BRENNESSEL: Mach ich nun wieder mal nach Paderborn, weiß ich, wo ich logier!

ALLE: Na wo?

BRENNESSEL: Im Dom bei Seiner Fürstlichkeit. Bei Emm!

*Weist mit dem Auge auf den Bischof.*

NACHTWÄCHTER *(philosophisch)*: Schwatz nicht. *Eene nüe Weltgeschichte beginnt!*

PERLMUTTER *(zu den Brüdern)*: Hol'n wir die alte mit unserm Hundekarren in de Häuser ab.

BISCHOF *(taucht wieder ein Stück ungesäuertes Brot in den Mosel. Dann zum Kaplan)*: Probable! *(Er nimmt von dem ihm gereichten Pudding.)* Tauche er, Bernardchen, sich auch einmal so ein Stückchen von dem heiligen ungesäuerten Brot in seinen Mosel.

*Er winkt den Kindern zu, jedem einzelnen, dasselbe zu tun.*

HERR SCHÜLER *(etwas verlogen, aber weltmännisch zu den armen Juden am kleinen Tisch)*: Nun, hat man euch, meine lieben Gäste, auch in *keiner* Weise vergessen?

ZILINSKY *(wickelt aus einem alten Zeitungsfetzen ein weißes Pelzkrägelchen und gestikuliert, bis Arthur Aronymus es bemerkt. Arthur tritt an seinen Tisch)*: Hat er mer doch seine Leckereien seine gebracht am christlichen Morgen Weihnacht, mit Tränli in die Oigen seine.

*Legt ihm, schüchtern lächelnd, das Krägelchen um den*

*Hals. Arthur Aronymus präsentiert sich zunächst dem Kaplan und dann der ganzen Gesellschaft.*

KAPLAN *(mit gesenktem Kopf zu Arthur Aronymus):* Wolltest dus nicht von mir annehmen?

ARTHUR ARONYMUS: Ich weiß nicht, Bernhardchen!

FRAU SCHÜLER: Herr Lämmle Zilinsky, das ist aber rührend von Ihnen! Betrachte der Herr Vater das kostbare Geschenk!

*Die Mamsell reicht noch einmal dem Bischof die Speise, dann allen am Tisch.*

BISCHOF: Prächtig, prächtig. Der Bischof ist kein Kostverächter, verehrte Mamsell!

OSKAR *(plötzlich hart und finster):* Ich werde ein Mönch.

BISCHOF *(zu gleicher Zeit, zum Kaplan gewandt):* Was sagt er?

MENACHEM: Sch!

BISCHOF: Wie oft diskutierten wir und der große Rabbuni von Rheinland und Westfalen bis spät in den Nächten über tief religiöse Probleme.

FRAU SCHÜLER: Und nun ruht mein armer Vater einsam in der Erden – – –

BISCHOF: Gottes Wege sind unerforschlich, sein Tun uns ein ewiges Rätsel.

ARTHUR ARONYMUS *(stark, wie aus einem Medium äußert sich aus ihm die Stimme des Rabbis):* Der Rabbuni ist nicht einsam – – – *er ist versammelt mit den Vätern.*

*Alle auf das tiefste erschüttert, selbst der Vater. – Pause. – Arthur Aronymus, zu sich gekommen, rennt verblüfft aus dem Eßraum.*

BISCHOF: Diese Wahrheit suchte sich zu entströmen, ein reines Kinderherz.

*Frau Schüler stehen Tränen im Auge. Der Kaplan eilt hinter Arthur Aronymus.*

KAPLAN: Ich werde ihn wiederholen.

BISCHOF: Unser lieber Kaplan Bernard liebt den Jungen. Ich kanns verstehen.

*Frau Schüler dankt dem Bischof. Fanny verläßt ebenfalls den Eßraum, die Schwestern Katharina und Elise wechseln verständnisvolle Blicke.*

BISCHOF *(zu Simeon, der ihm wieder vom Weine eingießt):* Mit Fürlieb, Herr Mundschenk. So ein Tropfen »fließende goldene Sonne« – – sagt unser zeitloser westfälischer Poet: Peter Hille. – Heilig soll er gesprochen werden. *(Kleine Pause. Der Bischof bemerkt den leeren Platz, wo Fanny gesessen, und sich wie ein Vater um die Situation kümmernd)* Ei, ei, was trieb die schöne Jungfer von der Tafel? – *(Kleine Pause)* – Hier hätte unser Bernard für ein Bändchen anmutiger Poeme wohl reichlich Stoff gefunden. –

ELISCHEN *(verlegen):* Ich dachte mir, daß der Herr Kaplan Gedichte schreibt.

BISCHOF *(etwas ernst):* Heiligengedichte ab und zu – in der hohen Würde seines Seelenamtes. Er soll uns gleich eins deklamieren.

*Kaplan und Arthur Aronymus treten wieder in den Eßraum, der Kaplan hält einen großen Baukasten unter dem Arm. Arthur Aronymus baut, gedeckt vom Kaplan, einen weiten Dom auf den Boden des Raumes. Der Bischof bemerkte nicht, daß die beiden zurückkamen; mit Herrn Kissingen beschäftigen sich seine Gedanken.*

BISCHOF: Nun dämmerts Uns!! Wie gehts dem alten Señor Giacomo seinem Pappa und seinem allerliebsten Schwesterlein, der kleinen Señorita Jeannetta?

KISSINGEN *(verbeugt sich mit spanischer Grandezza):* Mein alter Señor und ich, sein Sohn, erinnern uns mit besonderer Genugtuung des hohen Besuches.

BISCHOF *(des Bischofs Augen begegnen Herrn Schülers Augen bedeutungsvoll):* Ein salomonisch reicher Weinbauer, des jungen Señors Vater – – –

KISSINGEN: Bestattete den alten Adelsmann resigniert in Bayerns Erde.

BISCHOF *(liebenswürdig drohend): Aber* es blieb ihm der Dünkel des spanischen Juden, dem Pappa Giacomo! Ists so, mein junger Freund?

*Fanny tritt ins Zimmer, stellt sich hinter den Stuhl der Mutter. Draußen vor dem Hause erheben sich Stimmen.*

FRAU SCHÜLER *(zu Fanny):* Du bist so echauffiert?

KAPLAN *(tritt an den Tisch und sagt zum Bischof):* Den Dom hat mir der kleine Schelm gebaut, Herr Oheim Bischof.

BISCHOF *(betrachtet mit Bewunderung die Großzügigkeit des kindlichen Baus):* Potz Tausend! Komm er *(er winkt Arthur Aronymus)* zum Bischof Matthias einmal. Wir möchten dem großen Baumeister die Hand drücken. *(Die Eltern sehr geschmeichelt. Bischof in erhobenem Ton)* Ich segne das alte Volk Israel! Jedes seiner Kinder versinnbildigt so eine kleine Thora in samtnem Tragkleide, aber eine von den kleinen Thoraim trägt Silberschellen um den Hals. Mich dünkt, *(er streichelt die Haare Arthur Aronymus')* die ist 's!

*Bischof umarmt Arthur Aronymus. Alle sind tief gerührt.*

BISCHOF: Ja, ja, Frau liebreiche Mutter Henriette, der greise *(er sieht sich überall um, ein Veto erwartend)* Bischof weiß Bescheid, auch im Reliquienschrein des Judentums.

*Er reicht gewohnheitsmäßig Frau Schüler die Hand zum Kuß. Arthur Aronymus springt wieder zum Kaplan heran, der feierlich entzückt das kleine Gotteshaus bewundert. Jäh setzt Arthur Aronymus im Übermut über den Dombau, daß die Klötze nur so herumfliegen. Der Kaplan bleich und konsterniert. Der Bischof merkt den Vorgang.*

BISCHOF: Nun ist er dir wahrlich entkommen, armes Bernhardchen! Aber tröste dich, mein guter Sohn in Christo, der alte Gott Israels läßt die Seelen seiner Kinder nicht im Stich!

FRAU SCHÜLER *(neigt dankbar bejahend den Kopf):* Und mit einem bißchen Liebe gehts schon, daß Jude und Christ ihr Brot *gemeinsam in Eintracht brechen,* noch wenn es ungesäuert gereicht wird. *(Draußen lärmen die Leute jetzt grenzenlos und rufen zu gleicher Zeit mit drei Mägden, die in den Eßraum eilen)* Sie wollen ihren Bischof sehen!

LEUTE *(draußen):* Wir wollen unsern Bischof sehen!!!

MÄGDE: Partout!

*Bischof erhebt sich mächtig. Katharina ist dabei, die Tür zu öffnen, die zur Terrasse führt. Alle haben sich erhoben, um dem Bischof zu folgen, nur Fanny hält die Mutter zurück. Kissingen wartet in der Nähe Fannys wie ein Kavalier.*

FANNY: Mutter, denk mal, armes Mädchen hat er mich genannt! Ich, die schöne Fanny, ein armes Mädchen?

KISSINGEN: Die Blume von Westfalen?

*Er ahnt, eifersüchtig.*

FANNY *(durch seine Bestätigung noch empörter):* Ein armes Mädchen, ich? *(Lacht höhnisch auf)* Der affi– der Kaplan, nennt *mich* armes Mädchen!?!

FRAU SCHÜLER *(zuckt mit der Schulter):* Wieviel Herzblut mag ihm das gekostet haben! Aber Fanny!

*Sie eilt auf die Terrasse.*

KISSINGEN *(tritt auf die nachsinnende verstummte Fanny zu und dann begeistert):* Soll ich ihn fordern auf spanische Säbel, holde Jungfer Fanny?

*Er führt sie am Arm auf die Terrasse.*

DIE LEUTE *(das ganze Dorf muß man hören von draußen, jubeln dem Bischof zu, und dann singen sie das Lied)* Nun danket alle Gott! *Dorfmusik, Trompete, Waldhorn usw., Trommeln, Flöten, Harmonika.*

Ende

## *Fünfzehntes Bild*

(Bühnenfassung Zürich 1936)

*Im Schülerschen Gutshause feiern im großen Eßraum den Sederabend des Pessahfestes:*

*Herr und Frau Schüler; ihre dreiundzwanzig Kinder: Heinrich Menachem, seine Frau Elfriede und beider Sohn, der zehnjährige Oskar; alle die anderen Kinder; Dr. Engelbrecht Vogelsang, Katharinas Gatte; der Bischof Matthias von Paderborn; der Kaplan Bernard Michalski; Monsieur Filigran, Inspektor des Schülerschen Gutshauses; der Weinreisende Kissingen; Alexander Ostermorgen, Siegfried Ostermorgen, die Söhne des Jugendfreundes von Herrn Schüler. Die sieben armen Juden der jüdischen Gemeinde in Gaesecke: Nachtwächter Altmann, Hausierer Zilinsky, Wanderbursche Nathanael Brennnessel, die drei Lumpenhändler Perlmutter, Josefje, ihr kleiner Neffe.*

*Schneeweiß steht die Tafel feierlich gedeckt. Die großen und kleinen Töchter tragen alle samtne Kleider und die kleinen Söhne Samtjacken.*

*Zwei brennende jüdische silberne Leuchter stehen auf dem Tisch vor dem Platz des Gutsbesitzers, ferner eine große Schüssel mit drei ungesäuerten Broten, in eine Serviette gehüllt. Außerdem stehen auf dem Tisch vor dem Vater kleine Schüsselchen mit Rettich, Bitterkraut, Petersilie und harten Eiern in Salzwasser.*

*Es beginnt mit einem Chorgesang oder der Zeremonie der bitteren Kräuter und des Brechens der Mazzoth. Am Ende der Zeremonie wendet sich Schüler an den Bischof.*

SCHÜLER: Euer Gnaden beliebten, die stumme Frage an meine Wenigkeit zu richten, betreffs der bitteren Kräuter? Sie symbolisieren gewissermaßen die Bitternis der Knechtschaft, die unser Volk erduldete im fremden Lande. Das ungesäuerte Brot jedoch den eilenden befreienden Auszug aus Ägypten. *(Falls vorher die Zeremonie der zehn Plagen ausgeführt wurde, spricht Schüler noch folgenden Satz)* Und dem Becher der Freude entnahmen wir zehn Tropfen, als Zeichen der Betrübnis über die zehn Plagen, die der Herr unser Gott den Ägyptern auferlegte.

*Die Leute am kleinen Tisch beginnen zusammen zu murmeln, doch immer andächtig mit Maß und Ziel.*

DER EINE DER DREI PERLMUTTER: Zwei Gojim am Sederabend seinigem?

BRENNESSEL: Mach ich nun wieder mal nach Paderborn, weiß ich, wo ich logier.

ALLE: Na wo?

BRENNESSEL: Im Dom, bei Seiner Fürstlichkeit. Bei Emm!

*Weist mit dem Auge auf den Bischof.*

NACHTWÄCHTER *(philosophisch):* Schwatz nicht. Eene nüe Weltgeschichte beginnt.

PERLMUTTER: Hol'n wir die alte mit unserm Hundekarren in de Häuser ab.

BISCHOF *(zum Kaplan):* Wer sind die?

SCHÜLER *(flüstert):* Sieben arme Juden unserer Gemeinde. Wie es so Sitte ist am Sederabend bei uns Juden. *(Er weist auf den Nachtwächter.)* Der sorgliche Vater unseres Dorfes: Altmann. Er bläst mit seinem Horne allabendlich die Kinder Gaeseckes in den Schlummer. *(Er weist auf Brennessel.)* Unser Weltenbummler: Nathanael Brennessel, ein nimmermüder Wanderer. *(Nathanael kichert.)* »Pan« nannte ihn der berühmte Vater meiner Gattin Henriette. *(Herr Schüler weist auf Lämmle*

*Zilinsky.)* Lämmle Zilinsky aus Lemberg, unser Großkaufmann. Seine Ware kann ich mit gutem Gewissen empfehlen.

*Zilinsky reißt sich in der Schüchternheit fast die Knöpfe seines Kaftans ab.*

SCHÜLER *(gnädig):* Meine drei lieben Freunde Perlmutter. Sie sammeln die Antiquitäten des Dorfes! Ihr kleiner Neffe, der Josef.

DER EINE PERLMUTTER: Josefche, erheb dich!

BISCHOF *(zum Kaplan):* Antiquitäten?

KAPLAN *(lächelnd):* Drei Lumpensammler.

BISCHOF *(enthusiasmiert von der Demut des Hausherrn):* Wahrlich, wir sind bei einem Fürsten zum Mahle.

ZILINSKY *(wickelt aus einem alten Zeitungsfetzen ein weißes Pelzkrägelchen und gestikuliert, bis Arthur Aronymus es bemerkt. Arthur tritt an seinen Tisch):* Hat er mir doch seine Leckereien seine gebracht am christlichen Morgen Weihnacht, mit Tränli in die Oigen seine.

*Legt ihm schüchtern lächelnd das Krägelchen um den Hals. Arthur Aronymus präsentiert sich zunächst dem Kaplan und dann der ganzen Gesellschaft.*

FRAU SCHÜLER: Herr Zilinsky, das ist aber rührend von Ihnen. Betrachte der Herr Vater das kostbare Geschenk!

KAPLAN *(mit gesenktem Kopf, zu Arthur Aronymus):* Wolltest du 's nicht von mir annehmen?

ARTHUR ARONYMUS: Ich weiß nicht, Bernardchen.

FRAU SCHÜLER: Euer Gnaden, Herr Bischof, im Traume wäre es meinem Gatten und mir nicht eingefallen, daß der Herr Bischof und der uns so willkommene, zurückgekehrte Herr Kaplan mit unserer Familie gemeinsam dieses heilige Fest feiern werden.

BISCHOF *(breit lachend):* Aber die liebreiche, jugendfrische

Madame Mutter hat sich uns, den Bischof Matthias von Paderborn, doch nicht gar als einen Duckmäuser vorgestellt? Wie oft diskutierten wir und der große Rabbuni von Rheinland und Westfalen bis spät in den Nächten über tief religiöse Probleme.

FRAU SCHÜLER: Und nun ruht mein armer Vater einsam in der Erden – – –

BISCHOF: Gottes Wege sind unerforschlich, sein Tun ein ewiges Rätsel.

ARTHUR ARONYMUS *(stark, wie aus einem Medium äußert sich aus ihm die Stimme des Rabbi):* Der Rabbuni ist nicht einsam. *Er ist versammelt mit seinen Vätern.*

*Alle aufs tiefste erschüttert, selbst der Vater. Pause. Arthur Aronymus, zu sich gekommen, rennt verblüfft in eine Ecke des Raumes.*

BISCHOF: Diese Wahrheit suchte sich zu entströmen, ein reines Kinderherz.

*Frau Schüler stehen Tränen im Auge. Der Kaplan eilt zu Arthur Aronymus und bringt ihn langsam an den Tisch zurück.*

BISCHOF *(umarmt Arthur Aronymus):* Ich segne das alte Volk Israel! Unser Herr Jesus sagte in Kapharnaum: »Viele werden von Osten und von Westen kommen und mit Abraham, Isaak und Jakob im Himmelreiche zu Tische sitzen.« Jedes der Kinder Israels versinnbildlicht so eine kleine Thorah im samtenen Tragkleide, aber eine von den kleinen Thoroth trägt Silberschellen um den Hals. Mich dünkt *(er streichelt die Haare Arthur Aronymus'),* die ist 's!

*Alle sind tief gerührt.*

BISCHOF *(zum Kaplan):* Er ist dir wahrlich entkommen, armes Bernardchen. Aber tröste dich, mein guter Sohn in

Christo, der alte Gott Israels läßt die Seelen seiner Kinder nicht im Stich!

FRAU SCHÜLER *(neigt dankbar bejahend den Kopf):* Und mit einem bißchen Liebe gehts schon, daß Jude und Christ ihr Brot *gemeinsam in Eintracht brechen,* noch wenn es ungesäuert gereicht wird.

ARTHUR ARONYMUS *(leise zum Kaplan):* Guck mal, Bernard, wie der Oskar deinen Bischof anguckt.

OSKAR *(hart und finster):* Ich werde ein Mönch!

BISCHOF *(lacht plötzlich stürmisch, kaum kann er sich beruhigen):* Aber daß mir das Hexenverbrennen fürder aufhört!

*Alle lachen – das Lachen der Kinder übertönt alles. In das Lachen setzt Schüler kräftig ein, seine Söhne unterstützen den Gesang: zwei Strophen des Liedes »Lecho ulecho«. Nach der zweiten Strophe hört man draußen den ungestümen Lärm der Menge. Die Leute rufen: »Wir wollen unsern Bischof sehen.« – Gleichzeitig eilen in den Raum*

DREI MÄGDE *(zugleich):* Sie wollen ihren Bischof sehen!

*Der Bischof erhebt sich mächtig. Alle stehen auf. Der Bischof schreitet mit dem Kaplan, Arthur Aronymus zwischen sich führend, zur Türe der Terrasse, die ihm geöffnet wird. Herr Schüler, Frau Schüler und die älteren Kinder folgen ihm. Im Raum bleiben nur die armen Juden und einige kleine Kinder.*

BISCHOF *(auf der Terrasse zur Menge sprechend):* Meine geliebten Brüder und Schwestern in Christo! Von tiefer Freude ist mein Herz bewegt. In dieser Stunde, in der ich als Mittler stehe zwischen euch *vor* diesem Hause und denen *in* diesem Hause, erfüllt sich mir das Wort unseres heiligen Apostels Petrus, der da sagte: »Gott sieht nicht auf die Person, vielmehr ist ihm in jedem Volke wohlgefällig, wer ihn fürchtet und recht tut.«

*Choral: »Großer Gott, wir loben dich.« Dorfmusik, Trompete, Waldhorn, Trommeln, Flöten, Harmonika. Während der Choral gesungen wird und im Saale langsam die Lichter verlöschen, fällt der Vorhang.*

Ende

# ICHUNDICH

Eine theatralische Tragödie in sechs Akten,
einem Vor- und einem Nachspiel

*Personen:*

DER BAAL
KÖNIG SAUL
KÖNIG DAVID
KÖNIG SALOMO
DIE DICHTERIN
FAUST (Aribert Wäscher)
MEPHISTO (Karl Hannemann)
MARTHE SCHWERDTLEIN
DIE VOGELSCHEUCHE
DIE DREI RITZ BROTHERS
DER REGISSEUR MAX REINHARDT
DER WIRTSCHAFTLICHE DIREKTOR
DER THEATERARZT
DIE KRITIKER
DER CHEFREDAKTEUR GERSHON SWET
DER ZUSCHAUER
EIN GELEHRTER
ZWEI JUNGFRAUEN
PUBLIKUM
MARINUS VAN DER LUBBE
ADOLF HITLER
HERMANN GÖRING
JOSEPH GOEBBELS
JOACHIM VON RIBBENTROP
HEINRICH HIMMLER
ALFRED ROSENBERG
BALDUR VON SCHIRACH
RUDOLF HESS
ROBERT LEY

NAZISOLDATEN

TEUFELSDIENER

TANZTEUFEL UND TANZTEUFELINNEN

*Die ersten fünf Akte spielen in der Hölle bzw. in einem Theater im Höllengrund am Davidsturm in Jerusalem, der sechste Akt spielt im Garten eines Augenarztes in Jerusalem.*

## VORSPIEL

*Die Dichterin des Schauspiels spricht zu ihrem Begleiter auf dem Weg zum Theater, zu hören hinter dem Vorhang der Bühne.*

DIE DICHTERIN: Es war vor zehn und einhalb Jahren in der gottverlassenen Nazistadt –
Ich flog, ein leichtverhangener goldener Ball,
Unsichtbar durch Mordgeheul kopfüber jedem Spreevasall.
Seitdem betrachte ich mich gern nach höherer Weltanschauung,
Und nicht wie du mich, überkluger Bürger, einschätzt,
Mein Gefieder und die Geierfeder – (vor Federdieben wird gewarnt!),
Mit der ich schreibe hier mit meinem Blut auf rostiges Papyrusleder.
Lieber würde ich mein Manuskript auf mein vergilbtes Herzblatt schreiben –
Doch hielt ein jeder mich gekauft in seiner Hand.
Mir ist an seinem Urteil teils gelegen –
Das heißt: entzückte ihn mein Buch auf seinem Bücherstand.
Wir würden schließlich beide – buchverwandt.
Ach, ich bin müde, liebe Gäste im Parkett, im I. Rang und in den Logen einlogierte Herrn und Damen
Und ihr Besucher unbemittelte auf dem Olymp.
Ich weiß, man kann sein ganzes Leben nicht, wohl dann und wann,
Im Nest an steiler Felswand hausen,

Rücksichtslos von sturmgebrausen Novembertagen
hin und her gehetzt,
Vom faunigen Schalk verliebter Frühlingsspiele
willkürlich zerfetzt,
Zuguterletzt der heißen Julitage Dolchen ausgesetzt.
... Mich führte in die Wolke mein Geschick – ...
Du wunderst dich, daß nach dem Silbertrank
Ich heimgekehrt in euren Erdenschrank.
Für eines Dichters unbegrenzten Traum
Hat wahrlich eure Welt gezimmerte nicht Raum.
Verzeih die Überhebung, mein Begleiter,
Ich führe ja ein höheres Leben –
Lichtlose Nächte zünden sich an meinem Glück!
Es gehen die Sterne auf in meinem Blick –
Vor Sternenjahren weilte ich auf Erden schon!
Und nur mein Vers war keine Illusion!
Geleite weiter treu mich zum Theater durch die
Gassen,
Verlassen wir die offene Stadt frühzeitig wie am
Werktag.
Auch geht die Turmuhr müde wie die meine nach!
Es funkeln schon an Häusern die Plakatenträume
Von rechts nach links und tauschen hin und her
Ihr Licht wie Schüttelreime.
Ein Hexensabbat sprüht mir gerade ins Gesicht,
Genau wie ich ein Bild beschaue dichtend mystisch im
Gedicht,
So folge mir, my dearest friend, zunächst ins Vesti-
bül –
Und lausch vor meiner Herzensbühne im Parkett
mein Höllenspiel.
*Die Dichterin pfeift und singt leise bewegt den*

*Schluß: »Muß i denn, muß i denn zum Städtli hinaus, Städtli hinaus – und du, mein Schatz, bleibst hier . . .« Der Vorhang öffnet sich langsam. Kleine Pause zuerst. Im Orchester spielt eine einfache Drehorgel die letzte Strophe: »Muß i denn, muß i denn zum Städtli hinaus«.*

## *1. Akt*

*In der Nähe des Davidturms, von alteingesessenen Palästinesern benamten Höllengrund. In der steinern abgebröckelten alten Königsloge sitzen auf Prunksesseln unheimlich bewegungslos, bunt und golden angemalt wie die Figuren eines Panoptikums, die Könige Saul, David und Salomo. In der Direktorenloge Direktor Max Reinhardt, aus Hollywood nach Jerusalem zur Inszenierung gebeten. Ihm gegenüber the three american Komiker brothers Ritz. Der Theaterarzt setzt sich gerade noch frühzeitig auf seinen Platz. Die Kritik armverschränkt. Sie begrüßen sich vor dem Spiel.*

*Die Spielenden:*

*Der Teufel,*

*Doktor Faust,*

*Frau Marthe Schwerdtlein,*

*Stimmen aus dem Publikum: Adon Redakteur Swet etc., 2 Jungfrauen,*

*Die Dichterin der Tragödie,*

*Die Nazis und ihre Anführer,*

*Der Baal.*

*Vor dem Publikum tritt die Dichterin der abenteuerlichen Tragödie.*

DIE DICHTERIN: Aus stiller Ewigkeit, die nicht
in Wort und Tat zu inkarnieren,
Komm ich in die von euch erschaffene Welt at home
zum weekend heute,
In eure mir vergällte Erdenwelt, verehrte Leute,

Von sternblitzender Lippe ins schlaffe Maul der
Lauheit heimlich heim;
Ein begossener Pudel und wiederum aus
– Menschlichkeit.
Doch nicht allein aus diesem Grunde, Publikum –
Die Menschenseele kann aus Gottes Gründen
(Ja, alle Seelen, die sich noch im Hause leiblicher
Gefangenschaft befinden,)
Nicht im Himmel Ruhe finden,
(Der gar nicht von der Erde allzuweit),
Sehnt sich doch auch des Dichters Inspiration im
Raum des kalten Wortes Ton
Zur blauen Wolke wieder aufzusteigen.

*Im Orchester einige Drehorgeln spielen plötzlich vernehmender.*

Höret, Publikum, die Mordgeschichte,
Die ich an mir in finsterer Nacht vollbracht!
Und da die Wahrheit ich berichte, wenn ich dichte,
Laßt allen Zweifel außer Acht!
Es handelt sich nicht etwa um Gesichte,
Da ich mich teilte in zwei Hälften kurz vor
Tageslichte,
In zwei Teile: IchundIch!

GEWERETH *(aus dem Publikum)*: Somnambul – – –

DIE DICHTERIN: Wenn dem en face begegnet sein
Profil,
Und dem Profil begegnet sein en face.
Ich blute noch im Rahmen exclusiv,
Denn ich erhörte mich, da ich nach mir zeitlebens rief,
Und bin von grenzenloser Einsamkeit befreit!
Da ich und ich im Leben nie zusammenkamen,

Erreichten meine beiden Hälften dieses kühne
Rendez-vous in kurzer Zeit.
Wir haben, wie mein Publikum erfahren wird,
Zu mimen ungeheuerlich Genie,
Und da vermischt im dunklen, engen Leibe nie,
So auf der weiten Bühne werden wir uns finden,
Zwischen Tugenden und Sünden,
Geklärt zum Schluß sich ich und ich verbinden!
Wie es bestimmt doch einmal so in aller Stille
Nach höherem Testamentes Wille!

*Kleine Pause.*

Attention!
An meine teure Mutter diese Zeile,
Der Goethehochverehrerin: sie ist
Die Patin meiner beiden Hälftenteile.
Verehrtes Publikum, du gähnst aus einem Munde –
Warum die Ouvertüre auch mit Poesie verziert?
Vernimm von mir direkt die Kunde:
Satanas aller Teufel Teufel hat – kapituliert!

*Die Dichterin bemüht sich vergebens weiter zu berichten.*

ADON SWET: Ich hätte längst gebracht den Fakt!

*Die Dichterin bemüht sich vergebens weiter zu berichten.*

ADON SWET: Der Bericht ist eine Ente!

STIMME *(aus dem Publikum)*: Für die Katz!

DIE DICHTERIN: Sie unterbrachen, Adon Swet, schon zweimal meinen Satz!

EINE DER ZUSCHAUERINNEN: Von der Dingsda!

DIE DICHTERIN: Ich sprach im Leben, noch vom Rand der Bretter

Die Wahrheit nackter noch als nackt! Sowohl in Prosa als in Versen!

EIN GELEHRTER: Versen ... Wenn ich bitten darf ...

STIMMEN *(aus dem Publikum):* Holland verloren! Belgien perdu, Frankreich, Dänemark, Norwegen ...

ADON SWET *(das Publikum beruhigend):* Haarez hätte längst gebracht den Fakt!

DIE DICHTERIN: Adon Swet, Sie haben sich geirrt in dem, was ich noch nicht gesagt: Satanas aller Teufel Teufel hat kapituliert! Jawohl! Jedoch vor Gott dem Herrn, im vierten Akt!

KÖNIG DAVID *(erhebt sich unbewegt):* Gelobt seist du Ewiger, – König der Welt – Baruch atto adoneu melech haolom ...

*Der Vorhang fällt, geht aber sofort wieder auf.*
*Das eigentliche Spiel beginnt.*
*Mephisto lehnt am roten Weingerank der Terrasse seines Höllenpalastes.*

MEPHISTO: Schrieb ich auch nicht in Jamben und Trochäen meine teuflischen Ideen, so bin ich es gewesen, der sie inszeniert.
*Doktor Faust gleichgültig.*

MEPHISTO: Hab ich dich etwa vor den Biedermeiern damalig blamiert, Herre Doktor Faust? Sag an, was wars, Heinrich, das dir mißfiel? Vielleicht der übertriebene Stil der teuflischen Kulisse? –
Setz dich, mein Freund, ich bin nervös, und endlich Zeit wird es, daß ich die Gründe deines Ingrimms wisse.

FAUST: Die Teufel, die Ihr auf die Welt gesandt, berichten, mein Drama ersten Teil und auch den zweiten, hat man in Weimar auf dem Marktplatz johlend ein für alle Mal verbrannt.

*Kleine Pause.*

MEPHISTO: Ich roch es, armer Freund, ich rieche gern verkohlte Bücherseiten, und die mit deinem Vers genieß ich schon von weitem. *(Nach kurzer Pause)* Kein Grund zum Grübeln, Doktor Faust, das Testament, von *Gott* geschrieben, brannte ebenfalls, der erste und der zweite Teil der Bibeln.

FAUST: Ja, bis in den Nächten spät beschäftigt mich, verzeiht mir, im Gebet, ob Erd und Himmel und die Hölle wirklich Gott erschaffen, sich nicht gebildet irgend vorbildlich –

MEPHISTO *(zynisch)*: Äußerst dauerhaft –

FAUST: Im Menschgenie gar nur besteht, ich mein, die Welt – – Was glaubt das Publikum? Es wär phantastisch, in der Menschenphantasie? In der Menschenphantasie?

MEPHISTO: Die obdachlosen Kinder Adams lebten schon, vertrieben aus der Edenwelt, in ihrer Weltenillusion!

FAUST: Und du, Mephisto, dunkler Mann?

MEPHISTO: Myself fragst du – ich kroch schon auf des Ewigen Plan in meiner Heimat Finsternis. *(Prahlerisch)* Und Gottes Erdreich starb an meinem Schlangenbiß.

FAUST: Nun komm ich ganz aus dem Geleis, mein Fürst.

MEPHISTO: Es dreht gesamte Menschbillion wie du verirrend sich, da sie den Weg nicht weiß, im Kreis.

FAUST: Und thront der Ewige noch auf Seinem Thron?

MEPHISTO: Ich weiß nichts Sicheres davon. *(Nach einer kleinen Pause)* Nun aber frag ich dich, Herre Doktor

Faust, höflichst und ergebenst, warum erschuf den Teufel Er, mich aus Schlamm und Hohn, ja, für zeitlebens?

FAUST: Du dauerst mich, Mephisto ...

MEPHISTO: Doch kam der Mensch aus besserem Warenteig beileibe auch nicht schmackhafter davon. Schau ich ihn an, bekomme ich das Reißen, mein bester Heinrich! Du sowohl wie ich, wir mußten alle in den sauren Apfel beißen. *(Nach einer kleinen Pause)* Er schmeckte Adam Kadmon gut und heute noch nach Sündenflut, Tod und Vernichtung –

FAUST: Und überall nur Finsternis und nirgends Lichtung –

MEPHISTO: Nirgends! Und suchte sie wie du – denn ich bin, Herre Faust, ein Mensch wie du!

FAUST *(erstaunt)*: »Und kommst du noch zur letzten Stunde,« sagt der Herr, Herr – *(aufatmend)*

MEPHISTO: Die Heimkehr dachte sich die Welt zusamm, bevor sie auf die Welt noch kam.

FAUST: Verwegener Spötter aus dem Ur, der sich –

MEPHISTO: Erhalten treu –

FAUST: In gottverlassener Natur.

MEPHISTO: Treuloses Ebenbild nach Gottes Ruf, wie du, mein Freund, kommt unter meinen Pferdefuß.

FAUST: Warum das böse Spiel, Mephisto, Teufelsmann?

MEPHISTO: Bereust du etwa deinen Bann?

FAUST: Ich bin ihm nicht gewachsen–

MEPHISTO: Gott zum Gruß! Ein trautes Häuschen aus Zement kauft jeder Bürger gern für ewiges Element! Denn Element erzeugt dem Zwerglein Haß! Das heißt: Allübergroße Kraft ihm Sorge schafft!

FAUST: Wie mich dein Reden, Fürstlichkeit, beschämt –

MEPHISTO: Ich hoffe stark, daß nur vorübergehend dich der Schöpfung ungeklärtes Überbleibsel lähmt.

FAUST: Ich bin beschämt –

MEPHISTO: Ich fühle deine Herzensnot und werde mit dir auf der Wange deines Herzens rot, *(schmeichelnd)* wie das Jungfräulein Anno 80 beginn ich schämig mit dir, Heinrich, zu erröten ...

FAUST: Spielt Satan etwa unzart an auf Margarete?

MEPHISTO *(lügnerisch)*: Dein Irrtum, Faust, stimmt mich betreten –

FAUST *(zur Seite für sich)*: Mein Gott, ich trotzte der Versuchung nicht.

*Frau Marthe Schwerdtlein tritt in den Raum.*

MEPHISTO *(wendet Faust den Rücken)*: Ich möchte ihm speien ins heilige Angesicht!

Frau Marthe Schwerdtlein, lese uns die Seite F. in meiner Buchung.

DIREKTOR REINHARDT: Attention! Mephisto, wiederholen Sie noch einmal die letzten Textreihen betont verächtlich: Ich möcht ihm speien ins heilige Angesicht! etc.

MEPHISTO: Ich möcht ihm speien ins heilige Angesicht! – Nun, Alte, wird es bald?

FRAU MARTHE *(gewohnheitsgemäß für sich murmelnd)*: Die Brühe wird sonst kalt. Geduld, Herr Satanas, ich kanns so schnell nicht finden – auch weiß Herr Satan, Marthe Schwerdtlein schon am Blinden.

MEPHISTO: Übrigens nach gegenwärtiger Mod schminkt Margarete sich allabendlich das spitze Mäulchen süß mit Liebesrot. Und da im Alter sie gewann an Fett, preßt sie den Leib, verführerisch milchweiß noch heut, in ein Korsett.

FRAU MARTHE: Herr Satan weiß, ich bin am Blinden – *Sie liest wie ein eben lesen gelerntes Mädchen aus dem großen Foliant:* Die Jungfrau schwächte Faustens Sinn, der fragte Satan, wie er sie gewinn?

*Marthe Schwerdtlein ab.*

FAUST: Mein Gretchen ... *(zu Mephisto empört)* Eine Falle grubet heimlich Ihr in meinen Sinn!

MEPHISTO: Du blühtest auf weit stattlicher wie ich es bin –

*Frau Marthe tritt wieder in den Raum, übt sich unausgesetzt im Knicksen.*

FAUST *(wehmütig):* Ein Bächlein lächelte aus ihrem Kinn –

*Mephisto lacht höhnisch auf.*

FAUST: Teufel!

MEPHISTO: Du vergißt, mein Freund, daß ich dein *eigener* Teufel bin.

FAUST: Aus welchem Material entstandst du nur? Aus Menschensalzen nimmermehr, auch nicht aus Erdenstaube längst versunkener Reiche.

MEPHISTO: Es irrt Herr Doktor Faust, die paar Engelgleichen, die von meiner Erzperson abweichen, was Ähnlichkeit betrifft, genügen für die edle Würze Menschheit nicht.

*Faust sinkt in die Kniee.*

MEPHISTO: Was ficht ihn an, den großen Dichtersmann?

FAUST: Ich bitt den Herrn, ich, Sein Kind, Ihn flehentlich – um Licht.

Es ist ein Weinen in der Welt –
Als ob der Liebe Gott gestorben wär –
Und der bleierne Schatten, der niederfällt,
Lastet grabesschwer.

Komm, wir wollen uns näher verbergen –
Das Leben liegt in aller Herzen
Wie in Särgen.

Du, wir wollen uns tief küssen –
Es pocht eine Sehnsucht an die Welt –
An der wir sterben müssen ...

MEPHISTO: Er hört dich nicht ... denn auch die Hölle, Kind, in der du dich befindst, modernisiert, ist Gottes nicht. Das Fegefeuer dichtete ein Mönch für armer Sünder Strafgericht.

FAUST: Das steht doch nirgends wo im Testament? Besitzt Ihr etwa irgendein Fragment, abhanden gekommenes? *(Nach einer kleinen Pause)* Er käme sonst und hülfe mir und ich mich vor Ihm neige ... *(singend im Orgelton)* Und ich mich vor Ihm neige ...

MEPHISTO: Ich bin Sein Zeuge – Gott ist *da!* Er war es ja, der mich im Paradiese rücksichtslos verflucht! Und nicht ein Korn blieb ungebucht! Die erste Menschin brach mich in der Frucht vom Zweige! *(Eine kleine Pause.)* Lindere, Heinrich, im Gesange weiter deine Qual, ja singe, singe fürchtiger den Choral – ich übe mich geschürter nur in meiner Feuerklinge!

*Marthe Schwerdtlein tritt wiederum auf die Terrasse.*

FRAU MARTHE: Herre, daß ich mich unterfange, wiederum zu melden: Es ist serviert. Die zarten Engelflügel brennen an. *(Sie zählt an ihren Fingern die Zahl der Gäste.)* Was sag ich? Ein, zwei, drei Gäste? Vier Gäste sinds an Zahl, warten auf Herrn Satanas im Speisesaal.

*Mephisto erhebt sich polternd.*

DIREKTOR REINHARDT: Wenn ich bitten darf, Mephisto, sich geräuschloser zu erheben, königlicher!

MEPHISTO: Mir liegt es nicht, den Goethe ohne Steigerung zu mimen.

DIREKTOR REINHARDT: Ich respektiere Ihre Weigerung, Herr Teufel. *(Reinhardt bemerkt hinter einer Kulisse den Schauspieler Karl Hannemann.)* Übernehmen Sie die Bombenrolle, Karl Hannemann. Ihr seliger Vater, später Intendant, errang sich einen Namen, den Mephisto mimend in und außer Land.

DIE DICHTERIN: ... Der Wacholderkarl ...

*Mephisto überreicht bereuend, aber beherrscht dem Kollegen Hannemann seinen Teufelsbart.*

HANNEMANN: Mir klebt schon fest der Teufelsbart am Kinn! *(Zu Reinhardt gewandt)* Ich fürchte zwar, er ist schon alt und dünn sein Haar?

DIREKTOR REINHARDT *(schelmisch):* Bis übermorgen zur Premiere kann kein neuer wachsen.

*Reinhardt gibt das Zeichen, mit dem Spiel wieder zu beginnen.*

DIE DICHTERIN *(Theater, Bühne und Spielende vergessend):* Wacholderkarl, sing für mich von Grieg die Aria: Ich liebe dich, ich liebe dich! ...

MEPHISTO: Ich liebe dich! Ich liebe dich ...

DIE GESAMTEN SCHAUSPIELER UND SCHAUSPIELERINNEN: Ich liebe dich! Ich liebe dich ...

DIREKTOR REINHARDT: Herr Hannemann, Sie sind ein Operettenstar!

DIE SCHAUSPIELER ALLE: Bravissimo, bravissimo! *(Sie applaudieren stürmisch.)*

DIREKTOR REINHARDT: Doch nun, bevor wir weiter mimen, ich nehme an, daß Ihnen, meine Herren und Damen, klar, Mephisto und der Faust ein Zwillingspaar! Ja, *ein* Mensch im Grunde ist und immer war.

THE FIRST BROTHER RITZ: Klar!

THE SECOND BROTHER RITZ: Klara!

THE THIRD BROTHER RITZ: Klarissa!

DIREKTOR REINHARDT: Und weiter Ihnen jedenfalls bekannt, daß reitend Herre Faust auf einem schwarz und weiß gescheckten Hengst sich entgegen kam. Und ferner, meine Damen und Herren, es in jedes Menschen Hand, das Gute seinen bösen Trieb meist endlich übermannt! Doch selten leider, Herren und Damen, hält das Gute stand...

THE BROTHERS RITZ: Im Unterstand!

*Satan und Faust erheben sich, verbeugen sich vor dem Publikum. Faust, dem Teufel den Vorhang überlassend, schreiten durch die Mitte ab. Der Vorhang fällt in Herzform.*

*Im Speisesaal des Höllenpalastes.*

*Personen:*
*Mephisto,*
*Faust,*
*Marthe Schwerdtlein,*
*Göring,*
*Goebbels,*
*Heß,*
*von Schirach,*
*Servierende Teufel,*
*Tanzteufel und Tanzteufelinnen,*
*Ballett der Flammen.*
*Die Gäste erheben sich beim Erscheinen Mephistos und Fausts. Sie erkennen den Satan erst, als er sich ihnen vollständig zuwendet. Doktor Faust verharrt zunächst mitten im Saal stehend.*

MEPHISTO: Was verschafft mir die Ehre, meine Herren? *(Ohne ihre Antwort abzuwarten)* Erfrischen Sie sich, meine Herren, nach Ihrer Reise hier in die Unterwelt!
*Satan ladet die Gäste ein, sich an der gedeckten Tafel niederzusetzen. Teufelsboys sind mit der Anordnung der Tafel beschäftigt, weisen den Gästen die Plätze an. Der kleinste Teufelsboy trocknet mit seinem Schwänzchen Göring den Schweiß von der Stirn und den Backen.*

MEPHISTO *(nachdrücklich zu Doktor Faust)*: Mir vis â vis, hoher Freund.

SCHIRACH *(vorlaut und neugierig zu einem der servierenden Teufel)*: Wie heißt der bleiche Mann, den er mit »hohem Freund« gemeint?

GOEBBELS: Dir hat geträumt, Mensch! Halt die Posaunenbacken gefälligst!

SCHIRACH *(zu Heß)*: Bleich wie Rosalindens Marmorbüste – in der Kiste – scheints, mit uns hierher gereist.

GOEBBELS: Tragödie dritter Teil –

GÖRING *(verweisend)*: Zum Donnerkeil!

*Mephisto gibt Frau Schwerdtlein ein Zeichen, mit dem Servieren zu beginnen.*

MEPHISTO: Es ist bei mir am Hofe Sitte, daß jeder Gast, geladen oder nicht, sein business zur Dinnerzeit mit mir beim Glase Wein bespricht. Ich nehme an, es handelt sich um Zölle, meine Herren?

GOEBBELS *(zu Göring leise)*: Von welchen Zöllen spricht das Höllenschwein?

GÖRING: Hundsfott, pst!

MEPHISTO: Ich bitte im Interesse meiner knappen Zeit, die dazu noch sehr spärlich transportiert in meine Hölle, ich nehme an, es handelt sich um lieferndes Petroleum frisch von der Quelle hier, meine Herren.

DIE VIER GÄSTE: Heil Hitler! Für Germania und für Rom, Excellenz.

FAUST *(die Herren korrigierend)*: Hoheit!

DIE VIER GÄSTE: Hoheit!

*Die servierenden Teufel füllen die Becher der Speisenden. Der Satan füllt satanisch lächelnd den Becher des Marschall Görings selbst. Flammen schießen aus dem Wein empor, zischen, und der starke Dunst benebelt ihn. Im Widerschein des behexten feurigen Weins erkennt der Marschall an der weiten Wand des*

*Speisesaals erblassend den brennenden Reichspalast. Mit Hilfe des Films darzustellen.*

MEPHISTO *(erhebt königlich seinen Pokal):* Verehrte Gäste aus Germanias Gauen, ich danke ihren Führer Adolf für sein mich ehrendes Vertrauen –

DIE GÄSTE: Heil Hitler!

MEPHISTO: Für sein Vertrauen und die Ehre, mir zu senden den Marschall selbst und die Tapfersten aus seinem Heere.

*Göring erhebt sich schwankend und beugt sich vor dem Satan.*

MEPHISTO: Das deutsche Kleeblatt seiner Sphäre. In Bälde, meine Herren, steht sein mächtiges Heer gegen England im Felde. Belgien, Polen, Niederland spielte ich Herrn Adolf, drei Kartenhäuser, in die Hand. La France im Trance genommen, – jedoch vereint mit ihm, dem deutschen Gau, erachte ich für eine – – – Mesalliance, meine Herren.

FAUST *(erschüttert von der Art und Weise seines satanischen Freunds):* Satanas –! *(Sich nicht mehr in Gewalt)* Warum bezähmt Ihr, Dunkler aus dem Ur, mit Höflichkeit den heulenden Schakal in Eurer Wildnatur?

MEPHISTO: Das kommt: Ich stamm beileibe nicht aus niederem Kult,
Mein Saft ist alt!
Ja, meine Adelshautevolée hat daran schuld.
Heinrich, mit meinem Herzen engverwachsener Mensch,
Den leckeren Edelhirsch verschmähte zu verzehren ich zum Edenlunch,

Und selbst des ersten Menschenpaares blaues Blut
Weigerte mit ihm zu löschen dein Schakal die Glut.
Mich zu ereifern ernstlich über fauler Adern Naß?
Anspruchsvoller fordert besseren Wein mein Haß
– ein edler Haß!

*(Satan wendet sich wieder den Nazis zu.)* Von jeher treffen aus Paris vorwiegend die Sünder ein, – ins flammende Verließ. *(Ironisch)* Der Führer treibe in die sehr getrübte Quelle sein braves Heer nicht etwa blind hinein! Den ersten Tropfen faules Blut tröpfelte aus jüdischer Zelle!

DIE GÄSTE: Heil Hitler!

MEPHISTO: Vom höchsten Gipfel bis zur Seine eine einzige Madeleine!

*(Sich mit Faust verständigend)* Die alte Dame mit dem Kinnbart, die auf meinem Schreibtisch stand, unsere beiderseitige Großmama, meine Herren! Bin mit Herrn Adolf blutsverwandt. *(Kleine Pause.)* Wir beide, er, und, meine Herren, myself, erbten von der Höllenlady die Intrige ... nur gegen England führte sie nicht zum Siege! Doch stoßen Sie vertrauend auf uns beide Teufel an, ich warne meinen Vetter vor den Kämpfen über dem Ozean. Ja, meine Herren, vor allzu großem Siegesdrang mir bang, verliert Ihr Führer die geraubte Welt zum Schluß im Kriege.

DIE GÄSTE *(automatisch)*: Heil Hitler –

MEPHISTO: Versichert ihm, ich steh ihm ganz zur Disposition, ist ziemlich ausgebrannt auch meine Hölle schon. Der Fegefeuerofen, darin die Sünder braten, lieh ich ihm für den kleinen Cohn.

*Die servierenden Teufel schauen verwundert von ihren dampfenden Schüsseln auf. Sie tragen lange, gelbe Fräcke, die Servietten zwischen Arm und Seite. Marthe Schwerdtlein ihnen beim Servieren behilflich.*

FRAU MARTHE *(süßlich animierend):* Gefallene Engelflügelchen gespickt und zart ...

MEPHISTO: Sie nennt die fleischlichen Fragezeichen so – verzeihe man der Dame die geschwätzige Art! Sie zählt schon über 195 Jahre christlicher Berechnung alt.

SCHIRACH *(vorlaut):* Mein alter Herr bereits mit 50 Jahren kalt! Das hat man hier im Höllenreich voraus, der Mensch zum Teufel avanciert, die Lebensflamme neu geschürt, haucht ungeniert sein Leben nimmer aus.

GÖRING *(gesättigt):* Absurd! *(Er schnaubt wie ein Tigertier.)* Ists erlaubt? Verflucht und zugenäht! Ich löse meinen Gurt? *(Schwer betrunken zu Mephisto)* Und bittet untertänigst um Petrol!

HESS *(nüchtern Göring in die Rede fallend):* Und das Monopol für lieferndes Petrol an Deutschland, Höllenmajestät, und Rom.

MEPHISTO: Ich hole mir zum Danke für den Wirtschaftspakt das musische Städtchen an der Eifel. Wie heißt es doch in deiner Poesie, Heinrich?

GOEBBELS *(affektiert):* Wie es auch heißen mag, – und ohne Zweifel mit Katz und Maus kehrt es mein Führer gern für Majestät sich revanchierend aus seinem Lande aus.

SCHIRACH: Großzügig wie der Führer ist, der Goethe war ihm doch im Grunde zuviel Christ. Er stellte fest, daß auf Bestellung der Prometheus auch entstanden ist.

MEPHISTO *(zu Faust):* Ich grabe dir den Hermann und die

Dorothea aus der Erde aus, bevor du noch den Morgen schaust.

GOEBBELS: Die beiden längst verstorbenen schlecht getauften Juden beide? *(Total bezecht)* Und laß sie grasen mit den Lämmern auf der Weide.... Weh dem Geschlechte der Germanen, die verseucht ihr deutsches Blut mit Judensamen, weh dem gesamten Judentum!

SCHIRACH: Erhebe dich, Deutschland! Juda verrecke!

ALLE GÄSTE ZUSAMMEN: Weh dem gesamten Judentum! Heil Hitler!

*Marthe Schwerdtlein kehrt zurück in den Speisesaal.*

FRAU MARTHE: Verzeiht, Herr Satan und die Herren im Speisesaal, ein Knäblein, Grynspan nennt es sich, ach, es dauert mich und übrigem Höllenpersonal. Es kommt mit seinem armen abrasierten Kopf im Arm und hofft, daß sich der Satan erbarm!

GOEBBELS: Schleppt den krummen, kleinen Mosessohn, Madämchen, vor dem Höllenthron, ich wohne gerne jüdischer Verleumdung bei.

FAUST *(betroffen)*: Gott gab ihm Kraft zur mutigen Tat. Von selbiger heilgen Kraft, die er dem Großpropheten im Ägypterland gegeben hat.

GOEBBELS: Sie Kalkgesicht!

MEPHISTO: Beleidigen Sie den edlen Dichter nicht!

GOEBBELS: Gibts in der Unterwelt denn keine Wand?

SCHIRACH: Der Himmler zöge ihm die Zunge aus dem Rand!

GÖRING *(total betrunken)*: An die Wand, an die Wand, an die Wand, vorbei!

EINER DER SERVIERENDEN TEUFEL *(anklagend)*: Und

grabt ihn, wie einst Mosche mich, den Sünder, in den Sand.

MEPHISTO: Ein feinpanierter Hase kam er mir bereuend angerannt.

FAUST: Die Sklavenpeitsche noch in seiner Hand.

*Die Gäste lachen diabolisch. Flammen steigen aus den Bechern bis zum Plafond.*

GÖRING *(auf Mephisto weisend):* Teufelskerl!

GOEBBELS: Er malt, er malt belustigend den Teufel an die Wand! *(In seiner Mundart)* Eck fühl meck wohl, verdeck, im Höllenstaate, wat meenst de, Baldur, fiset Mensch, eck lott bi öss den Kohl on help däm Satan als sing Vizeking, den Dolch em Gewande on dreh met ömm dat Ding!

SCHIRACH: Op Adolfs Plan: Hat er erst usse Welt in Schoß, dann geht es mank met Höllendamp op die Hölle wacker los!

*Mephisto lacht interessiert.*

HESS: Was verrät der Kloß?

GÖRING *(erwachend):* Halt den Atem an, sonst liegt ihr heute noch, ihr beide unterm Moos!

GOEBBELS: Fünfmalhunderttausend Teufel kamen einstmals in die Welt!

SCHIRACH: Jemine, die armen Teufel hatten keinen Heller Geld.

GÖRING *(wieder eindämmernd):* Da sprach Pipifax der Kleine *(auf Goebbels zeigend)* –

GOEBBELS: Ihr seid dumm wie Bohnenstroh! Ich allein, ja ich alleine bin ein Teufel comme il faut!

ALLE GÄSTE: Ich allein, ja ich alleine bin ein Teufel comme il faut!

*Mephisto erhebt sich vornehm, angeekelt und nach*

*ihm Doktor Faust. Sie lehnen an eine der Säulen im Raum. Aus allen Ecken und Winkeln schießen wilde züngelnde Flammen. Von überall zaubert der Satan Tanzteufel und Tänzerinnen herbei.*
*Ballett der Flammen.*

MEPHISTO: Dein Satan hat an dieser Nazirass' höllischen Spaß!

FAUST *(bitter):* Wie Anno 1800, Teufel – über alle Maßen Maß!

MEPHISTO: So sahs zur Zeit der junge Heinrich – das! – Ach, könnte er Frau Rätin fragen, denn es vergaß der junge Dichtersmann von wegen dieser kleinen, hübschen Gans – Frau Mutter lag dem Muttersöhnchen auf den Hals, ja jedenfalls auf seinen Schillerkragen. Man nannte ihn nach ihm damalig schon, dem Lieblingssohn, der Backfischmuse Lieblingssohn, der hatte außerdem an ihres Sohnes Exaltiertheit schuld! Und ich, mein Heinrich, eingestanden, schürte den Tumult! Frau Mutter Goethe kam mir gerad gelegen! Sie habe gar nichts, meiner Seel, dagegen, handelts sich um eine kurze Liaison! Um eine Tagesmariage meinetwegen. Doch, Heinrich, eine kurze Mariage mit bürgerlichem Blut tut aus Erfahrung keinem Dichter gut. Ich verweigerte den Segen! Mehr hab ich nicht zu sagen!

FRAU MARTHE *(wagt sich an Faust heran):* Schöner Herre, darf ichs wagen?

FAUST *(zu Mephisto, aufhorchend):* Ich glaubte eben Margaretens wie aus Himmelssphären jungfräuliche, blonde Stimme, Satanas, zu hören...

MEPHISTO *(zu sich):* An meinen Faust, gereiften, wird das Fräulein heute nichts zerstören... *(zu Faust)*

Ergreife ihre Hand zum Menuett! Ernüchtere, lieber Heinrich, fröstele nicht zu früh an ihres Busens Großmama fichu und Häkelspitze. Steige früher jedenfalls ins Bett und schlürf vorher Kamillentee und Scherfleins fürsorgliche Grütze!

*Die Flammen zergehen. Es dunkelt langsam.*

*Vorhang fällt. Die Drehorgeln spielen die Melodie »Freut euch des Lebens, wenn noch ein Lämpchen glüht« etc., von den verwilderten, heiseren Stimmen der Nazis brutal begleitet: »Fünfmalhunderttausend Teufel« etc.*

*Über den Höllenpark auf einer Terrasse spielen Mephisto und Doktor Faust Schach. Unter dem Raum der Terrasse spinnt an ihren Spinnrad Fraue Marthe Schwerdtlein. In ihrer Nähe ein von Amoretten umgebener Springbrunnen, die aus Krügen Wasser in das Brunnenbassin gießen. In der Mitte des Brunnens Psyche.*

*Personen:*
*Mephisto,*
*Doktor Faust,*
*Frau Marthe Schwerdtlein,*
*Goebbels,*
*Ein schwachsinniger junger Teufel: van der Lubbe,*
*Zwischen Gesträuch rechts vom Springbrunnen entfernt ein mächtiger Felsblock: der Götze Baal.*
*Goebbels, der noch in der Hölle verblieben, schleicht spitzelnd durch die Anlagen des Parks, nähert sich der Bank, der Frau Marthe.*

GOEBBELS: Scheints, tuts wohlig Eurem Gemüt, Madämchen, am Springbrunn in der Morgenstund zu sitzen. Die Amoretten schwitzen vom Wasserschöpfen – schaut nur hin. Die Psyche, deren Füße sie benetzen, etwas, glaube ich, zu dünn.

FRAU MARTHE: Die Liebe brachte sie mit ihren kleinen Freunden in die Hölle. Schaut nur das Herzchen oben in der Quelle – und das kleinere noch in ihrem Kinn. *(Kleine Pause.)* Mir – mir tanzt der gestrige Abend alleweile noch im Sinn. Nie sah ich so viel Edelsteine blitzen –

GOEBBELS *(er zeigt auf den furchtbaren Götzen im Gesträuch):* Und wer ist dieses Monstrum und die kleinen Ungeheuer, die den Klumpfuß stützen?

FRAU MARTHE *(angstvoll):* Hohoho! ... Sein Name ist von alten edlem Gestüt und er besäße Weltgemüt, meint Doktor Faust, Herr Nazi. *(Sie streift Goebbels' Pferdefuß.)* Beileibe, er hat Ähnlichkeit mit Euch, Herr Nazi, wär unser Baal aus Fleisch und Blut. Geduld – ich nenne seinen Namen gleich –

GOEBBELS: Unausgesetzt spiegelt sich der morsche Götterstein im Teich.

FRAU MARTHE: In jedes blanke Blatt im Höllental spiegelt sich der Höllenbaal, Herr Nazi, sehr verträglich mit der Zeit.

GOEBBELS: Auf jeden Fall, das interessiert mich sehr, Madämchen, doch interessierte es mich mehr, man brächte seiner statt den Führer, Germanias Gott, hierher!

FRAU MARTHE: Den Heiland? *(Sie blickt scheu auf zur Terrasse.)* Unsern – Jesu – Christ?

GOEBBELS: Als ob Madämchen eben erst zur Welt gekommen ist – Der olle Jude gilt nicht mehr!

*Frau Marthe erstaunt.*

GOEBBELS: Der Führer sandte ihn postwend mit seinem neuen Testament per Armesünderklingelbahn und dann in einem Äppelkahn angenehme Wasserfahrt heim nach Bethlehem, wo er, der jüdische Kaplan, geboren ward –

FRAU MARTHE: Das dünkt mich hart.

GOEBBELS: Er laß uns Arier ferner ungeschoren. Heil Hitler!

FRAU MARTHE: Wie heißt denn Euer Gott?

GOEBBELS *(sarkastisch)*: Adolf Hitler!

FRAU MARTHE: Und die Madonna, die den Gott gebar?

GOEBBELS: Die gleicht dir, Marthe Schwerdtlein, auf ein Haar. *(Er nimmt frech Platz neben Frau Marthe.)*

FRAU MARTHE: Das kommt mir all so sonderbar – wie? Ich hörte bis zum heutigen Tag nicht von ihm reden – doch bin ich nicht geübt in diesem Fach.

GOEBBELS *(er holt ein Bildchen aus dem Portefeuille)*: Ich trage ihn stets bei mir, unsern Ariergott. Herr Wotan hieß er bei den alten Deutschen. Madämchen, schaut Euch einmal an den Wotan.

FRAU MARTHE *(die immer schwerer zu hören imstande)*: Den Truthahn?

GOEBBELS: Truthahn – heisasa!

FRAU MARTHE: Ein schöner Mann –

GOEBBELS: Ein schöner Mann, *(sarkastisch)* ein edles Profil! Heil Hitler!

FRAU MARTHE: Was war er früher, lieber Herr, bevor er noch als Gott begann?

GOEBBELS: Heisasa! Ein Truthahn!

FRAU MARTHE: Bei meiner Treu, Herr Nazi, noch ebenda spazierte er an mir vorbei, gebläht den Leib, den Federfrack gespreizt –

GOEBBELS: Der Hahn im Korb!

FRAU MARTHE: Ein wenig, schiene mir, gereizt.

GOEBBELS: Der Führer.

*Goebbels lacht schallend. Die beiden Schachspieler blicken einen Augenblick vom Schachbrett auf.*

GOEBBELS: Truthahn! Truthahn! Madämchen hört wohl schwer?

FRAU MARTHE: Und bin noch jung. Das ewige Wasserplätschern stört ein wenig den Verkehr.

GOEBBELS: Sehr! Sehr!

FRAU MARTHE *(geziert)*: Mein Herr, setzt Euch getrost mir näher, ich – ich – ich nehme Euren – Antrag gerne an.

GOEBBELS: Bestrickende Madame ...

FRAU MARTHE *(kokett)*: Zerbrecht mir nur nicht meinen Schildpattkamm ...

GOEBBELS: Fromm bin ich wie ein Lamm, Feinsliebchen.

FRAU MARTHE: Mein Bübchen ...

GOEBBELS: Köstlich steht dir das Erröten deiner Wangen –

FRAU MARTHE: Mein Trauter, plaudern läßt sichs und auch unbefangen dorten, Bübchen, im jasminbekränzten winzigen Erkerstübchen.

*Frau Marthe zeigt auf ein Fensterchen im kleinen Häuschen tiefer im Park.*

GOEBBELS: Zur Dämmerstunde schon am frühen Morgen, Kind, hieße in der Hölle selber Sünd.

*Frau Marthe mault wie ein Backfisch über die abschlägige Antwort. Der schwachsinnige Teufel van der Lubbe tänzelt mitten über den Rasenplatz und singt, sich begleitend auf einem Holzscheit in der Form einer Fiedel, mit einer schmalen Säge sie bearbeitend, immer das gleiche Lied: »In Kutta, Kalkutta, der Ratschah Maharadschah ...«*

GOEBBELS: Wer tommt denn da?

FRAU MARTHE: Unser schwachsinnig Teufelchen –

VAN DER LUBBE: Der Ritschah, Rutschah, Ratschah, der Ratschahgroßpapa!

GOEBBELS: Den Kerl hab ich doch schon gesehn? –

FRAU MARTHE *(anstrengend hörend)*: Wen?

GOEBBELS: Den.

FRAU MARTHE: Den Fürstensohn aus niederländisch India. Wär er nicht hier im Höllenreich, er säße, sagt Herre Doktor Faust, in Vampur bei Kalkutta auf seiner Väter Throne weich.

GOEBBELS: Mir scheint, es geht ihm hier so einigermaßen –

FRAU MARTHE: Stieg er nicht jeden Tag ins Flammenbad, das tolle Knäblein, das kein Häutchen mehr am Leibe hat, – für seine Mörder Buße tun, ach, schmort es wie ein Suppenhuhn.

DER BAAL: Für deine Seele, Aas!

GOEBBELS: Wer sagte das?

DER BAAL: Ich, der Baal!

FRAU MARTHE *(furchtsam)*: So kraß ...

DER BAAL: Du Aas, sei verflucht!

GOEBBELS: Wer sagte das?

FRAU MARTHE: Der Götze dorten mit dem Pferdefuß.

*Goebbels betrachtet verlegen seinen Fuß.*

GOEBBELS: Du Götzensau, behäbige und geschwollene, leidest wohl an Wassersucht! Mit dem Minister, Satans Ehrengast, zu grollen nach jüdischer Eigenschaft! Verflucht!

VAN DER LUBBE: In Kutta, Kalkutta, der Ritschah, Rutschah, Ratschah, der Ratschahgroßpapa ...

*Van der Lubbe verschwindet auf einem Seitenweg, jedoch die Melodie ist lange noch zu vernehmen.*

GOEBBELS: Ich hoffe, Frau Marthe, ich habe mich verhört –

FRAU MARTHE: Wie wärs, wenn Ihr Euch beim Satanas beschwert?

GOEBBELS: Verschwinden wir durch die Gartentür.

FRAU MARTHE: Die Störung wahrlich peinlich mir.

– Folge mir, Schätzchen, ohne Scheu, im Nu sind wir zwei am Monument vorbei. *(Affektiert)* Heil Hitler ...

GOEBBELS: An Brunn und Baal gemeinsam, göttlich Weib, mit dir durchs Leben in den Tod, Du meine Seele und Verbleib!

FRAU MARTHE: Wie kam das alles nur?

GOEBBELS *(verlogen)*: Hier auf der Höllenflur – ich faß' es nicht – *(Er legt seine Hand über seine Augen, die Ferne besser zu erkennen.)* Dort unsere Nazierde schon in Sicht ...

FRAU MARTHE *(sie bleibt am Dorngestrüpp hängen)*: O meine Pantalons!

GOEBBELS: Ein Gedicht ... Komm, komm!

FRAU MARTHE: Ich habe, Schätzchen, keine Zeit, mich zu entfernen, höchstens bis zu den Kasernen.

GOEBBELS: Wenn ich Euch nicht von Küch und Wirtschaftei zu lang in Anspruch nehme, bin ich so frei, zu bitten meinen Schatz, mich hier zu orientieren. Zu guter Letzt in der Abtei!

FRAU MARTHE: Abtei? Wie soll ich deinen Wunsch verstehn?

GOEBBELS: Mich umzusehen in der Teufelei.

*Beide vernehmen wieder die Melodie des kleinen Liedes von der Lubbe: In Kutta, Kalkutta, der Ritschah, Ratschah, Ratschah.*

FRAU MARTHE: Hier oberhalb, mein trauter Freund, ein Paradies dagegen. *(Sie zeigt auf den Weg, der hinab zur Legion führt.)* Dies Berglein führt hinab in heftige Feuerregen. Es üben sich mit Feuerkräften Väterteufel und die Teufelssöhne und brennen oft im Eifer lichterloh wie Hobelspäne. Seitdem der Nazi rüstet und das Gesicht, wie Faust, der Freund des Teufels, lehrt, der Menschlichkeit entstellt und ihrer Welt.

GOEBBELS: O, dieser Höllenzauber reizt mich, Holdeste, zu sehn, du Fee aller Feen!

*Beide verschwinden, den Berg hinabsteigend. Feuerrot und glühend geht grell die Sonne auf und verteilt ihr Licht über die ganze Hölle. Mephisto, scharlachrot beleuchtet, lehnt sich weit über die Brüstung der Veranda.*

DER BAAL: Auf meinen biederen Daumen setz dich nieder, kleine Lerche, erfreue mich mit deinen jungen Liedern.

## *4. Akt*

*Zwei der bedienenden Teufel sind im Begriff, die Jalousie der Terrasse aufzuziehen.*

*Personen:*
*Regisseur Max Reinhardt,*
*Mephisto,*
*Faust,*
*Marthe Schwerdtlein,*
*Der Baal,*
*van der Lubbe,*
*Göring,*
*Goebbels,*
*von Schirach,*
*Ley,*
*Nazisoldaten,*
*Der Führer in Begleitung Ribbentrops, Himmlers und Rosenbergs. Durch das sich lichtende Morgenrot bemerkt man Mephisto und Faust Schach spielen. Von ferne dumpfes unaufhörbares Marschieren, das sich später ungeheuerlich verstärkt. Mephisto hebt zerstreut den Kopf, lehnt sich weit in seinen kostbaren Sessel zurück.*

FAUST: Du bist nicht bei der Sache heute, Satanas, der Wein, der gestrige, vom neuen Faß benebelt was.

MEPHISTO: Die Beeren atmeten beim Wachstum giftiges Gas statt Sonne. Doch in der Hölle – lebts sich auch in eingequalmter Tonne.

FAUST *(er lauscht)*: Kommt dieser dumpfe Schall vom Dach?

MEPHISTO: Er läßt schon wieder nach. Soldaten sinds vom Fach und Krach; Bleisoldaten, Barbaren, versklavte Belgier, Niederländer, Polen, Franzosen geraubter Staaten auf den Sohlen.

FAUST *(vergessend, wo er sich befindet):* Der Teufel soll den Störenfried aus Braunau endlich holen! – Verzeiht, Satanas, Ihr könntet ihn doch holen?

MEPHISTO *(lächelnd):* Bin im Begriff! Halbwegs erreichten sie den Höllenstaat in zwei und einen halben Tag already. Hier unten geht die Sache schief.

FAUST: Der nimmermüde, trockne Schall, dünkt mich, verschallt im All.

MEPHISTO: Gott ist der Wache, Freund, und Satanas *(prahlerisch)* ist wach! Wir lassen uns nicht stören *(ironisch)* vom Vetter Adolf hier im Schach.

FAUST: Das habt Ihr, Hoheit, nun von diesem Erdensohn!

MEPHISTO: Er spekuliert auf meinen Thron. Doch meine Hand im Spiel, just meine einzige Passion hier im Exil.

FAUST: Euch Eure Hölle ein Exil?

MEPHISTO: Nur Ewigkeit ist kein Exil. Zu ihr zu finden, Heinrich, durchstreiftest du das Erdental – nicht immer tugendhaft, doch immer unbefleckt das Land der – Sünden.

FAUST: Der Wind schweigt heute in den Linden, das Veilchen welkte hin in meinem Glas, und Ihr, mein Freund, ich darf Euch Freund doch nennen – warum so blaß?

MEPHISTO: Heinrich, dein lyrisches Talent macht mir, dem Satan, Spaß und – rührt mich wiederum.
Kiwitt, kiwitt, kiwitt – über allen Gipfeln ist Ruh –

In allen Wipfeln
Spürest du –
Kaum einen Hauch ...
Kiwitt, kiwitt – die Vöglein schweigen im Walde ...
Warte nur balde –
Ruhest auch du –

FAUST *(nach einer Pause)*: Die Kunst des Vortrags, Satan, liegt Euch überraschend fein. Kaum am Worte naschend, dringt doch sein Odem in das Herze ein. Jeweil doch dieser alternde Bericht? Und nicht aus meiner Jugendzeit ein lebenüberschäumendes Gedicht?

MEPHISTO: So eitel noch nach hundertfünfundfünfzig Jahren, mein Faust? Doch weh dem Dichtersmann, dem es sein Vers nicht angetan. Vom Jüngling wurdest du zum Mann, tam, tam, tam! Neidest mich um meinen Weisheitszahn. Tam tamm, tam tamm! *(Gesprochen wie Trommelschlag)*

FAUST: Tam, tam, tam! Tam, tam, tam!

MEPHISTO: »C'est un homme!« So nannte dich Napoléon. Frau Rätin wartete beglückt auf ihn, vom Kaiser ausgezeichneten Sohn – at home.

DIE DICHTERIN *(leise zu Mephisto)*: Wacholderkarl, pardon, sprich in at home das m wie n, daß es sich sachgemäßer reimt auf Napoléon.

DIREKTOR REINHARDT: Sch sch ...

MEPHISTO *(die Dichterin verständigend)*: Eh bien, so nannte dich Napoléon, Frau Rätin, deine Mutter wartete beglückt auf den vom Empéreure ausgezeichneten Sohn.

*Direktor Reinhardt, das Textbuch in den Händen, hebt verwundert die Schulter.*

FAUST *(singend):* Mein Kaiser, mein Kaiser gefangen! ...

DIREKTOR REINHARDT: Herr Wäscher, etwas empörter: Mein Kaiser, mein Kaiser gefangen!

MEPHISTO: Ich sprühte weiland aus dem Moselwein, als der Edeljude, der Autor dieses Liedes, und es schmerzlich seine Freunde, Heines Heinrich, sangen.

FAUST: Ein Falke, spaltete Bonapart das Wolkenmeer und stieß zur Erde, stolzer Basileus. Selbsteigen führte er sein Heer!

MEPHISTO: Und teilte mit dem Heer Soldateneid – *(Mephisto beugt sich über das Schachbrett.)* Doch, Freund, verlieren wir uns nicht im Rückgrade der Zeit. Vom Mann wurdest du zum Greis, vergafftest dich in jenes dumme, junge Reis, Heinrich; ich lieh dir meinen Zauberstab, mein Teufelsglied – seit der Enthaltsamkeit gings, ach, mit mir bergab.

THE BROTHERS RITZ: Shocking ...

FAUST: Bergab?

MEPHISTO: Der alten Willkür meines Herzens grub ich selbst ein Grab. – Du aber streiftest die verstaubte Raupenhaut vom Seel und Körper ab, gebissen von der Sinnlichkeit Tarandel und griffest gierig nach der eitlen Hab. Und legtest nun um mich deiner Kutte heiliges Grab. Doch sie vermag nicht meinen Wandel nicht zu korrigieren.

FAUST: Ich würde mich der Korrektur nicht unterfangen. Auch bliebe mein Gebet am Dorne meines Herzens hangen.

*Pause.*

MEPHISTO: Recht hat Doktor Faust, ich bin nicht bei der Sache. Die Staatsbank in der obigen Welt, sie stürzt auch meine Welt in Schwierigkeit, ich fürchte, daß ich bald verkrache. Doch überstand der Teufel schwierigeres Leid, zumal er weiß und schwarz spielt mit der Zeit – zu gleicher Zeit. *(Er ergreift zerstreut eine der Schachfiguren.)* Und was mich bang und bänger stimmt, wie Staat und Stern liegt hinter diesen Kriegs- und Wirtschaftsdingen. Wir hörten doch den guten Engel Gabriel singen – es war am Ruhetag des Herrn.

*Faust bewegt.*

MEPHISTO: Engeltöne, die sich schwer an mir vergingen ...

FAUST: Vergingen?

MEPHISTO: Mir hilft kein Ringen! Teuflisches Element drängt zur göttlichen Moral.

*Die letzten Schachfiguren verschwinden vom Schachbrett.*

FAUST: O Satanas, und kommst du noch zur letzten Stunde –

MEPHISTO: Es stürzt die Menschheit! Es beginnt von neuem eine Runde. Und doch spielt stets dieselbige Fürstlichkeit! Bevölkere, solang der Mond noch scheint, zur neuen Schachpartie das Brett, mein Freund!

*Er schnellt weit über das Schachbrett, ergreift seinen Schachkönig.*

Schach dem Ewigen! ...

*Ein himmelweißes Licht umkreist die Schachspielenden.*

FAUST *(erschüttert)*: Wer war das? – – –

MEPHISTO: Rouah! – Ein Feuer ging aus vom Ewigen – – –

FAUST *(leidenschaftlich)*: Wälze dich nicht, Satan, auf der Sintflut Grund! O Gott, vergib ihm – – –
*Mephisto herausfordernd.*

FAUST: O Gott, vergib ihm, der mir täglich teurer ward, die sündige Forderung, die lebelang sein Höllenleben in ihm aufgescharrt.

*Leiser Donner folgt einem Blitz – ein leichter Regen, ein Regenbogen sichtbar.*

Erblick den Friedensbogen, Satan, dort am Horizont – – der Vater reicht dir Seine Vaterhand.

MEPHISTO: Das bunte Lassowerfen habe ich in jüngeren Jahren besser schon gekonnt!
Maß und Mäßigung für das gute bürgerliche Erdenherze,
Wie es auch glaubt zu leiden und auch litt.
Es weicht nicht ab vom eingetretenen Schritt,
Gerät in finstere Bahnen nicht.

FAUST: Und kommt nicht aus dem Gleichgewicht.

MEPHISTO: Ich aber schäume über an der Tränke
und achte die Gebote der Gemeinden nicht.
Teuflische Willkür speie ich dem Leben ins Gesicht,
Gebär den Tod und lösch das Lebenslicht,
Lege gerne lahm und matt die Elemente
Und sporne sie zum Zeitvertreib zum Sturm.
– Mittag schlägt es, hörst dus, Freund, vom Turm.
Wer sagt dir, daß es nicht schon – Mitternacht geschlagen?
Bereits zeitlose Zeit –

FAUST: Ewigkeit? –

MEPHISTO: Ich hörte einst den ersten Kuckuck schlagen
In junger Morgenfrüh des ersten Schöpfungstags,
Urkuckuck, eben ausgeschlüpften Kuckuck schlagen.

FAUST *(begierig)*: Und weiter, weiter, Satan, hat sich zugetragen?

MEPHISTO *(überlegend)*: Remember, Heinrich, unzählige Jahrtausend Jahre später, da ich dich aus der Bourgeoisie – das Frauenzimmerchen, es kam zur rechten Zeit mir gerad – ich dich ergriff! Der Satan wußte, was er tat.
Wo ich dich fand, umschlungen deine Hand mit ihrer Hand,
Dort raschelte der Teufel giftend durch das Laub der Laube.
Heinrich, ich liebe dich ... du bist mein Glaube ...
Auf Pfaden, denen du dich schwärmerisch ergingst,
Ein süßer Schmetterling, der Jungfrau Herz einfingst,
Jauchzend vor Lust, wie einst den Falter schon als Kind –
Ich tat für dich weit unverzeihlichere Sünd,
Ich kroch dir nach ins Bethaus heiligsten Choral
Und – betete dich an – die Glocken träufelten den Silbertag ins Tal.

FAUST *(kleine Pause)*: Es riß mein Lachen sich aus mir,
Mein Lachen mit den Kinderaugen,
Mein singendes, springendes Lachen
Singt Tag der dunklen Nacht vor deiner Tür.
Es riß sich aus mir – ein in dir,
Zur Lust dein Trübstes zu entfachen.

Nun lächelt es wie Greisenlachen
Und leidet – Jugendnot.

MEPHISTO: Erkannte doch in deinem trunknem Knabenlied den Ursprung wieder, Eingebung und Sinn,
Du stammst, wie ich der Teufel – aus der Vorerinnerung!
Und weiß, daß wenn du sprichst, ich selbst es aus der Kindheit bin.
Du sahst von fern voll Ungeduld die wilden Wolken nahn,
Und bändigtest den Sturm, den Wetterstier in seinen Wahn.
Und irrtest dennoch zwischen Ewigkeit und bürgerlicher Sitte,
Legtest schließlich dich in ihrer Mitte.
Ich rüttelte gewaltig, Brudermein, an deiner Tür!
Du nennst zum Danke »Teufel«! mich dafür.
Wie jeder Mensch und jedes Menschenvieh
Bewillkommnet mich nach seiner eingesessenen Melodie.

FAUST: So sprach bisher, Satanas, nie ein Mensch mit mir. Frau Mutter, schlief ich weiland ihr zu lang, sie wagte dennoch nicht zu pochen an die Stubentür, einzulassen einen Freund, noch gar Bettinchen, die so gerne guten Morgen wünschte mir.

MEPHISTO *(er ahmt der Schwerdtlein nach)*: Hohohoho ho! Sympathisch jedoch war Mynher, der Amsterdamer Brillengläserschleifer ihr; und küßte er auch nicht den Frauen die Hand, so brachte er so allerhand! Sturm läutete es schon früh vom Turm: Alte Sache ... alte Sache! – Aufgepolsterter Urverstand. *(Faust verwirrt lächelnd.)* Die gute, kluge Frau, sie stärkte selbst die Krause deiner Hemden. Jedoch voll sinniglichem Glücke, mir ist, ich seh es noch, schlang sie das samtne Band um deines Silberzopfs Perücke. Doch einmal fiel ein grollender Gewitterregen; daheim zu bleiben war ihr Springinsfeld nicht zu bewegen und er bestieg sein schwarz und weiß geschecktes Roß. – Da – kam ich ihm entgegen – der leibhaftige Teufel – dir entgegen, Herzgenoß. An starken Strängen hielten wir das schwarzundweißgepaarte Pferd.

FRAU MARTHE: Der leibhaftige Teufel – unserm Heinrich entgegen? – In Nöten – Herr Direktor Reinhardt.

MEPHISTO: Im Übermaße der Begegnung Mystik bang beschwert, sehntest herbei Verehlichung, Elternglück und Herd. Spät erst erhobst du kühn entschlossen deinen grauen Vogelblick zu ungehemmten Sphären und stießest hinter dir die Barke ehelicher Galeeren.

*Mephisto erhebt sich majestätisch. Den Schöpfer nachahmend, schlägt er ein Rad durch die weiten, heißen Lüfte der Hölle. Es zischt und brodelt. Der Boden im Park beginnt zu qualmen, sich zu erweichen zur Lavamasse. Es versinken die durch das Tor einmarschierenden Nazisoldaten mit ihren Anführern bis zu den Köpfen. Sie schreien.*

DIE KÖPFE DER VERSINKENDEN: Heil Hitler!

GÖRING *(der durch das Tor tritt, wird rettungslos von der Flut ergriffen)*: Teufelswerk!

DER BAAL: Daß doch der Mensch sein böses Tun dem Teufel in die Schuhe schiebt – im Arm des Nachbars tugendhaft zu ruhn ...

*Der sich erhellende aufgehende Morgen beleuchtet den Vorgang. Faust erblickt deutlicher die Situation.*

FAUST *(Mephisto ermahnend)*: Das ewige Leben dem,

der viel von *Liebe* weiß zu sagen – ein Mensch der Liebe kann nur auferstehn! . . .

MEPHISTO *(sarkastisch):* Haß schachtelt ein, wie hoch die Fackel auch mag schlagen. *(Er weist sarkastisch auf den Lavasumpf.)* Mich dauert nur der leckere Klee, es freuten meine Herden sich auf ihn an Sommertagen.

FAUST: Das Jammern der Soldaten, Satanas, mein Herz, es kann es nicht ertragen –

MEPHISTO: Ich wettete darauf, ihr mörderisches Treiben ging, wenn auch dem Doktor Faust ein unlösbares Rätsel, auf. Des Rätsels Lösung – ihr gerechter Untergang, tut seinem deutschen Herzen weh.

FAUST: Wie die Sintflut dampft und blutet schauerlich der See . . .

MEPHISTO: Der Welten Lauf hält selbst myself, der Satanas, nicht auf. Drum nimm der Doktor Faust sein Turteltaubenherz ein wenig angeritzt in Kauf.

FAUST *(drängend):* Und da die Welt doch gut war – »und sie war gut!«

MEPHISTO: Wie kommts, da solche Brut überwucherte das übrige Menschenexemplar?

FAUST: Nach seinem Ebenbilde doch erschaffen war.

DER BAAL: Das Erdenangesicht von Gott durchtränkt, vermoderte von seinem Schöpfer abgelenkt!

MEPHISTO *(auf Baal weisend):* Es spricht Urewigkeit, mein Heinrich, aus dieser Stein gewordenen Zeit.

DER BAAL: Was ist der Mensch doch ohne Gott? Befolgt er nicht Sein Gottgebot?

MELECH DAVID *(erhebt sich):* Lebendig ist er tot! . . .

DER BAAL: Bewegt das Lächeln Gottes ihn nicht mehr, so kommt er aus dem Gleichgewicht.

MEPHISTO: Wie Kain und übt am Bruder Mord!

FAUST *(zu sich)*: Und reißt die Erde mit sich fort!

MEPHISTO: Horch, wie der greise Stein wütet im Lawinengrimme.

FAUST: Ich glaubte schon, es wäre Gottes Stimme – *(Nach einer Pause)* Ihr seid doch mit dem Kain verwandt? Scherztet ihr?

MEPHISTO: Ich schrieb es freilich hin, ein Flammenmenetekel an meines Hauses Höllenwand. Nahm an, daß Doktor Faust den Scherz verstand. Doch – ich, Sein kleines Teufelchen, mit ihm verwandt! Sein kleines Teufelchen, das Er, der Herr, mit eignen Händen baute, als noch die Welt in heiliger Wollust braute, mit ihm verwandt!

*Mephisto lacht wutentbrannt auf.*

FAUST: Du sagenhafter Embrione du – spielender Mensch und sinnendes Reptil, lauernd in des finstern Baumes Pfühle Liebesspiel.

MEPHISTO: Hinter blinder Mondesscheibe trug ahnungslos die Edenwelt *(erzählt wie ein Kind)* den kleinen Satanas im Leibe. Indes gebar den irren Erdensohn ein Volk im Lustmord in der Hinterstub Perron.

FAUST: Satanas, stelle meinen Puls zurück ... ich ertrage nicht des Vaterlands Geschick.

MEPHISTO: Schließ wie in grauer Morgenfrüh das Augenpaar, als du im Bette endlich ausgestreckt nach Saufkomment studentischem Traha. Und träume süß von Lott und Friederiken – die Gegenwart beginnt schon einzunicken – Frau Wirtin, bringe Sie uns Ihren goldenen Trank, noch will aus unseren Kehlen fröhlicher Gesang!

*Beide singen. Mephisto bittet das Publikum mitzusingen:*

Çaça geschmauset, laßt uns nicht rappelköpfig sein!
Wer nicht mithauset, der bleibt daheim.
Edite, bibite, collegiales,
Post multa saecula, pocula nulla –
Post multa saecula, pocula nulla –
Post multa saecula, pocula nulla!

MEPHISTO: Ich trieb es etwas toll in Seiner Edenwelt, mein Freund.

FAUST: Erzählet, Teufel, was Ihr angestellt!

MEPHISTO: Ich stahl dem Herrn – ein Spitzbub ich, von ungegorenem Element, zu treiben Lotria an Seinem Ruhetag. Ein Tropfen schon genügte der Chemie – die holden Winde, lieber Gott, wie stürmten sie urplötzlich – gab es auch dazumal nicht Sünde – rissen an Sein goldenes Tor und ich stand lachend über meinen Streich im Zuckerrohr. So jung und so verrucht! – Daß Vater Gott nicht ausruhn konnt, hat Er womöglich groß gebucht. Ich war erst sieben Jahre alt und wurd es kalt im Herbst, trug ich ganz lange, grüne Blätterhosen und fütterte den Hinterteil mit Moosen für alle Fälle. Am liebsten saß ich in dem Kelch der Wasserrosen mit den Wetterfröschen und brach mir ab, ab und zu, ein Schenkelchen, das saftigste im Nu, sah gerad der liebe Vater Seinem ersten Menschenpaar und Seinen Tieren zu. Doch in der Apfelblüte, in der ich nach der Untat mich versteckte, entdeckte Eva, die Gefräßige, mich und ließ auch mich nicht unversucht. Und pflückte pudelnackt mich armes Teufelskind vom Ast. Es hat nur so geknackt, ich hielt gerad Mittagsruh im Kerngehäuse, Weekendrast! Seit diesem Zwischenfall verpetzte mich das listige Weib in aller Heimlichkeit bei Michael und Gabriel und ihrem Bruderengel beid –

FAUST: Aus Furcht, der Vater könne von dem kleinen Teufelssohn –

MEPHISTO: Ganz recht, die Unarten erfahren, schlich ich mich mit dem, ach, vertriebenen Menschenpaar auf und davon. *(Faust, enthusiasmiert von des Satanas Bericht umarmt ihn stürmisch.)*

Hing an einer goldenen Lenzwolke,
Als die Welt noch Kind war –
Und Gott noch junger Vater war.
Schaukelte – hei!
Auf dem Ätherei
Und meine Wollhärchen flatterten Ringelrei.
Neckte den wackelnden Mondgroßpapa,
Naschte Sonne der Goldmama.
– In den Himmel sperrte ich Gottvater ein,
Und die Welt in Seinen Heiligenschein.
– Und Gott hat: Klummbumm, klummbumm! gemacht.
Und es sausten die Peitschenwinde.
Doch später hat Vater zwei Donner gelacht,
Mit den Engeln über meine – Totsünde ...
Würde 10000 Erdglück geben,
Noch einmal so gottgeboren zu leben,
Inmitten seiner Engelschar.
Ja, als ich noch Gottes Teufelchen war!

*Pause.*

FAUST *(enthusiasmiert)*: Ob diese göttliche Begebenheit ja oder nie sich zugetragen unter Gottes Dach? Gott trägt sie Selbst an Feiertagen vor im blauen, himmlischen Talar. Ein Goldrubin erzwahr noch bis zum jüngsten Tag in deiner Schläfe, Satan, dunklem Gemach.

MEPHISTO: Und flieht man doch den Teufel und man holt ihn wieder aus dem Mist, wo nur ein Menschenherz zu bösem Tun geeignet ist. Leg in ein Enveloppe mein brüchig Haar, das ehemals ein lockig Ringelreien war –

Du wecktest, Bruder mein, mein Herz und
meine Adern, meine Venen,
Und wären meine Augen nicht versteint – nie
geweint! –,
Es weinte ich, der Satan, Tränen –

FAUST: Gebt mir einen kleinen Tröpfchen Zeit,
Lobzupreisen unsere Einigkeit,
Inniglich umhüllt in keuscher Minne.
Ich stürbe gern den Opfertod für – dich,
mein teurer Weggeleit.

*Das dröhnende Schreiten des Naziheers treibt alle Teufel und Teufelinnen in die höhere Sphäre der Hölle. Der Satan beugt sich über das Gitter der Terrasse, und die Teufel und Teufelinnen sammeln sich auf sein stummes Zeichen zu einer Prozession, die geordnet über die Wege des Höllenparks auf die Anhöhe zieht, und es hat den Anschein des nimmerendenwollenden Zugs, der später verschwindet in ein Wolkengebilde. Als Letzter van der Lubbe, auf seiner Holzfiedel sein Lied psalmartig geigend.*

MEPHISTO *(zu Faust)*: Und wer nahm sich des armen Knaben an? Ich oder gar dein Gott? Und ließ ihn speisen mit an seinem Tisch vom Brote und vom Fisch?

*Mephisto betrachtet forschend Dr. Faust.*

FAUST *(verbirgt seinen Kopf in seine Hände)*: Es ziemt sich nicht, des Ewigen Taten nachzuspüren.

MEPHISTO: Mit deiner Schulweisheit würdest du auf keinem Falle Zebaoth, dem Herrn der Sterne, imponieren, Faust.

FAUST: Der Vater aller Leben könnte Euch einmal nicht mehr vergeben – mein Leben knüpfte ich an Euer Leben –, in Frieden einst gemeinsam zu beschließen, mit Euch melodisch in den Himmelsquell zu fließen.

MEPHISTO: Dein Glaube, Heinrich, von der Liebe Gottes steht auf schwachen Füßen. Schon oftmals ließest du dich, Kind, von mir verdrießen, der ich doch nie im Sinne Gott des Herrn verstoßen von Ihm war. Gott ist da – Gott ist da! Ich aber lieb nicht recht – den Unsichtbaren Mann. Sag, Freund, wer nahm nach deinem Sündenfall sich deiner an?

FAUST: Uns stehts nicht zu, Gott zu verstehen in allen Einzelheiten.

MEPHISTO: Du Pfaffe du! Die Antwort würde wiederum, ich kannte Ihn, Gottvater große Aversion bereiten.

FAUST *(horcht auf)*: O Gott, nun stärker dieses mörderische Schreiten.

MEPHISTO: Auch sie entsagten Gott und Seinen Himmelsweiten.

FAUST: Höhnten Ihn –

MEPHISTO *(Faust prüfend und forschend)*: Tatsach könnte mich verleiten, Herrn Adolf höllisch ausgerüstet nach Columbia zu begleiten, bevor im Sinken noch sein schwarzer Stern. *(Kleine Pause.)* Was meint Herre Doktor Faust?

FAUST: Satanas, Teufel, vergebt dem Erdensohn, doch nie sprach Fürstlichkeit in leichtfertigerem Ton.

MEPHISTO *(ergreift Faustens Hand):* Bötest heute noch dem – Bösen das Himmelreich zum Lohn? *(Kleine Pause.)* Du bist unsterblich, Heinrich, bewahrt der Welt im Marmorton, und ich: kann nicht sterben. Wie denkst du dir die Situation – der Teufel drob im Himmelsdom? *(Faust schweigt betreten.)* Ein Tauberich mit einem brandigen Blatt im Munde. Es welkt der Teufel schon – für ihn gibt es beim Schöpfer kein Pardon. Abgelöst von Stern und Stern kreist meine Hölle, finsteres Mal, im Urall. Und nicht der Mensch noch der Prophet brachte löschend sie zu Fall. Lebt sie auch heute – zu Theaterzwecken nur in der Weltenillusion!

## *5. Akt*

*Personen:*
*Die vom vorigen Akt.*
*Die Jalousie öffnen zwei Teufel. Mephisto und Faust kehren zurück auf die Veranda. Marthe Schwerdtlein betritt auf Wunsch Goebbels' die Veranda. Goebbels hält sich versteckt in der Vorhalle am Eingang der Veranda hinter Doktor Fausts Marmorstatue.*

FRAU MARTHE: Verzeiht, Herr Satan, als die Nazihelden dort in unseren Höllengarten traten, sind sie – *(Sie legt, besser Goebbels' Worte aufzufangen, der sie ungeduldig wiederholt, die Hand hinters Ohr.)*

GOEBBELS: In eine Pfütze geraten –

FRAU MARTHE: In eine Grütze geraten.

GOEBBELS: Im Eifer dero Schachpartie, Hoheit –

FRAU MARTHE: Im Eifer dero Schachmanie, Hoheit, entging Euch – wie?

GOEBBELS: Dämlich Vieh!

FRAU MARTHE: Dämlich Vieh – wie?

FAUST: Wie?!

FRAU MARTHE: Helft, helft, Herr Satan, sonst er-, er-, er-

GOEBBELS: Versaufen sie.

FRAU MARTHE: Raufen sie! Raufen sie!

MEPHISTO *(belustigt)*: Wo steckte Sie heut morgen früh?

FRAU MARTHE *(heuchlerisch fragend)*: Wie?

MEPHISTO: Frau Kuppelfei, heut ist nicht Mai!

FRAU MARTHE: Die Ariergottheit legte doch ein Ei!

FAUST: Bei meiner Treu. Das Weib ist nicht nur blind.

FRAU MARTHE: Und was ich sagen wollte, meine Herren, *(sich umwendend nach der Richtung Goebbels' im*

*Versteck)* Hermann riefen ihn die anderen Naziherren – Wie? – Es schienen Sonne, Mond und Stern von seiner vorderen – Wie? – Fassade und - jammerschade, jammerschade, jammerschade, gerade, gerade, gerade, hoho ho!

MEPHISTO: Ersäuft er gerade vor dem Höllenbaale. Genug, Madame, verdufte froh! Was treibt der schon verfaulte Huf sich noch im Höllental umher? Sein Intellekt hinkt heute hinterher, und bricht der schwätzende Vasall sich nicht den Hals, so seinen Pferdefuß für sein Walhall.

*Ein markerschütternder Schrei ertönt vom Eingang der Halle zur Veranda. Marschall Göring ruft dem Satan aus der Lavamasse zu, bevor sein Kopf versinkt in die zischenden Fluten:*

GÖRING: Laßt ihn da oben auf den Höllenstufen nur verrecken, er stand mir überall im Weg an allen Ecken.

FRAU MARTHE: Zur Hilfe, Satan, eilt herbei! Mit meinem armen Schätzchen ist es sonst vorbei!

GOEBBELS *(hebt mit Mühe den Oberkörper, zornig):* Heil Hitler! Meine Zuversicht –

*Görings Kopf schnellt noch einmal hoch.*

GÖRING: Kopf hoch, Madame, was gackelt Ihr denn so?

FRAU MARTHE: Hoho ho!

*Man hört neue Nazitruppen herannahen.*

SCHIRACH: Adolf, Adolf, warum hast du mich verlassen?!

LEY: So wahr ich Ley, der kommt nach uns noch an die Reih!

*Mephisto hält Faust zurück, der im Begriff, sich stürmisch zu erheben, den herannahenden weiteren*

*Naziheeren links vom Höllenparke nahend zu begegnen, sie zu warnen.*

FRAU MARTHE: Niemand erbarmt sich meiner Not –

FAUST: Ich versänke gern dort mit dem Heere in den Tod! *(Er wirft heftig die Schachfiguren auf dem Brett zusammen.)* So stürzt mein Herz, mein Hirn und alles Eingeweid zusamm, ich flehe, Fürst, schürt wilder noch die Höllenflammen und laßt mich sterben, mich, den deutschen Dichtersohn, mit meines deutschen Vaterlandes Sohn, mit meinem Volk zusammen!

MEPHISTO: O diese Welt von Menschenhand! Wär Gott nicht Gott, verlör Er den Verstand! *(Zu Faust)* Du nahmst wohl Schlimmeres schon in Kauf – die Welt gab immer dir ein Rätsel auf. *(Zu zwei der Teufelsdiener)* Schafft mir den bissigen Hengst von den Verandastufen fort! Werft zu den übrigen Heros ihn in den finsteren Abort. *(Zu Faust)* Du weißt, ich hab die Pferde und die Gäule alle lieb, begegnet mir doch ab und zu so eine Mißgeburt von Pferdefuß, empfinde ich den meinen wohlgestaltet kleinen mit Hochgenuß!

FAUST *(im wohlgelungenen Versmaß versinkend)*: Kaum traut ich meinem Freunde Friedrich solch wohlgelösten Rhythmus zu – mit Grazie, Fürst, und neuem Versmaß Goldlackschuh und elegantem Gruß entsteigt Ihr unserer gichtbefallenem Jambe, der alten Dichterreisekutsche Omnibus.

MEPHISTO *(sichtlich geschmeichelt)*: Ein Kind noch pflegte ich so liebe Verschen herzuleiern, das wahre Dichten aber überlaß ich dir. Sinkt wieder mal der Preis im Schreibpapier, so würde mir besondere Genugtuung auf Erden, von dir besungen und erkannt zu werden. Schon zur Kenntnis aller geistlichen Behörden. Singt dein Gemüt, tanzt mein Geblüt –

FAUST: Satanas, spiel nicht weiter mit mir Blindekuh –

MEPHISTO: Und blinder ist der Satan, blinder noch wie du. Wenn mich der Tod doch träfe, ich dir Antwort spenden könnte, die nach dem Leben pfingstgeläutert, lichtekranzbehängt, dem Gottbegnadeten nur ausgehänd'. Der Mond und, Heinrich, seine Sterne sind des Dichters Preisgewinn! Du bist unsterblich, Heinrich, und ich kann nicht sterben. Es warten keine Erben auf beflissenen Buchverkauf. Und doch, dein Reich ist nicht von dieser Welt. Und lebst noch heute träumerisch, wo Dirs gefällt, hier in der Höll im siebten Himmel – im Azur.

FAUST: Die Hochschul weiland machte mirs zum Vorwurf und die Professur.

MEPHISTO: Ich höhne der Gelehrsamkeiten Professoren, die Zeit zum Spielen geht den Herren verloren. Wie spielerisch dreht uns beide doch der Reim. Trocken lehrt die Professur hingegen auf den von ihr meist nie betretenen Wegen. Doch jeder Studio füllt sein Büchschen für sein Nixchen mit Suppensternchen und mit Urschleim zum Mittagstisch daheim.

DER WIRTSCHAFTLICHE DIREKTOR *(zu Direktor Reinhardt fast vernehmbar)*: Fünf Prozent der Abonnenten sind Professoren und übrige Freibilletts –

DIREKTOR REINHARDT: Ich bitte Sie, melodischer zu schreien, Kollege, wir mimen, wie Sie sehen, im Freien. *(Zur Dichterin)* Verehrte Dichterin, erlaubt Ihr mir zu streichen diese letzten Reihen?

DIE DICHTERIN: Ihr fragt die Sterne – fragt den Teufel, er beantwortet derlei Fragen gerne.

THE ELDEST BROTHER RITZ *(zu seinen brothers)*: Bild oder Schrift? *(Er holt aus seiner Westentasche einen Dollar.)* Ich wette, er sagt nein!

MEPHISTO: Nein! Als Sachverständiger sage ich: nein!

THE ELDEST BROTHER RITZ: Okay!

MEPHISTO *(mimt weiter)*: Du bist unsterblich, wiederhole ich, mein Freund, ich aber kann nicht sterben. Abwechselnd holt man mich zur Kasperletheaterposse! Im Puppenleib gebrochen, wirft mich der kleinste Bengel in die Gosse. – Doch zur Kanone avanciert, wuchs ich wiederum am Tage deiner Erben. Den Ausweg angeekelt bahnend mir, verschwand die Hand zur Faust gestemmt ins finstere Jenseits meiner Scherben. Aus dem versammelten hinterlaßnen Kreis, vom Herrn Notar geladen – man trank aus Mutter Rätin Sonntagstassen Chokoladen – erhob sich einer deiner Lieblingssöhne, Faust, der August – gerad der, der immer dir getrotzt und sich beim Hören deiner Dichtungen am intensivesten gemopst, in steifer Krause und Manschette affektiert, in seiner Hand des großen Vaters goldene Lorgnette, erhob er sich und trug in deiner Positur, vornehm gezügelt wie sein Vater oft bei Cour, Tausendkerzenscheine deine edle Totenklage vor zum würdigen Empfang der Oheimtantenleute.

Über allen Gipfeln ist Ruh –
In allen Gipfeln spürest du
Nicht einen Hauch.
Die Vöglein singen im Walde, kiwitt, kiwitt,
Warte nur balde –
Ruhest du auch . . .

*Faust weint.*

MEPHISTO: Und nun, da ich zu beichten hebe an, fängt Doktor Faust zu flennen an? An unserem ersten auferstandenen Tage.

FAUST *(verbirgt seinen Kopf erschüttert in Mephistos Händen):* – Ich finde mich nicht wieder
In der fremden ewigen Seligkeit –
Mir ist, ich lieg von mir weltenweit –
Zwischen erster Nacht der Urangst.
Ich wollte, ein Schmerzen rege sich –
Und stürze mich grausam nieder!
Und riß mich jäh an mich!
Und es lege eine Schöpferlust –
Mich wieder in meine Heimat
Unter der Mutterbrust.

MEPHISTO: Deine Mutterheimat ist seeleleer, ...
Es blühen dort keine Rosen im warmen Oden mehr.

FAUST: Möcht eine Herzallerliebste haben ...

MEPHISTO: Und mich in ihrem Fleisch vergraben.

FAUST *(indem er schmerzlich über Erde und Hölle blickt):* Satan, hebe mein Gesicht fern und ferner der Vergangenheit entfernt. –

MEPHISTO: Ja, diese Kunst hab ich von Gott gelernt –
Den Blick zu heben aus verflossener Zeit.
Doch wieder, Bruder, sind wir ganz und gar im Fluß!
Fröhlich im Studentenchore auf dem Syrius!
Ruft Susanna, füll uns den Krug mit schäumenden Hopfentrank!
Zwei durstige Kehlen wir, entkommen beid dem Untergang!
*(Zu Faust)* Füchschen, laß uns einen Salamander reiben!

*Beide zusammen zweimal:*

Çaça geschmauset, laßt uns nicht rappelköpfig sein,
Wer nicht mithauset,
Der bleibt daheim!
Edite, bibite, collegiales,
Post multa saecula
Pocula nulla!

MEPHISTO: So schweben wir wie einst in Wandertagen noch überm letzten Horizont ins Reich des Herrn!

*Beide, Mephisto und Faust, erheben sich zu gleicher Zeit, und es hat den Anschein: sie wachsen auch körperlich zu übergroßen Menschengestalten.*

MEPHISTO: Teurer Bruder, lehn dich inniger an mich an, daß du mich, ich dich erreichen kann. *(Mephisto reicht Faust einen Dolch.)* Und stoße mir den Dolch ins Herz... So töte doch den Molch! *(Faust entsetzt. Weist diese Tat von sich.)* Nun, da ich den Teufel von ihm trennen will, hats ihm der Teufel angetan!

FAUST *(lächelnd)*: Auf dem Weg zum Himmelspfade – es schweifen meine Sinne aufgeklärt, mein Herz verklärt durch aller Zeiten Zeitengrade. *(Es wölben sich Kronen aus Wolken um die Stirnen Mephistos und Fausts.)* Nun überstrahlt das Paradies uns schon...

MEPHISTO: Ein Spinnweb streift die wahre Gotteswelt von sich die Weltenillusion!

*Man hört wehklagen und fluchen die versinkenden Nazisoldaten. Hitler steht gepanzert mit seiner Leibwache und mit Ribbentrop, Himmler, Rosenberg vor dem Höllentor.*

HITLER: Wo steckt er?!

RIBBENTROP UND HIMMLER: Wo steckt der Satanas?

DER BAAL: Steigt in der Uniform aus Stacheldraht gefälligst, meine Herren, ins Luxusbad.

HITLER *(zu Rosenberg bebend ahnungsvoll):* Luxusbad? Was meint der wulstige Kerl da oben mit Luxusbad, Rosenberg?

DER BAAL: Herre Adolf, sputet Euch und kommt hereinspaziert! Der Satanas hat längst kapituliert!

HITLER *(größenwahnsinnig prahlend):* Hört! Kapituliert!

DER BAAL: Das heißt: vor Gott, dem Herrn der Welt!

*Hitler und seine Kumpane treten durch das Tor: Es ergreift sie eine aufstürzende Lavawelle, und sie versinken rettungslos in den Lavafluten.*

DER BAAL: Windet euch mit Stumpf und Rumpf, ganz ungeniert, Messieurs, und schmecken soll euch das Diner im schlammigen See.

MEPHISTO *(legt väterlich seinen Arm um Faustens Schulter):* Er vergiftete das deutsche Rebenblut.
Ihm fehlte, in den Kampf zu ziehn selbst der Opfermut.
Er stiftete die Jugend an zum Mord! Er!
Ein feiger Mißton in der Menschheit kreisenden Akkord!
Er hinterläßt nicht Asche, nicht das kleinste Häufchen Schutt!
Es folgt ein unerlöster Tod dem Antichrist und Antijud!
– Doch meine Ichgestalt, zerteiltes Urgetier,
Beschert ein neues Leben mir –
Und durch das wiederum Entfalten
Des IchundIch
Komm ich geklärt und pfingstgeläutert ich zu mir!

– Ich rate jedem der Gestalten im Publikum, versucht den königlichen Schnitt an dir. Er führt zur klaren, reinen Fuge! Leeren wir vordem aus einem Kruge den Rest zum Heile dieser Welt! – Gedulden Sie sich, Publikum, bald naht des fünften Aktes letzte Zeile. – Ich habe keine Eile –. Wer zuletzt lacht, Engel oder Teufelus im Menschentume, lacht zubest. Sie aber lauschten mir im Publikum, Adon, Gewereth, – Füllt einen weiteren Krug, Frau Wirtin Muhme! Es lebe hoch mein Publikum!

Torabwärts schreitet das Verflossene,
Ich bin mit mir vereint in eitel Melodie und
Glück,
... So ferne Musik ...
Und zwischen Kampf und Frieden
Steigen meine Blicke: Pyramiden
Und sind die Ziele hinter aller Zeit.

*Die Psyche des Brunnens überreicht mit Hilfe der Amore dem Baal zur Bestattung der Nazis einen Kranz aus Schilf und Schwertlilien. Der Baal wirft sie auf die Nazis in den Schlamm.*

DER BAAL: Gehabt euch wohl in eurem schwarzen Mauseleum!

FAUST: Die Himmel weben, fürsorgliche Engel,
Um uns – Flügelkleide ...
Bald sind wir auf der blauen Weide –
Und blicken noch auf die von uns verlassene
Welt.

MEPHISTO: Wie man bestattet dich, mein Herzgenoß, und mich

FAUST: Uns beide – stillvereint im Leibe: IchundIch.

MEPHISTO: Und sich berauscht an unserem edelen

versöhnten Leide die Geistlichkeit in ihrer Ursprach althebrit.

FAUST: Und sind doch mit dem Erdenleben quitt!

*Beide, Mephisto und Faust, singen leise zum Publikum gewandt:*

Freut euch des Lebens, da noch ein Lämpchen glüht,
Pflücket die Rose, eh sie verblüht . . .

## *6. Akt*

*Im Garten eines Augenarztes in Jerusalem.*
*Personen:*
*Die Dichterin,*
*Die Vogelscheuche des Gartens,*
*Chefredakteur des Haarez: Mr. Swet,*
*Der Zuschauer.*

DER ZUSCHAUER *(der der Dichterin unbemerkt gefolgt ist bis vor der Pforte des tropischen Gartens)*: Verzeiht, geliebte Dichterin, die kurze Frage: Habt Ihr das Schauspiel ganz – allein gemacht?

DIE DICHTERIN *(ahmt die donnernde Stimme des Baals nach)*: Gelacht!

*Der verdutzte Zuschauer verläßt eiligst den Eingang des Gartens. Die Dichterin tritt erschöpft in den Garten und setzt sich am Rande des weiten Rasens nieder auf eine Bank. Es naht schwankend die Vogelscheuche, höchst malerisch gekleidet. Die Vogelscheuche bleibt vor der Dichterin stehen.*

DIE DICHTERIN *(nach einer kleinen Pause)*: Take seat, Sir, if you please.

DIE VOGELSCHEUCHE: Man wird müde auf dem Kies. Mich hungert außerdem auf englisch und hebrit. In anderen Gärten wachsen Früchte und Gemüs.

DIE DICHTERIN: Ich hab noch eine Schachtel Katzenzungen –

DIE VOGELSCHEUCHE: Die schenke Straßenjungen. Mir munden Rüben, Blattsalate und Radies und überdies bin ich versessen auf alle Arten Kressen. Was denkt sich bloß die Frau des großen Augenarzts, die Vogelscheuch braucht nichts zu essen? Und Tag und Nacht dazu auf Wacht in greller Sonn und ohne Augenglas – und ohne Regenschirm, kommt erst Novembernaß.

DIE DICHTERIN: Ich will dir gern Gesellschaft leisten.

DIE VOGELSCHEUCHE: Am allerbesten, wir verreisten die Ostertage? Entgehen dem Klatsch, – ich bin romantisch eingestellt, und die Welt, sie würde mir zur Sage.

DIE DICHTERIN: Sind wir doch arme Kinder Israels beid, in gleicher Lage. Und traben heut noch durch den Wüstensande.

DIE VOGELSCHEUCHE: Erlaube mir zu fragen, wo warst du vorher all die Zeit, wie es noch hell?

DIE DICHTERIN: Sehr freundlich lud mich ein im Switzerlande, bevor ich herfand, Wilhelm Tell.

DIE VOGELSCHEUCHE: Und mich verbarg Madame von Stein in Weimar unter ihrem Kleidgestell.

DIE DICHTERIN: Wie drollig!

DIE VOGELSCHEUCHE: Jedoch alsbald spazierte ich zu Fuß mit Wolfgang, meinem Intimus –

DIE DICHTERIN: Durch den östlichen Divan?

DIE VOGELSCHEUCHE: Durch den öst- und westlichen Divan, entre nous, ma petite chérie.

DIE DICHTERIN: Mit Wolfgang von Goethe verreisten Sie?

DIE VOGELSCHEUCHE: Ich erröte über deinen Zweifel. In Sommertagen, ach wie oft, streiften er und ich durch das Tal der Eifel. Ich war sehr eifersüchtig, gab die Dorothee meinem Freunde einen Kuß in der Dämmerung am kleinen See.

DIE DICHTERIN: Hermanns Dorothea? Oohh!

DIE VOGELSCHEUCHE: Die Weiber sind mal so ...

DIE DICHTERIN: Ohh ...

DIE VOGELSCHEUCHE: Ich jedoch schäumte vor Verdruß! Doch zum Ersatz trat er mir seine Muse knapp für paar Tage ab. *(Er singt herzbrechend falsch:)*
Kennst du das Land, wo die Zitronen blühn,
Im grünen Laub die Goldorangen glühn? etc.

DIE DICHTERIN: Du warst es also eigentlich, der das Lied der ganzen großen Welt geschenkt? *(Die Vogelscheuche legt bestätigend die Hand an den Rand seines Huts.)* Beschau ich dein genial geschwungenes Kinn, trau ich dir gerne zu die träumerischen Verse immerhin. *(Die Vogelscheuche bläht sich eitel auf.)* Du scheinst belesen, Monsieur Vogelscheuche, ich las im Leben wenig, Monsieur Vogelscheuche, denn ich vertrage nicht die blätternden Geräusche.

DIE VOGELSCHEUCHE: Eh bien, wenn ich mich rühmen darf, bin namentlich auf alle Schmöker scharf. *(Er zeigt auf das Haus des Augenarztes, er blinzelt die Dichterin vertraulich an.)* Vergißt den Klassiker broschiert halb eingenickt der Augenkranke auf den Tisch, schnapp, halt ich ihn am Schwanz, den Fisch, und bilde mich, wie es sich unter herrschaftlichen Leuten schickt.

DIE DICHTERIN: Darum auch nahm ich stets mein Mahl allein – so selten laden Hinz und Kunz mich Unbelesene zur Tafel ein.

DIE VOGELSCHEUCHE: Ach weine nit, mein armes Kind, auch lange ladet man die Vogelscheuche nit zum Zimtliköre und Biskuit.
Wenn ich doch meine Fiedel hätt,
Wir tanzten beide Menuett.

DIE DICHTERIN: In einem Kleid aus diesem immer weißen Gartendunst . . .

DIE VOGELSCHEUCHE: Da schrieen, sollt ich meinen, nicht allein die Katzen Brunst.

DIE DICHTERIN *(hochmütig abweisend)*: Oh . . .

DIE VOGELSCHEUCHE: Hab keine Furcht, verehrte Dichterin, ich bin, von vornherein bemerkt, aus Besen, Stroh, ein angemaltes höheres Wesen. Mein Zopf ergraut stammt aus der Truhe, aus Wolfgangs Zeiten Rokoko. Ein leidiger Asket, ersöffe man mich auch in Leth, was hab ich zu vergessen schon –

DIE DICHTERIN: Wie weh vor allen Dingen rührst du mich –

DIE VOGELSCHEUCHE: Ja, ich – verführte dich –

DIE DICHTERIN: Warum gerad mich? Doch wüßt ich gerne deinen Namen, sag, wie ruft man dich?

DIE VOGELSCHEUCHE: Zu Feierzeiten: Abraham! Auch Isaak, aus aller Winkel Gartenseiten. Auch Jakob bei Gelegenheiten. Kommen öfters die Gewereths zur Gewereth in ihren Teesalon, rufen sie nach mir, dem kleinen Cohn.

DIE DICHTERIN *(mitleidsvoll)*: Deine Wangen, lieber Abraham, blühen wie junger Mohn.

DIE VOGELSCHEUCHE: Doch meiner Halskravatte blauer, turtelblauer Farbenton erheblich schon im Juli ausgegangen.

DIE DICHTERIN: Dagegen macht sich äußerst interessant – *(Sie weist auf den Spalt in seiner Stirn.)*

ADON SWET *(der, ungesehen den Garten betreten, die letzten Worte vernimmt)*: Die tiefe Narbe wettertrotzender Gartenbarbe. – Hier find ich dich, prinzliche Dichterin, *(ironisch)* und zwar mit einem schicken

Chevalier. Bist du so arm, zu stehlen dich nach *dem* Applaus auf Zehen aus dem Bühnenhaus?

DIE VOGELSCHEUCHE: Beleidigen Sie mich nicht, Monsieur, vor allen Dingen nicht weiter mehr madame la sœur!

ADON SWET: Lag nicht in meiner Absicht, parole d'honneur!

DIE VOGELSCHEUCHE: Hier im Gartenraume bin ich Herr und noch viel mehr!

ADON SWET: Es war nicht meine Absicht, Grandseigneur, Sie zu insultieren.

DIE VOGELSCHEUCHE: Das sollten Sie, Herr Minister, auch probieren! Es knarrten lange nicht die Vor- und Ausgangstüren.

ADON SWET: Ich staune, Gartenfürstlichkeit, über Eure gastlichen Manieren.

DIE VOGELSCHEUCHE: Umgang mit Menschen lehrte mich mein Oheim Flachsmann – Geheimrat Flachsmann schon.

ADON SWET: Ich bitte Euch, genug davon!

DIE VOGELSCHEUCHE: Und überdies bekommt mir Ärger nicht, excuse, denn streng, Sir Swet, ist mein service.

DIE DICHTERIN: Tatsächlich, in der Tat, täglich zehn Stunden und noch Überstunden scheucht er die Spatzen von der Saat.

DIE VOGELSCHEUCHE: Mich schmerzen meine Ärmel, meine Hosenstelzen und habe keinen Assistent wie oben er, die Arbeit abzuwälzen und keine Zeit, in der ich ausruhn könnt.

ADON SWET: Nach Eurer Ausdrucksmöglichkeit, Monsieur, habt Ihr zur Journalistik ungeheures Talent. Ich stelle Euch anheim, Monsieur, mir zu schreiben auf der Flur einen etwa dreißigzeiligen Essay für den Haarez über Gartenkultur.

DIE VOGELSCHEUCHE *(sehr geschmeichelt)*: Zwölf schlägt es gerade auf des Warteraumes vorweltlich verstimmten Uhr.

*Die Vogelscheuche schwankt über seinen Platz in die Mitte des Gartens zurück durch die Tür in das Haus des Arztes.*

DIE DICHTERIN: Er schwankt, der Arme, wie vom starken Wein erfaßt. Ich habe Angst, er bricht sich noch sein Hosenbein.

ADON SWET: Im Kaufhaus Schwarz bekommt er neue Besen.

DIE DICHTERIN: Sie sehen doch, er ist ein höheres Wesen ... war er auch nie wie wir mal klein.

ADON SWET: All right! Und niemand ihn einmal vermißt. Ruiniert vom Herbst, wirft man den Burschen auf den Mist. *(Mr. Swet setzt sich ans Kopfende der Dichterin, den sich gelösten Senkel seines Schuhs zu binden.)* Ich hoff, Ihr Freund, der Vogelscheuch, läßt uns in Ruh nun eine Zeit?

DIE DICHTERIN: Und was ist Ihr Begehr, dear Sir, was führte Sie hierher, Mr. Swet? Noch so weit?

ADON SWET: All right! Mich interessiert Ihr Schauspiel sehr.

DIE DICHTERIN: Das ehrt mich sehr, Mr. Swet.

ADON SWET: Doch zwischen Dichten und Berichten – himmelweiter Unterschied, verehrte Dichterin!

*Die Vogelscheuche kehrt mit einem zerdrückten, alten Zylinderhut in den Händen sorglich tragend zur Bank zurück.*

DIE DICHTERIN: Ich bin so müd –

ADON SWET: Der Leser einer Zeitung, zumal Theaterfreund, erwartet unbescheint, ja sachgemäß die kühle Wahrheit!

DIE DICHTERIN: Odemlos, leblos wie diese gegenwärtige Zeit.

DIE VOGELSCHEUCHE: Schaut, Sir, durch Euren Besuch fühlt sich der Arzt geehrt, sein Haus geweiht und sendet Euch den Burenhut aus seinem Antiquitätengut.

ADON SWET: Ohms Zylinderhut?

DIE VOGELSCHEUCHE: Er stand einst Eurem Großpapa aus grauem Pergament famos. Ich lege ihn auf unserer Dichterin blauen, taubenblauen Schoß. Setzt ihn gefälligst auf, er steht auch Euch, dem Enkel, excellent.

ADON SWET: I thank your Doktor, Mr. Vogelscheuche, with heart and hand!

DIE VOGELSCHEUCHE: Ich sehe noch im Geist friend Krüger armverschränkt.

ADON SWET: Wie?

DIE VOGELSCHEUCHE: O yes, wir beide schritten nach der Wahl heim ins Mississippital together zu beiden Seiten – noch rauscht in meinen Ohren das Gewässer.

ADON SWET: All right, kommt morgen auf die Redaktion um acht gefälligst, wenn ich da sein sollte schon – *(Die Vogelscheuche schnitzt ein Herz in einen Baumstamm in der Nähe der Bank. Kleine Pause.)* Doch nun, verehrte Dichterin, glaubt Ihr in Eurem großen Reim das Rätsel dieser Welt gelöst?

DIE DICHTERIN: Nein! Wie meine Hälfte ähnlich schon erwähnte ungeschminkt im zweiten Teil, die Wahrheit gänzlich zu beweisen, bin ich bereit auf höheren Geleisen.

ADON SWET: Nie wird auf dieser Welt das Weltenrätsel ganz gelöst, im Kreis der Freunde nicht, im Wandel IchundIch, im Tale zwischen Höhen und nicht im Arm der Liebsten Tanzumdrehen!

DIE DICHTERIN: Da sichs in dieser Welt nicht lösen läßt, Mr. Swet.

ADON SWET: Im Wein und selbst im Leth bleibt Rest.

DIE KÖRPERLOSE STIMME DAVIDS: Rest bleibt im goldenen Pokal, im königlichsten senkt sich Rest.

DIE DICHTERIN: Und welche weitere Frage stellen Sie an mich, Mr. Swet?

ADON SWET: Was setz ich meinen Lesern vor, den sehr verwöhnten vor beim Frühstückstisch?

DIE DICHTERIN: Reimt einen Reim, Vogelscheuche! Vielleicht geölter noch als Sie und ich.

ADON SWET: Das ginge allenfalls noch unterm Strich.

DIE DICHTERIN: Und es entspannen alle Nerven sich.

DIE VOGELSCHEUCHE *(wieder vom Rasenplatz her)*: Fragt nicht soviel. Steht denn nicht alles sachgemäß im Spiel? Ihr Grandpapa Ohm Krüger war ein Staatsgenie, und er vererbte seine Kunst an Sie, Mr. Swet. Und dessen würdigen Zylinderhut, setzt ihn gefälligst auf, er steht auch Ihnen gut.

*Die Dichterin schließt die Augen.*

ADON SWET: So müde?

DIE VOGELSCHEUCHE *(im Begriff, sich der Bank zu nähern)*: Todmüde, Sir.

ADON SWET: Mir ist, sie stirbt? . . .

DIE VOGELSCHEUCHE: Das rechte Augenlid bewegt sich leise auf und zu und – zirpt –

DIE KÖRPERLOSE STIMME DAVIDS: Täubchen, das in seinem eigenen Blute schwimmt –

ADON SWET: Im Tode noch die laue Welt verstimmt ...

DIE VOGELSCHEUCHE: Sie ist so klein – sie ginge in das neuaufgeworfene Maulwurfloch hinein –

ADON SWET: Wir decken sie mit feinen Zittergräsern zu –

DIE VOGELSCHEUCHE: Ach, könnt ich meine Füße setzen flink wie du –

ADON SWET: Ich schneide mir zum Angedenk von ihrem Haar –

DIE VOGELSCHEUCHE: Schau, und ich bedeck ihr kleines Händepaar mit mon mouchoir.

DIE KÖRPERLOSE STIMME DAVIDS: Sie malte einen goldenen Spann wie einst mein armer Absalom sich übers dunkle Haar. –

ADON SWET: Sie stirbt ...

DIE VOGELSCHEUCHE: Und ohne Geistlichkeit, Rav, Scheik, Pastor –

ADON SWET: Tor – – –

## NACHSPIEL

*Die Dichterin spricht oder einer der Engel:*
Und die Moral des Höllenspieles theatralischer
Geschichte:
Das Teufelchen im Himmel wiederum Allotria treibt.
Es trat mit Faust, in ihrer Mitte Gottes Dichterin,
Noch vor dem Mittagsbrot vor Gott im Blauen hin.
Und als der liebe Gott das Bübchen sah,
Lächelte Sein Heiligenschein im Haar.
Und das entging dem kleinen Teufel nicht.
Er streichelte dem lieben Gott Sein sorgenvoll Gesicht
Und reichte artig Ihm in einer langen Röhre
Die Ihm gestohlene, noch ungegorene Atmosphäre,
Die soviel Unglück brachte Gottes Welt
Und irrige Märchen setzte in die Köpfe der Geschöpfe.
Drauf sprangen beid zur Himmelsleiter,
Spielten mit den großen Engeln Reiter.
Im Paradiese wird man wieder klein ...
Doch manchmal blickt der Vater Gott sich um:
»Klummbumm! Klummbumm!«,
Wenn Teufelchen am Ruhetage summt und brummt
Durch einen feingeschnittenen Halme aus dem Rohre
Vor Seinem wolkenblau bekränzten Schabbattore,
Der Erzschelm, einen Psalm ...

Das Stück ist aus –
Ich weiß nicht weiter ...
Doch man hört vom Erdensterne nah – fragen:
»Glaubst du an Gott?« *Vorhang fällt.*

DIE DICHTERIN *(singt leise hinter dem Vorhang):*
Ich freu mich so, ich freu mich so: *Gott ist da!*

# NACHWORT

## FÜR VERONIKA

Die vorliegende Veröffentlichung von Else Lasker-Schülers Nachlaßschauspiel *IchundIch* in Buchform verdankt ihr Zustandekommen der Uraufführung dieses Stückes, die im vorigen Jahr endlich stattfand. Da sie als Leseausgabe konzipiert wurde, sind Orthographie und Interpunktion des Originals mit Vorsicht der Lesbarkeit dienlich gemacht, grammatische Eigentümlichkeiten jedoch beibehalten worden, um dem Text nicht etwa den trügerischen Anschein einer Glätte zu geben, die weder dem Stück noch seiner Verfasserin angemessen wäre. Der Text als solcher ist vollständig wiedergegeben; mehrere aufeinanderfolgende Punkte, die gelegentlich auftreten, sind keine Auslassungszeichen, sondern finden sich im Originalmanuskript. Der künstlerischen Intention der Dichterin glaubt die Herausgeberin mit dieser Textpräsentation gerecht zu werden; einer genauen wissenschaftlichen Beschäftigung mit dem Schauspiel dient die kritische Edition mit ausführlichen Kommentaren zum Originalskript, das – teils maschinen-, teils handschriftlich angefertigt – sich im Nachlaßarchiv zu Jerusalem befindet, und einem Variantenapparat im Jahrbuch der Deutschen Schiller-Gesellschaft, Band 14, 1970, S. 24–99.

Der Nachlaßverwalter Manfred Sturmann genehmigte die Publizierung seinerzeit lediglich zu wissenschaftlichen Zwecken; gewissenhafte sachliche Rücksichten veranlaßten ihn, die Aufführung des Stückes bedingungslos zu untersagen. Es vergingen zehn Jahre, bis dieses Verbot aufgehoben wurde. Die Distanz der Zeit ließ ursprüngliche Bedenken verblassen, das Werk in deutlicherer Gestalt erscheinen. Etliche Stimmen, darunter die gewichtige Stimme Heinrich Bölls, plädierten lebhaft für die endliche Freigabe dieses Schauspiels. Am 10. November 1979 erlebte *IchundIch* seine Welturaufführung im Großen Schauspielhaus Düsseldorf unter Michael Gruner, die Wuppertaler Bühnen folgten mit der Premiere unter der Regie von Hermann Kleinselbeck am 8. Dezember 1979.

Das Schicksal dieses Werkes ist vergleichsweise kein einzelnes. Else Lasker-Schüler erfuhr vielfach Widerstände bei der Herausgabe ihrer Dichtungen. Ihre Briefe zeugen von vergeblichen Versuchen über Jahre hin, Mäzene und Verleger für manche ihrer Bücher zu finden. Die Sammlung *Konzert* z. B. erschien erst 1932 bei Rowohlt, nachdem die meisten der darin enthaltenen Essays schon seit dem Anfang der zwanziger Jahre entstanden waren, der Band *Das Hebräerland* wurde erst nach mehrjährigen Versuchen, es bei Schocken herauszugeben, 1937 bei Oprecht veröffentlicht, das Schauspiel *Arthur Aronymus und seine Väter* – zu Lebzeiten der Autorin nur als Bühnenmanuskript bei S. Fischer gedruckt – erst posthum 1951 bei Kösel publiziert. Das Schauspiel *IchundIch* (so lautet die originale Schreibung) konnte erst dreißig Jahre nach seiner Entstehung vollständig ediert werden.

Es stammt aus den letzten Lebensjahren der Dichterin, ist jedoch früher entstanden, als man lange Zeit angenommen hat. Die Dissertationen von Höltgen und Kupper (1958 und 1963) geben 1942/43 bzw. um 1943 als vermutet an. Durch die inzwischen entdeckten Briefe Else Lasker-Schülers ist ein früheres Datum gesichert:

Die Autorin schreibt am 19. Oktober 1940 als erste bekannte Nachricht über das Schauspiel an Margarete Kestenberg: »Habe neues herrliches Schauspiel«[1], am 19. Januar 1941 an Ulrich Salingré: »da ich so friere, daß ich schon nicht mehr abschreiben kann auf der Maschine mein Schauspiel«[2], am 17. August 1941 an Werner Kraft: »Mein Stück hat Glück«[3], am 10. November 1941 an Samuel Wassermann: »Ich bin so unruhig einer Sache wegen, da das Schauspiel kaum zu lesen, viele Akte fast unmöglich.«[4]
Danach ist anzunehmen, daß *IchundIch* 1940 konzipiert und um die Wende 1940/41 geschrieben worden ist. Das im Nachlaßarchiv in Jerusalem aufbewahrte Typoskript ist keine Reinschrift, sondern eine mehrfach korrigierte und zum Teil schwer entzifferbare Niederschrift. Es ist also zu vermuten, daß sie das von Else Lasker-Schüler erwähnte »fast unmöglich zu lesende« Manuskript ist. Es heißt am 15. Juni 1943 an Sally und Sina Grosshut: »Mein Schauspiel *hatte* ich sofort in meine Maschine geschrieben bei sybirischer Kälte hier vor 2 Jahren in

[1] Wo ist unser buntes Theben. Briefe von Else Lasker-Schüler, hrsg. v. Margarete Kupper, Bd. 2, München 1969, S. 199.

[2] Erich Gottgetreu, »War da ... Jussuf«. Neue Else Lasker-Schüler-Funde. Zum 25. Todestag der Dichterin am 22. Januar, in: MB. Wochenzeitung des Irgun Olej Merkas Europa, Tel-Aviv, 23. I. 1970, S. 3.

[3] Unveröffentlicht; im Besitz von Dr. Werner Kraft, Jerusalem.

[4] Margarete Kupper, Der Nachlaß Else Lasker-Schülers III, Epistolographie II, in: Literaturwissenschaftl. Jahrb. der Görres-Gesellsch. N. F. Bd. 12, 1971, S. 286.

Jerusalem. *Ich* kanns lesen. Falls Druck, schreib ichs noch mal ab.«[5]

Die Äußerung »Mein Stück hat Glück« bezieht sich sicherlich auf die erste Lesung des Schauspiels im Sommer 1941, von der Erich Gottgetreu berichtet[6]: »Mitte Juli 1941 las sie das praktisch unaufführbare Werk zum ersten Mal im Berger-Club in Jerusalem einem von ihr persönlich eingeladenen Freundeskreis vor.« Den Wortlaut der in seinem Besitz befindlichen Einladung teilt er im MB vom 14. Februar 1969 mit: »Adon, Gewereth, am 20. Juli Sonntag abend 8 Uhr 30 liest Else Lasker-Schüler im Alfred Berger Club der Ole Germania (Rehaviah Mamillastr.) ihr neuestes Schauspiel aus dem Manuskript ihres zweiten Palästinabuchs vor geladenen Gästen. Eintritt nur auf Vorzeigen dieses Schreibens! Unkostenbeitrag 30 Mils.« Daraus geht hervor, daß Else Lasker-Schüler *IchundIch* als Teil ihres geplanten Buches *Tiberias*[7] vorgesehen hatte.

Zu *IchundIch* findet sich im Nachlaßarchiv ein Typoskript mit folgendem Text (Auszug): »Ich bin ja auch nicht ganz und gar ein Mensch, aber auch kein Tier, aber ewig mit mir in Spaltung, meine Damen und Herren und das darf Sie nicht wundern, meine Damen und Herren, dass ich mich kurzerhand radikal in zwei Hälften teilte, seelisch.« Auf der Rückseite dieses Blattes steht der

[5] Lieber gestreifter Tiger. Briefe von Else Lasker-Schüler, hrsg. v. Margarete Kupper, Bd. 1, München 1969, S. 314.

[6] In: MB, 23. I. 1970.

[7] Vgl. auch: Lieber gestreifter Tiger, S. 313 ff.; Wiederentdeckte Texte Else Lasker-Schülers III, in: Literaturwissensch. Jahrb. d. Görres-Gesellsch. 1967, S. 189–197, 199; Der Nachlaß Else Lasker-Schülers in Jerusalem. Ein Bericht, ebd. 1968, S. 254 f.

handschriftliche Vermerk: »allererste Conferenz.«. Hierbei handelt es sich offenbar um die Skizzierung einer Einleitung zu einer – und wahrscheinlich der ersten – Lesung des Schauspiels.

In einem Schreiben Else Lasker-Schülers an Sally und Sina Grosshut vom 1. Juni 1943, in dem von einer zweiten (oder öfteren?) Lesung die Rede ist, heißt es: »Ich möchte, daß Adon Moll oder Moller dabei ist wenn ich den Indianern das Stück vorlese bitte.«[8] Offensichtlich geht es hier um eine Lesung bei Grosshuts in Haifa, die im Zusammenhang stand mit dem Plan, das Schauspiel zu publizieren.

Einige Tage später, am 6. Juni 1943, schrieb Else Lasker-Schüler an Samuel Wassermann: »Auch (entre nous) giebt Jemand mein Schauspiel heraus.«[9] Dieser »Jemand« war vermutlich Alfred Moller[10], der Besitzer der Textilfabrik in Kfar Ata, der wohl bereit war, eine Werkausgabe Else Lasker-Schülers zu finanzieren oder mitzufinanzieren. Die Entscheidung fiel jedoch gegen *IchundIch* aus. 1943 erschien nicht *IchundIch*, sondern *Mein blaues Klavier*. Das Schauspiel blieb ungedruckt (*Tiberias* unvollendet) und wurde zum »Nachlaßschauspiel«.

Der erste, der sich editorisch des Nachlasses annahm, war Werner Kraft. 1961 gab er im Kösel-Verlag als dritten Band der Lasker-Schüler-Ausgabe *Verse und Prosa aus dem Nachlaß* heraus und veröffentlichte darin auch Auszüge aus dem Schauspiel *IchundIch*, nachdem

[8] Lieber gestreifter Tiger, S. 313.

[9] Wo ist unser buntes Theben, S. 211.

[10] Vgl. auch: Lieber gestreifter Tiger, S. 313 ff.

bereits im Februar 1960 Hans Rudolf Hilty in *hortulus 43* als Vorabdruck Ausschnitte aus der damals geplanten Teilveröffentlichung Krafts publiziert hatte. Zwischen diesen beiden Publikationen fand an zwei Abenden im Februar 1961 im Theater A 18, der Bühne des Studentendorfes der Freien Universität Berlin, eine – von der Nachlaßverwaltung nicht autorisierte – Lesung des ganzen Stückes statt. Die im Nachlaßband veröffentlichten Szenen wurden am 25. Januar 1970 im Dritten Fernsehprogramm des Westdeutschen Rundfunks von Käthe Gold gelesen. Im Sommer 1969 erteilte mir der Nachlaßverwalter, Herr Manfred Sturmann, die Genehmigung für eine kritische und kommentierte Veröffentlichung des ganzen Schauspiels im *Jahrbuch der Deutschen Schillergesellschaft.*

Nach dem Erscheinen des Nachlaßbandes entstand eine lebhafte und harte Diskussion über Wert oder Unwert des Schauspiels und über Notwendigkeit oder Unzulässigkeit einer Teiledition. Ernst Ginsberg schrieb im *Spiegel* vom 2. August 1961: »Eine Veröffentlichung dieses Stückes käme einer lieblosen Schändung des Bildes der Lyrikerin gleich.« Hans Rudolf Hilty teilte an gleicher Stelle mit: »Befürworter einer vollständigen Veröffentlichung sind vor allem einige Menschen in Jerusalem, die mit der Dichterin in ihrer allerletzten Lebenszeit verbunden gewesen sind.« In seinem Buch *Jeanne d'Arc bei Schiller und Anouilh*[11] sagte er: »Das Werk scheint mir literarisch, dramengeschichtlich und politisch zu exemplarisch, als daß es auf die Dauer bei dieser Teilveröffentlichung bleiben dürfte. Und viel-

[11] St. Gallen 1960, S. 60.

leicht wagt sich trotz allen Schwierigkeiten einmal eine Bühne an dieses einzigartige Stück, dieses geheimnisvolle Kleinod im wahrlich nicht allzu reich bestellten Feld des modernen Dramas deutscher Sprache.« Otto Köhler[12] sprach von »unzulässiger Manipulation« und verwies als – wenn auch von ihm zugegeben schlimmere – Parallele auf den »geistesgeschichtlichen Skandal« der Verfälschung des Nietzsche-Nachlasses durch dessen Schwester. Günther Grack[13] meinte in seiner Besprechung der Berliner Lesung: »Dabei wurde immerhin eins ganz klar: daß die Zurückhaltung der Nachlaßverwalter wegen einer Veröffentlichung von ›Ich und Ich‹ nicht in Böswilligkeit oder Unverständnis wurzelt, sondern in einem, wie uns scheint, begründeten Zweifel am Wert dieses skizzenhaft und in mancher Hinsicht abstrus anmutenden Stückes. [...] Ist ›Ich und Ich‹ wirklich, wie Klaus Völker einleitend meinte, eine gültige dichterische Aussage über die jüngste Vergangenheit? Die Frage mag offen bleiben. Endgültig beantworten läßt sie sich erst, wenn man das Lese-Drama lesend kennenlernen kann. Deshalb sollte man es veröffentlichen, wie Else Lasker-Schüler es hinterlassen hat: ungekürzt.«
Warum es nicht ungekürzt im Nachlaßband zu lesen ist, begründete Werner Kraft in seinen Anmerkungen des Bandes. Er bezog sich vor allem auf einen Brief von Ernst Ginsberg an Manfred Sturmann vom 2. September

[12] In: Frankfurter Hefte, September 1962.

[13] In: Der Tagesspiegel, 21. II. 1961. – (Herausgeber-Auslassungen werden im folgenden Zitat und künftig – zur Unterscheidung von Textstellen, in denen die Dichterin 3 Punkte gesetzt hat – durch 3 Punkte in eckigen Klammern [...] gekennzeichnet.)

1958[14], in dem es heißt: »Bitte grüßen Sie doch Herrn Dr. Kraft herzlich von mir und sagen Sie ihm, daß ich von Herzen bitten möchte, im Interesse des Angedenkens und des *unzerstörten* Bildes der Lasker von einer Veröffentlichung dieses Stückes abzusehen. Ich habe es nur mit tiefster Erschütterung, ja ich gestehe: zuweilen nur unter Tränen lesen können. Immer klang mir die Ophelia-Klage im Ohr: ›Oh, welch ein edler Geist ward hier zerstört.‹ Denn dies Drama ist doch der Spiegel der jammervollsten Verstörung und Auflösung. Man spürt die geistige Nacht über die greise Dichterin hereinbrechen, über die nur noch seltene Sternschnuppen hinzukken. Wer nicht weiß, wer Else Lasker-Schüler *war*, wird nicht einmal diese kleinen goldenen Blitze wahrzunehmen vermögen und nur das Grauen vor dieser sprachlichen und geistigen Trümmerstätte spüren ... Ich wüßte gern, ob Herr Dr. Kraft und Sie meine Meinung für falsch halten oder sie teilen.«

Werner Kraft teilte zwar Ginsbergs Bedenken und dessen Meinung über das ganze Stück, wollte jedoch die »seltenen Sternschnuppen« nicht ungezeigt lassen und entschloß sich zum Teilabdruck. Nach einem Bericht von Hilty[15] ging dieser Entschluß auf eine Befragung Martin Bubers zurück: »Weniger vor das Problem einer literarischen Würdigung gestellt als vor die Aufgabe, ein salomonisches Urteil zu sprechen, riet Martin Buber, doch einfach ein paar Szenen aus dem Manuskript zu publizieren.«

Im Anschluß daran aber ist nun eine Äußerung von

[14] Nachlaßarchiv in Jerusalem.

[15] Jeanne d'Arc bei Schiller und Anouilh, S. 60.

Erich Gottgetreu zu beachten, der im MB vom 14. Februar 1969 schrieb: »[...] es fragt sich aber, ob nun nicht die Zeit gekommen ist, das ganze Werk zu veröffentlichen und damit einen weiteren Kreis mit dieser genial konzipierten Darstellung von Hitlers Höllenfahrt bekanntzumachen – auch wenn einige Teile nicht nach den Gesetzen unserer Literaturauffassung, unserer Logik und unseres Wortordnungssinnes geschrieben sein sollten.«

Allein die Tatsache, daß Else Lasker-Schüler selbst die Veröffentlichung des Schauspiels wünschte und sich sehr darum bemühte, konnte eine vollständige Edition rechtfertigen. Allerdings sollte man die verantwortungsvolle Zurückhaltung Ernst Ginsbergs und Werner Krafts, die vor nunmehr etwa zwanzig Jahren noch größere Berechtigung hatte, respektieren und nicht, wie es damals geschah, als »Kraft-Akt« und Streit zwischen »Erb-Feinden« verdächtig machen. Die gravierenden Bedenken sind inzwischen ausgeräumt. Das Bild dieser Dichterin kann nicht mehr zerstört werden. Man weiß inzwischen, wer Else Lasker-Schüler war. Die dreibändige Werkausgabe, die Ausgabe der *Sämtlichen Gedichte* und die zweibändige Briefausgabe im Kösel-Verlag, die dtv-Ausgaben, die zahlreich erschienenen wissenschaftlichen Abhandlungen über die Autorin, die entsprechenden Veröffentlichungen im *Literaturwissenschaftlichen Jahrbuch der Görres-Gesellschaft*, die Aufführungen der früheren Dramen in Berlin und Wuppertal, die vielen Jubiläumsveranstaltungen und zahllosen Würdigungen und Besprechungen in Presse, Rundfunk und Fernsehen konnten ein so umfassendes Bild von Werk und Persönlichkeit Else Lasker-Schülers vermitteln, daß gleicherweise die Bedeutung wie die Bedingtheit dieses Œuvres allgemein bekannt geworden ist. Die Stellung Else Lasker-Schülers in der deutschen Literaturgeschichte ist gesichert, der Rang ihrer großen Dichtungen anerkannt. Die Schwächen (die nie Geheimnis waren) können daran nichts mehr ändern.

Das Nachlaßschauspiel *IchundIch* ist ein starkes und ein schwaches Werk zugleich. Stark ist es in seiner großartigen Intention und Konzeption, seinen streckenweise äußerst geschickten Dialogführungen und überraschenden Motivspiegelungen, schwach in zahlreichen Einzelformulierungen (mit Ausnahme der »goldenen Blitze« !). Viele Partien sind von großer sprachästhetischer Wirksamkeit und Treffsicherheit der Wortfindung, manche Stellen lassen daran zweifeln, ob es sich dort wirklich um einen kontrolliert organisierten Text handelt. Der Zwang zur bloßen Reimerei und Assonanzenbildung, der sich gehäuft in den späten Briefen findet, der Zwang zur Einfalls-Assoziation scheinen oft den Textverlauf zu beherrschen. Der Antrieb, der die Sprachgestaltung auslöst, scheint reine Spontaneität zu sein. Es ist kein ausgefeiltes Stück. Heinz Thiel[16] vermutet sicher richtig, daß das Schauspiel zwar vom dramaturgischen Aufbau, jedoch nicht von der sprachlichen Gestaltung her vollendet ist und daß die Unzulänglichkeiten der Sprache von der Autorin noch beseitigt worden wären. Diese Annahme wird bestätigt durch Else Lasker-Schülers Notizen auf den Rückseiten des Typoskriptes: »noch corregieren«, »noch nachsehn«, »muß

[16] »Ich und Ich« – ein versperrtes Werk?, in: Lasker-Schüler, hrsg. v. Michael Schmid, Wuppertal 1969.

noch dichtend sagen«. Zur allgemeinen Beurteilung des Typoskriptes ist zu sagen, daß es die Skizzierung eines dramatischen Handlungsverlaufs enthält, dessen innere Idee und äußere Leitlinie fixiert, dessen einzelsprachliche Formulierung jedoch noch im Entstehen begriffen war. Auch die vielfältigen Detailvarianten verstärken eher dieses Bild von der Unabgeschlossenheit eines sich noch bewegenden Textes. Die Dynamik des Schaffensvorganges wird deutlich, und man gewinnt den Eindruck, daß hier ein Schaffensprozeß abgebrochen wurde oder besser: aufgehört hat, so daß das Stück zwar keinen fragmentarischen, jedoch einen vorläufigen Charakter behalten hat.

Interpretationsversuche sind seit 1958 verschiedentlich unternommen worden. Der Nachlaßverwalter Manfred Sturmann stellte seinerzeit Karl Josef Höltgen und mir eine Abschrift des Schauspiels zur Verfügung.

Höltgen[17] sah das Schauspiel als religiöses Vermächtnis und als den Versuch, das Rätsel des eigenen Ich, der zeitgeschichtlichen Ereignisse und der gottgeschaffenen, aber dem Bösen ausgelieferten Welt in visionären Bilderreihen, die zwangsläufig die äußere Form des Dramas sprengen müssen, zu deuten. Er trennte die hauptsächlichen Bedeutungsschichten und Handlungsstränge und wies auf die persönlichen, kabbalistischen und Goetheschen Reminiszenzen hin und auf die Ähnlichkeit dieses Bühnenprobestücks mit den satirisch-dramatischen Szenen von Karl Kraus und dem literarischen Kabarett.

[17] Untersuchungen zur Lyrik Else Lasker-Schülers, Diss. Bonn 1958, S. 149ff.

In *Die Weltanschauung Else Lasker-Schülers in ihren poetischen Selbstzeugnissen*[18] deutete ich das Schauspiel unter dem Aspekt der Lasker-Schülerschen Gegensatz-Motive »müde sein« und »wach sein«, »Mord am Bruder« und »Opfertod für den Bruder«, »Selbstentzweiung« und »Selbstbegegnung« und faßte die Konstellation Dichterin-Vogelscheuche als zweites Ich-und-Ich-Paar auf.

Hans Rudolf Hilty[19] stellt die dramaturgische Frage nach der logischen Beschaffenheit der hier gemeinten Bühne als »Herzensbühne« und weist zum Vergleich auf den Ort der Handlung in Frischs *Chinesischer Mauer* (»unser Bewußtsein«) hin. Hilty hält die Verschmelzung von Dokumentation und dichterischer Einbildungskraft in diesem Antinazistück für bewundernswert geglückt und beurteilt es als »ein Spiel, das seinen einzigartigen Rang literarisch, dramengeschichtlich und politisch gleichermaßen behauptet« (S. IV).

Otto Köhler[20] wertet das Schauspiel als geistig-politische Auseinandersetzung, die ein spätes Novum im Werk Else Lasker-Schülers, das bis dahin wesentlich unpolitisch war, darstellt. Er interpretiert die Problematik der beiden Ich-Gestalten Faust und Mephisto als das Verhältnis von Geist und Macht und den Sündenfall als die Trennung von Geist und Macht, die als Mord und Selbstmord aufgefaßt ist und in der endlichen Ich-und-Ich-Vereinigung aufgehoben wird.

[18] Diss. Würzburg 1963, S. 42f., 46ff.

[19] Ich und Ich. Ein nachgelassenes Schauspiel von Else Lasker-Schüler, in: hortulus 43, Februar 1960.

[20] In: Frankfurter Hefte, 9. IX. 1962.

Heinz Thiel verfolgt in *Lasker-Schüler*[21] dem Schauspiel sinnähnliche Gedankenspuren im übrigen Werk Else Lasker-Schülers. Die Problematik der Ich-Identifikation versteht der Verfasser als allgemeines geistesgeschichtliches Phänomen und als den Dualismus in Dichtung und Leben der Autorin. Aus diesem Dualismus erklärt er die Spaltung jedes Dinges in zwei Seiten, dessen jede Seite unter dem »doppelten Blick« der Dichterin wiederum zwei Seiten gewinnt, so daß sich ständig Digressionen und Assoziationsketten bilden, die vom Ausgangspunkt wegführen, und der Leser nicht selten den Faden und die Dichterin selbst sich im eigenen Gedanken- und Formengestrüpp verliert. Dabei zeigt Thiel Else Lasker-Schülers Weg von der anfänglichen Identifikation über den Umschlag in die Doppelung auf, von der Ich-Du-Beziehung und -Identität zur Ich-Ich-Beziehung und -Identität, einen Weg, der in der Ich-und-Ich-Thematik des letzten Werkes sein Ziel gefunden hat. Einen Hinweis auf den androgynen Urmenschen Adam Kadmon, der in den menschlichen Adam ha-Rischon gespalten wurde, gleichsam als jüdische Modellfigur hinter den Lasker-Schülerschen Vorstellungen, – im Schauspiel selbst auch erwähnt – findet (und zitiert) Thiel in den noch unveröffentlichten *Tagebuchblättern aus Zürich*[22]. Den Dualismus Else Lasker-Schülers erkennt der Verfasser auch in der sprachlichen Gestalt des Schauspiels, indem er die vorgeformtes, traditionelles Material benutzenden parodistischen Züge als Gegenpol zu der eigenen Schreibweise der Autorin sieht, und zwar in der

[21] Wuppertal 1969, S. 123–159.

[22] Nachlaßarchiv in Jerusalem.

Weise, daß sich Parodie und eigenschöpferische Dichtung wie die aufgespaltenen Teile des Ich gegenüberstehen.
Die erste Lektüre des Schauspiels hinterläßt den Eindruck eines kaleidoskopartigen Bildes aus heterogenen Elementen. Daß dieses »Chaos« jedoch – trotz der gelegentlich wuchernden Abschweifungen – aus einem kunstvoll gefügten Grundmuster besteht, läßt sich bei wiederholtem Lesen immer deutlicher erkennen. Polarität und Symmetrie – und dies in vielfacher Verschränkung – liegen der Gedanken- und Sprachfügung, der Situations- und Figurenkonstellation zugrunde und werden in Spiel und Gegenspiel zu einem Ganzen integriert, das – wie in dem berühmten Teppichsymbol Else Lasker-Schülers – die Aufhebung von irdischem Raum und irdischer Zeit begründet und in der Vereinigung von Liebe und Glaube in der Kunst gipfelt. Diese Zusammenschau[23] ist die »höhere Weltanschauung« des Vorspiels, die die Dichterin immer gegenüber der »philosophischen« Weltanschauung des »überklugen Bürgers« verteidigt hat. Was in Lyrik und Prosa als poetische Selbstzeugnisse einer persönlichen Weltanschauung verstreut über Jahrzehnte ausgesprochen worden war, wurde in diesem letzten Werk konzentriert gleicherweise als letztes Lebens- wie Kunstbekenntnis – als »die Wahrheit« – verkündet, gleichsam als Fazit eines vierzigjährigen Schaffens (wofür auch spricht, daß Selbstzitate aus der Lyrik von 1901 bis 1943 in das Stück eingesetzt wurden).
Daraus erklärt sich Else Lasker-Schülers Hochschätzung

[23] Siehe hierzu auch meine Dissertation.

dieses Werkes: »neues herrliches Schauspiel«. Es ist ein spectaculum mundi – unter der doppelten Optik und schließlich der synoptischen Perspektive – als Anschauung der Welt und als Welttheater von Glaube und Liebe. Letzteres in der Nachfolge zweier Werke der Weltliteratur: der *Bibel* und des Goetheschen *Faust* – und deren beider Teile!
Eine »theatralische Tragödie« wird das Drama genannt. Man könnte es aber als Welttheater (»Vom Himmel durch die Welt zur Hölle«) ebenso eine »Göttliche Komödie« nennen, in deren glücklichem Ausgang – wie in beiden großen Vorbildern – Gott der endliche (unendliche) Sieger bleibt. »Theatralische Tragödie« soll hier aber wohl das angestrebte Spektakuläre, Tragikomödiantische, Moritatenhafte bezeichnen, das im Gang der Handlung jedoch nicht strikt durchgehalten wird. Erst im Nachspiel wird diese Absicht ausdrücklich wieder aufgenommen: in der »Moral von der Geschicht«, die aber weniger eine Lehre im Sinne einer »Moral« als vielmehr dramaturgisch ein Botenbericht ist, gehaltlich eine Botschaft und Verkündung. Die Kunde von Tod und Verklärung endet in Offenbarung, auf die hin das Stück angelegt ist. Die höhere Sicht und Einsicht des Nachspiels mündet kreisförmig zurück in die des Vorspiels und des beginnenden ersten Aktes, und durch die sofortige Nennung des »Fakts« wird die dramatische Handlungs- und Konfliktspannung weitgehend abgeschwächt. Die Kapitulation Satans vor Gott (das ist konkret die Niederlage Goebbels' und Hitlers, die Ohnmacht der perversen weltlichen Macht vor der Allmacht Gottes) stellt sich dar als Bezeugung Gottes.

Sie geschieht technisch in der Nutzbarmachung eines literarischen Vorbildes, nämlich der Goetheschen Gretchenfrage. Auch dieser Sachverhalt wird am deutlichsten vom Schluß des Dramas her, das mit der Kernfrage und -antwort endet: »Glaubst du an Gott?« [...] »Gott ist ›da‹!!« Der Glaube an die Existenz Gottes – in genauer Entsprechung und übereinstimmendem Anschluß von Anfang und Ende auch hier – wird schon im ersten Akt in Mephistos Worten »Gott ist ›da‹!!« ausgesprochen. Daß es sich tatsächlich um die Anknüpfung an die Gretchenfrage handelt, beweist das konzentrierte, invertierte Faustzitat aus dem Munde Mephistos im Religionsgespräch des vierten Aktes: »Heinrich, ich liebe Dich ... Du bist mein Glaube«!

In vieldeutiger Anspielung wird das Geschehen des Schauspiels als der »Tragödie dritter Teil« bezeichnet. Dieser Ausdruck kann sich beziehen auf die politische Tragödie des Dritten Reiches, auf eine Art Apokalypse als »drittes Testament« (»Nach höherem Testamentes Wille!«) eines Jüngsten Gerichtes, auf eine Weiterführung der beiden Teile von Goethes *Faust*, als korrektes Zitat auf den Titel von Friedrich Theodor Vischers *Faust*-Parodie (und auf die hier vollzogene Synthese – tertium datur – der antithetisch gegenübergestellten Ich-und-Ich-Gestalten in der Erlösung: Faust und Mephisto, »in ihrer Mitte Gottes Dichterin«).

Schon durch diese Bezeichnung wird klar, daß es sich hier um eine »Fortsetzung« handelt, das Geschehen vorgegebenen Modellen folgt, vor allem dem des Goetheschen *Faust*, jedoch nicht als vollständige, einheitliche Parodie, sondern als die Verwendung und Umbildung eines gegebenen literarischen Stoffes in der

Ausarbeitung von parodistischen Aufbauformen und Einzelzügen.
Else Lasker-Schülers Humor und ihre witzige Spritzigkeit und Schlagfertigkeit sind immer parodistisch gewesen; es wimmelt in ihren Schriften von verdrehten, verballhornten, banalisierten Zitaten aus dem allgemein verfügbaren Balladen- und Redensartenschatz, den allgemein bekannten »geflügelten Worten«. Ihr Sinn für Humor war der Sinn für die Parodie, und sie wußte wohl, wie gut sie selbst zu parodieren war. Aber auch die ernsthafte Seite des Parodistischen (teilweise sogar an Thomas Manns Auffassung und Gestaltung des Parodistischen erinnernd) war ihr nicht fremd[24]. Nirgends aber kommt – in größerem Zusammenhang – dies deutlicher zum Ausdruck als in ihrem letzten Schauspiel. Nicht nur Bestandteile von Goethes *Faust*, sondern auch solche von dessen Parodierung scheinen hier wiederum parodistisch aufgenommen worden zu sein: die Fausthubereien als »Schulweisheit« und »Professorenklügelei« bei Vischer kehren in *IchundIch* wieder, und das Auslegungsgespräch zwischen dem Alten Herrn (=Goethe) und dem Unbekannten (=Vischer) hat seine Parallele in dem Deutungsgespräch zwischen der Dichterin und dem Journalisten Swet.
Else Lasker-Schülers Versicherung in Werken und Briefen, daß sie völlig unbelesen sei, fehlt auch in *IchundIch* nicht, aber der damit verbundene Hinweis auf die Belesenheit anderer und auf den Journalisten und den Zeitungsleser erinnert paradoxerweise an Literatur und Lektüre, nämlich an Goethes *Vorspiel auf dem*

[24] Siehe als Beispiel ihre gespielte Joseph-Nachfolge.

*Theater:* »Allein sie haben schrecklich viel gelesen« und: »Gar mancher kommt vom Lesen der Journale« – und widerlegt gewissermaßen im selben Augenblick die ernstgemeinte Beteuerung!

Die Erinnerung an Goethes *Faust* (daß das Grundthema von *IchundIch* seinen modellhaften Ausgangspunkt in »Zwei Seelen wohnen, ach! in meiner Brust« hat, ist offensichtlich) wird auf zweierlei Art wachgehalten: durch Wortzitatanspielungen und durch Teilhandlungs- bzw. Situationsübernahmen entweder im dargestellten Handlungsverlauf oder im vergegenwärtigenden Dialog. Die Wortzitatanspielungen sind partikulare Elemente der Anknüpfung (»Schöner Herre, darf ichs wagen«, »Und ich mich vor Ihm neige«, »Niemand erbarmt sich meiner Not«), die Teilhandlungs- bzw. Situationsübernahmen tragen übergreifend zum Aufbau bei.

Im Vorspiel und im ersten Akt läßt sich eine Kontamination von *Vorspiel auf dem Theater, Prolog im Himmel* und *Osterspaziergang* erkennen: als Ankündigung und Erläuterung des bevorstehenden Dramas, als (Voraus)-Deutung des Geschehens sub specie aeternitatis, als Gang der Dichterin mit ihrem »Begleiter« (= das andere Ich?) aus der Stadt ins Freie (wobei die Reklamelichter der modernen Großstadt als »Hexensabbat« bezeichnet werden und damit zugleich flüchtig auf die *Walpurgisnacht* angespielt wird), als der Gegensatz von des »Dichters unbegrenztem Traum« und dem »Erdenschrank« (entsprechend dem Goethe-Faustschen Wunschtraum, Flügel zu haben und die Welt zu Füßen).

Der Teufelspakt erscheint hier als Wirtschaftspakt zwischen Hitler und Mephisto, die Szene in Auerbachs Keller als die Bewirtung der Nazigäste aus des Teufels

Küche, angereichert mit Feuerzauber und Blendwerk, wie es nicht nur aus Auerbachs Keller, sondern auch aus der Kaiserlichen Pfalz des *Faust II* als »Flammengaukelspiel« bekannt ist. Fausts Verjüngung und Gretchens Verführung werden im erinnernden Gespräch heraufbeschworen, der Gartenspaziergang (dazu die Stube und das Gartenhäuschen) wird in die Hölle verlegt, wo Marthe Schwerdtlein als Braunsliebchen mit dem pferdefüßigen Goebbels promeniert. Wie der Kaiser seine Schlacht nur mit Hilfe des Teufels gewinnen kann, so hat auch bei Hitlers siegreichen Feldzügen Mephisto die Hand im Spiel. Wie dort das feindliche Heer in der vorgetäuschten Wasserflut zu ertrinken glaubt, so versinken hier Soldaten und Naziführer in der höllischen Lavaflut. Fausts Ende (die Bezwingung der Elemente, die Erfahrung der Sorge und seine Blindheit) wird in verfremdenden Anspielungen ins Gedächtnis gerufen, und seine Verklärung (hier gemeinsam mit Mephisto) wird zum dramaturgischen Zitat des Gesanges der Seligen Knaben: »Er überwächst uns schon An mächtigen Gliedern«.
Die *Bibel* als das andere vorgegebene Modell kommt auf eben die beiden Weisen in den Blick wie Goethes *Faust*. Das Geschehen von Schöpfung, Sündenfall und Vertreibung aus dem Paradies holt Mephisto aus seiner »Vorerinnerung« gesprächsweise in die höllische Gegenwart herein, das Geschehen von Christi Geburt und Tod wird im Dialog von Goebbels und im Aufschrei von Schirach blasphemisch verfremdet. Die Ermordung Abels durch Kain steht als Beispiel für die katastrophale moralische »Gleichgewichts-Störung« zwischen den Menschen der aktuellen Gegenwart. Gottes versöhnen-

der Regenbogen, die Friedenstaube, der Feuerofen erscheinen in neuen, umgebildeten und umgedeuteten Relationen. Sündflut und Jüngstes Gericht spielen sich auf der Bühne ab. »Dein Reich ist nicht von dieser Welt« und »Adolf, Adolf, warum hast Du mich verlassen« sind wörtliche Anspielungen auf Zitate des *Neuen Testamentes*, und in dem Ausspruch »Heil Hitler, meine Zuversicht« wird sogar das protestantische Kirchenlied verfremdend herangezogen.
Das Feld der Zitierung ist weit gesteckt. Und wie die Struktur des ganzen Stückes sich aus collageartig zusammengesetzten und überblendeten Teilen aufbaut, so kann auch die einzelne Zitatformulierung aus weitverstreuten Splittern aneinandermontiert sein: »An Brunn und Baal gemeinsam göttlich Weib, mit Dir durchs Leben in den Tod, Du meine Seele und Verbleib!« Im Hintergrund stehen der *Faust*-Vers: »Vom Himmel durch die Welt zur Hölle« und die Zeile aus *Ännchen von Tharau* »Du meine Seele, mein Fleisch und mein Blut«, außerdem die Reminiszenz an die Feuer- und Wasserprüfung aus der *Zauberflöte*. Herman Meyer[25] bemerkt, daß die komische Wirkung solcher Zitatklitterungen auf dem Wiedererkennen des Bekannten und dem Durchschauen des Verkehrten beruht. Auf diese Weise wird ein Kontakt zwischen Autor und Leser bzw. Zuschauer hergestellt. Das Verfahren ist in einem »dialogischen Prinzip« begründet[26], und die Kontaktaufnahme wie die Zitatverkehrung werden mit voller Absicht vorgenommen: »Eine Seele und zwei Gedanken, ein Herz und ein

[25] Das Zitat in der Erzählkunst, Stuttgart 1961, S. 145 f.
[26] Vgl. Heinz Thiel, a. a. O., S. 147.

Schlag. Rüge mich nur, lieber Leser, da ich – entstellt citiere!«[27]

Die Umfunktionierung des Vorbildes steht in *IchundIch* im Dienste der entlarvenden Karikierung der »negativen« Gestalten (und hat einen belachenswert-komischen wie gleichzeitig verurteilend-schockierenden Effekt) und im Dienste der erhellenden Charakterisierung der »positiven« Gestalten (wie es sich am Beispiel der verfremdeten Gretchenfrage darstellt) und verfolgt dabei den Zweck, das Verständnis des Sinnganzen durch die Evozierung bekannter sinnähnlicher Zusammenhänge zu ermöglichen. Dabei handelt es sich aber nicht um ein akzidentielles Hilfsmittel, sondern um einen konstituierenden Faktor. Das zitierende Verfahren ist ein integrierendes Verfahren.

Dasselbe leisten die Selbstzitate aus der Lyrik. Else Lasker-Schüler baut als Wortlaut oder Variation, als Dialog oder Monolog Verse (von ihren Anfängen bis zur Zeit der Dramenniederschrift) integrierend in den Text ein[28] und stellt damit eine ideelle Verbindung her zwischen ihren eigenen Anfängen und ihrer künstlerisch-thematischen Entwicklung einerseits und den Anfängen und der Entwicklung der Welt andererseits im Sinne einer Entelechie. Auch hierin – in der formalen wie gehaltlichen Integration – zeigt sich eine Synthese von antithetischen Komplementärteilen und eine kreisförmige Rundung wie in der Gesamtkomposition:

[27] Tagebuchblätter aus Zürich, Nachlaßarchiv in Jerusalem.

[28] Aus: »Chaos« 1901, »Abend« 1902, »Im Anfang« 1902, »Weltende« 1903, »Mein Wanderlied« 1905, »Täubchen, das in seinem eigenen Blute schwimmt« 1905, »Genesis« 1929, »Herbst« 1943 erschienen und Gedankengut im Ton der religiösen Lyrik seit etwa 1925.

Anfang und Ende (Vorspiel und Nachspiel) treffen sich. Hier findet das Getrennte sich wieder.
Ganz ähnlich fungiert die Heranziehung von goethebiographischen wie autobiographischen Materialien, wobei die Integration eine Komponente der Identifikation ist. Zusammengehalten werden diese beiden biographischen Teile durch die Berufung auf die Mutter (die gleichzeitig eine verkappte Widmung bedeutet!) als Goetheverehrerin (was wiederum eine Anspielung auf Else Lasker-Schülers Essay *Im Rosenholzkästchen. Zu Goethes 100jährigem Gedenktag*[29] ist!).
Der autobiographische Bezug wird hergestellt durch die Verwendung von Ort, Zeit und Personen als Realitätspartikel. Berlin, Zürich, Jerusalem, die Flucht aus Deutschland, das Exil in der Schweiz, die letzten Jahre in Palästina bringt Else Lasker-Schüler ins Spiel. Damit wird expositorisch nicht nur das autobiographische, sondern auch das zeitpolitische Thema eingeleitet und dramaturgisch der Schauplatz (als topographische Lokalität auf der einen – wirklichkeitsnahen – Ebene) eröffnet. Die Verbindung zwischen realvergangener Zeit und realgegenwärtiger Zeit und den entsprechenden Räumen geschieht sprachlich durch gelegentlich eingestreute kalauerhafte Berlinismen, hebräische Vokabeln und solche des Palestine-English, vor allem aber durch die ihnen real angehörigen Personen, wie Max Reinhardt, Aribert Wäscher, Karl Hannemann einerseits und Gerschon Swet andererseits, die hier zu Figuren des Theaterspiels gemacht werden.
Dazu kommt, daß Else Lasker-Schüler selbst diesem

[29] Erschienen in: Konzert, 1932.

Spiel angehört, wobei die Vermischung von Realität und Fiktion, von Autorin und dramatis persona kaum auflösbar ist, da auch sie das Thema »Ich und Ich« ausmacht und ihr das Prinzip der Identifikation zugrundeliegt. Durch die Rahmenkomposition von Vor- und Nachspiel und die Illusionsdurchbrechungen werden nicht bloß fiktiver Ort und fiktive Zeit aus den Angeln gehoben, sondern wird auch die Person der »Dichterin« auf jeweils andere Ebenen gestellt. Else Lasker-Schüler führt sich selbst ein sowohl als die »Heldin« wie auch als die Verfasserin des Dramas und tritt im letzten Akt sowohl als Autorin wie als Person des Dramas auf. Wohl gilt das eigentliche Schauspiel im letzten Akt als beendet, doch in der Gegenüberstellung mit der Figur der Vogelscheuche gewinnt die Dichterin den Charakter einer Spielfigur. Daß es sich hier wiederum um eine Ich-und-Ich-Figuration handelt, ist offensichtlich[30], jedoch bleibt diese Figuration nicht ausschließlich im Bereich des Spiels, sondern hat wiederum autobiographischen Bezug. Das läßt sich an Anspielungen in Briefen Else Lasker-Schülers ablesen: »[...] ich lauf auf Löchern – auf Stelzen«[31], »Ich bin auch noch in der Seele gebrochen, zerrissen wie mein Kleid!«[32], die sich auf eine Identifizierung mit der Gestalt der Vogelscheuche und auf das Thema der Spaltung beziehen. Die Formulierung aus der bereits erwähnten Einleitung zu einer Lesung des

30 Thiel deutet die Vogelscheuche als die zurückbleibende irdische Hülle der Dichterin, a. a. O., S. 153.

31 An Georg Landauer, 21. II. 1941, in: Wo ist unser buntes Theben, S. 199.

32 An Kurt Wilhelm, undat., in: Literaturwissenschaftl. Jahrb. der Görres-Gesellsch. N. F. Bd. 12, 1971, S. 287.

Schauspiels: »[...] ewig mit mir in Spaltung [...] daß ich mich kurzerhand radikal in zwei Hälften teilte, seelisch.« spricht die Verquickung der Realperson (also der in Wirklichkeit Vortragenden) mit der »Heldin« des Dramas expressis verbis aus.

Ganz ähnlich vollzieht sich auf der Ebene des eigentlichen Schauspiels die Identifizierung von Autor und Dramenfigur, nämlich von Goethe und Faust. In den Gesprächen zwischen Faust und Mephisto wird nicht nur die »Biographie« Fausts, sondern auch die Biographie Goethes vergegenwärtigt, wobei letztere auf Faust übertragen wird. Goethes Mutter, August von Goethe, Schiller, Napoleon, Spinoza, Friederike Brion, Charlotte Buff, Bettina Brentano werden heraufbeschworen und Gedichte Goethes (als Gedichte Fausts) collageartig eingesetzt.

Im letzten Akt spielt die Vogelscheuche in witziger Verfremdung auf *Hermann und Dorothea* und den *West-östlichen Divan* an und gibt sich selbst als den Dichter von Mignons Lied aus. Dadurch geschieht eine Identifizierung der Vogelscheuche mit Goethe-Faust, aber als tragikomische Ichvariante der Dichterin auch eine Identifizierung mit der Dichterin und auf diesem Umwege wiederum eine Identifizierung der Dichterin mit Goethe-Faust. Eine solche läßt sich aber gravierender in den vorangehenden Akten des eigentlichen Schauspiels erkennen. »Dichterin« als Personbezeichnung ist zugleich eine Typusbezeichnung, so wie Goethe-Faust zugleich der Repräsentant des deutschen Dichters ist. In diesem Sinne liegen die Zitateinschübe aus Goethes Lyrik und die aus Else Lasker-Schülers Lyrik auf derselben Ebene.

Goethe-Faust und die Dichterin übernehmen die Rolle des Dichters als Verwalter des Geistes gegenüber dem verbrecherischen politischen Ungeist einerseits und der Geistreichelei des beschränkten Bildungsphilistertums andererseits und als Deuter des Weltgeschehens aus höherer Sicht. Es fällt jedoch auf, daß Mephisto eine viel ausgeprägtere Figur als Faust ist, ihm fällt der größte Anteil des Sprechtextes zu, so daß man ihn als den eigentlichen Protagonisten und in seiner Aktivität auf weite Strecken hin gleichsam als Stellvertreter und Sprachrohr Else Lasker-Schülers verstehen kann. Ihm sind viele entscheidende Äußerungen in den Mund gelegt, die man aus anderen Werken der Autorin kennt. Auf diese Weise liegt eine noch stärkere Identifikation der Dichterin mit Mephisto vor als mit Faust.
Es ist ferner zu erkennen, daß einer Beziehung zwischen Dichterin-Faust eine Beziehung zwischen Vogelscheuche-Mephisto gegenübersteht. Im Ernsthaften treffen sich die beiden Partner als Wächter und Herr über die Hölle bzw. den Garten (Hinweis auf das Paradies?), ferner in der Zurückweisung der Dichterbeleidigung und dem Hinweis auf den Uhrenschlag als Umschlag der Zeit in Ewigkeit, im Komischen in ihrer Eigenschaft als Puppe (Vogelscheuche und Kasperlefigur), die beide, wie es heißt, schließlich in die Gosse oder auf den Mist geworfen werden.
Hieraus läßt sich schon entnehmen, daß das Ich-und-Ich-Thema nicht auf die Arrangierung zweier Paare (Faust-Mephisto, Dichterin-Vogelscheuche) beschränkt bleibt, sondern sich in mehreren einander verschränkten und gespiegelten Figurenkonstellationen zeigt.
Die »teuflische« Seite Mephistos findet ihre Entspre-

chung in Goebbels, dem Repräsentanten des bösen Geistes, der einen Pferdefuß hat und sich selbst einen »Teufel comme il faut« nennt. Dieser wiederum hat seine Entsprechung in der Vogelscheuche in bezug auf die erotisch-schlüpfrigen Redereien beider Gartenszenen.

Die Problematik des Bösen, das anfängliche Gegeneinander von Mephisto und Gott (Schachspiel!), das im Gegeneinander von Mephisto und Hitler zum Miteinander wird, läßt auch in der Figurenkonstellation neben dem Goetheschen Vorbild das biblische Vorbild durchscheinen. Der Dualismus von Frömmigkeit und Blasphemie bestimmt weitere Personenbeziehungen: Marthe–Maria (in der frivolen Anspielung auf Kuppelei und Jungfräulichkeit), Hitler–Christus (in der Verkehrung des »Heils«) – schließlich Dichterin–David. Die Erwägung einer Szene, dem Manuskript zu entnehmen, in der die Liebesempfindung dieser alttestamentarischen Gestalt für die Dichterin ausgesprochen wird, erscheint auf den ersten Blick wie eine Entgleisung. Aber sie könnte ihre Berechtigung im sinnvollen Zusammenhang der Figurenkorrespondenzen haben, da beide (Greisen-)Gestalten dem Geschehen vom höheren Standpunkt aus beiwohnen und beide Kronzeugen Gottes sind. So spricht auch David nach den Anfangsworten der Dichterin und eröffnet mit ihr zusammen das eigentliche Spiel: »Gelobt seist du Ewiger, – König der Welt«.

Die Ich-und-Ich-Gestalten werden unter doppeltem Aspekt vorgeführt: zum einen als ganzheitliches Paar aus zwei Figuren, zum andern als Einzelfiguren aus zwei komplementären Hälften, wobei sich jeweils einer dieser

Teile mit dem entsprechenden Teil einer anderen Figur verbinden kann, entweder in Übereinstimmung oder in diametralem Gegensatz. So bildet Mephisto gemeinsam mit Faust eine Einheit, ist aber in sich gespalten (»spielender Mensch und sinnendes Reptil«) und verbindet seine »negative« Seite mit Goebbels, seine »positive« Seite mit der Dichterin und findet außerdem noch Entsprechungen seiner ernsthaften wie seiner komischen Seite in der Vogelscheuche.

Solche Verschränkungen, Entsprechungen, Übergänge sind auch in der Behandlung und Auffassung von Zeit und Raum zu erkennen. Die zeitlichen wie die räumlichen Überblendungen dienen der Identifikation verschiedener (eigentlich unvereinbarer) Zeiträume und Handlungsräume. Diese Identifikation spielt sich ab im Imaginären und führt zur Aufhebung von Raum und Zeit.

Die Dichterin kommt aus höheren Sphären (»Mich führte in die Wolke mein Geschick«) und, wieder auf die Erde zurückgekehrt, begibt sie sich ins Theater, eine Freilichtbühne (wobei Else Lasker-Schüler an das Freilichttheater auf dem Skopus in Jerusalem gedacht haben mag; »Wir mimen [...] im Freien«), die aber hier nächst der Zitadelle an der Altstadtmauer von Jerusalem (»In der Nähe des Davidturms«) angesiedelt wird, zu einer Theaterprobe vor der Premiere des Stückes. Bühne, Parkett, Logen und Ränge werden gleicherweise zum Schauplatz eines doppelten Spieles. Der Zuschauerraum ist nicht nur besetzt mit den gegenwärtigen, meist ansässigen, »realen« Personen: dem anonymen Publikum, der Dichterin, dem Regisseur, dem Kritiker, dem Journalisten, dem Theaterarzt, dem wirtschaftlichen

Direktor, sondern ebenso mit den mythisch gegenwärtigen »irrealen« Personen: Saul, David, Salomo, die gleichsam (wenn auch auf derselben!) auf höherer Ebene eine zweite Gruppe von Jerusalemer »Lokalgrößen« bedeuten, so daß damit sowohl die profane als auch die heilige Stadt Jerusalem vertreten ist. Das Theater befindet sich im sogenannten Jerusalemer »Höllengrund«, und wenn es heißt: »Das eigentliche Spiel beginnt«, liegt nur noch der Zuschauerraum im Höllengrund, die Bühne entfaltet ihre Illusion und bedeutet die Hölle. Im Eingreifen des Regisseurs, im Austausch der Schauspieler, in den Zwischenrufen der Zuschauer, in den Zwischenbemerkungen der Dichterin wird die Bühnenillusion mehrmals durchbrochen, so daß auf der Bühne ein doppeltes Spiel vor sich geht und der Zuschauerraum weiterhin als Spielraum (auf anderer Ebene) im Bewußtsein bleibt. Der Illusionsraum der Bühne als Hölle wird durch den Ausblick auf die Erde (»unsere Nazierde schon in Sicht«) erweitert und durch die Auffahrt Faust-Mephistos (»So schweben wir [...] ins Reich des Herrn«) zum Himmel hin geöffnet.

Im sechsten Akt kehrt das Geschehen zurück in die »Realität« von Jerusalem, nämlich in den Garten des Augenarztes, so daß sich die Vorgänge im »real« gedachten Raum nun nicht wie anfangs im Zuschauerraum, sondern natürlich auf der Bühne abspielen, obgleich das eigentliche Spiel beendet ist. Die Verbindung zum Zuschauerraum besteht nur noch darin, daß ein Zuschauer der Dichterin gefolgt ist, um sie nach der Urheberschaft des Schauspiels zu fragen. Im Nachspiel spricht die Dichterin, nun gestorben und erlöst, wiederum aus höheren Sphären, und die Korrespondenz

von oben und unten wird dadurch hergestellt, daß die Frage nach der Existenz Gottes die Dichterin von der Erde her erreicht und sie die Antwort vom Himmel her gibt.
Die Aufführung des Dramas als Theaterprobe ist als in der realen Gegenwart stattfindend zu denken (Anfang der vierziger Jahre). Else Lasker-Schüler holt in Rückblenden goethebiographisch das 18./19. Jahrhundert, autobiographisch die zwanziger und dreißiger Jahre, zeitgeschichtlich die nationalsozialistische Vorkriegszeit und die ersten Kriegsjahre in diese Gegenwart herein. In der Vorwegnahme des eigenen Todes und des Todes Hitlers wie des deutschen Zusammenbruchs wird auch die Zukunft in die Gegenwart hereingezogen. (Bestürzend ist, daß die Einzelheiten dieser Fiktion sich wie im Spiel tatsächlich alle zugleich im selben Jahr zutragen sollten, so daß diese Fiktion nachträglich wie eine erfüllte Prophezeiung wirkt.) Heilsgeschichtlich geht der Rückgriff in die Vergangenheit auf den Anfang der Welt zurück, und der Vorgriff in die Zukunft ist die Darstellung eines Jüngsten Gerichtes.
Der sechste Akt, der die Dichterin nach der Beendigung der Bühnenprobe zeigt, läßt darauf schließen, daß diese an einem Vormittag stattgefunden hat, denn die Uhr des Augenarztes schlägt zwölf Uhr Mittag. Allerdings wird sie als »vorweltlich-verstimmt« bezeichnet und damit die chronometrische Zeit in Frage gestellt. Gemeint ist hier die erfüllte Zeit, der Zeitpunkt der Vollendung, die Todesstunde der Dichterin. Dieselbe Bedeutung hat der Uhrenschlag vom Turm im vierten Akt (die Bewirtung der Nazigäste geschah am Abend davor, der Gartenspaziergang und die Schachpartie spielen sich am frühen

Morgen ab), bei dem die Erkenntnis wach wird, daß es nicht Mittag, sondern Mitternacht ist, das heißt »zeitlose Zeit«, »Ewigkeit«. Die Konzentration des Zeitablaufs im Ewigkeitsaugenblick ist die Identifikation von Zeit und Zeitlosigkeit. Hier schlägt Hitlers Stunde der Verdammung und Faust-Mephistos Stunde der Erlösung. Daß darüber hinaus eine Identifikation von Zeit und Raum vorliegt (und damit in der verwandelnden Ichfindung die Aufhebung von Zeit und Raum und die Einsetzung von Ewigkeit und Unendlichkeit), besagen verschiedene Aussprüche Mephistos, wie: »Nur Ewigkeit ist kein Exil« und: »die Ziele hinter aller Zeit«. Der Zusammenfall von Ende und Beginn, das heißt von Tod und Auferstehung kommt im fünften Akt zum Ausdruck, wenn Mephisto Goethe-Fausts »Totenklage« »Über allen Gipfeln ist Ruh« zitiert und anschließend von »unserm ersten auferstandenen Tage« spricht. Er klagt, daß Faust (durch seinen Dichterruhm) unsterblich sei, er selbst nicht sterben könne. Trotzdem fordert er Faust auf, ihn zu töten, was dieser entsetzt verweigert, hat er doch versichert, daß er gerne den »Opfertod« für Mephisto sterben wolle. Damit findet diese »Mordgeschichte« nicht statt, sondern wird das Paar Faust–Mephisto zur gegensätzlichen Symmetriefigur zu dem Paar Kain–Abel und zugleich zur Verkörperung der Liebe als gegenseitiger Partnerschaft und als Kindschaft Gottes, was dadurch betont wird, daß Faust und Mephisto anschließend ein religiös-erotisches Gedicht Else Lasker-Schülers dialogisch zitieren, das strukturell mit Goethes zuvor angeführtem Gedicht *Ein Gleiches* korrespondiert. Die beiden konträren »Unsterblichkeiten« Fausts und Mephistos werden in deren Verklärung zu einer

höheren (nun übereinstimmenden) Unsterblichkeit erhoben.
Das Liebesthema – mit seinem Gegenthema Sünde – hat in *IchundIch* verschiedene Spielarten und Ausprägungen, die schwer voneinander zu trennen sind. Die Vaterlandsliebe und Nächstenliebe des weichherzigen Faust, auf Mitleid beruhend, mutet rührend an, wird aber von Mephisto als Selbstmitleid, Sentimentalität und Verharmlosung der Sünde entlarvt. »Dr. Fausti Weheklag« rührt den Teufel nicht. In seiner politisch-moralischen Dichterschelte macht er ernüchternd klar, daß des deutschen Dichters »Biedermeiertum« falsche Tugend ist, Ängstlichkeit, Schwäche, Augenwischerei (»Du nahmst wohl Schlimmeres schon in Kauf«), ja, daß seine Demut vor Gott untertäniger Heuchelei gelegentlich gefährlich nahe kommt (»Du Pfaffe du!«) und daß seine Zwiespältigkeit im faustischen Streben nach Wahrheit und im bequemen Nichtwahrhabenwollen besteht. Konsequenter ist das politische Opfer van der Lubbe, der das echte menschlich-religiöse Mitleid als stellvertretendes Leiden handelnd vollzieht, indem er das Selbstopfer auf sich nimmt und für die Sünden der anderen büßt. Dieses Stellvertretertum in anderem Sinne wird auch Mephisto selbst übertragen, da er – und nicht Gott – sich sowohl Fausts als auch van der Lubbes angenommen hat. Allerdings erfährt der »aufgeklärte« erbarmungslose Sarkasmus des »Bösen«, der hier charaktervoller als Faust erscheint, doch auch sein Korrektiv durch diesen, indem Faust Mephistos immer wieder durchbrechende Liebe zu Gott und dessen Sehnsucht nach Verklärung mahnend mit dem Spruch: »Das ewige Leben dem, der viel von Liebe weiß zu sagen – ein

Mensch der Liebe kann nur auferstehn!« nachhilft. Das in den biographischen und religiösen Gesprächen teils akzentuierte, teils versteckte Motiv von schlafen, verschlafen, wachen und wecken ist bezogen auf gegenseitige »Liebesdienste« Fausts und Mephistos zur Selbstfindung, Gottesfindung und »Einigkeit« des Paares, die, von Liebe »inniglich umhüllt«, der Dichter preisen will, so daß das Schauspiel auch das Hohelied der Liebe ist.

Die frivole Spielart des Liebesthemas gehört beiden Gartenszenen, gebunden an Marthe, Goebbels und Vogelscheuche, an, wird auch von seiten Mephistos in das Verhältnis Faust–Gretchen hineingebracht, während von seiten Fausts dieses Liebesverhältnis verklärt als »reines« Erlebnis gesehen wird, in welchem der religiöse Aspekt nicht fehlt. Mephistos Ausspruch »Heinrich, ich liebe Dich... Du bist mein Glaube« gewinnt eine gewisse Doppeldeutigkeit, indem bei dieser Anspielung auf das Gretchen-Erlebnis ein spöttischer Unterton nicht zu verkennen ist, andererseits aber mit vollem Ernst gesprochen wird und damit der religiöse Aspekt der Ichfindung im Partner, nämlich in Faust als dem zweiten Mephisto-Ich, zum Ausdruck kommt. Die erwogene David-Szene stellt die Liebe (durch ihre Bindung an eine biblische Gestalt) gänzlich in den Raum des Religiösen und nimmt damit eine Mythisierung vor. Die negative Seite der Liebe als Sünde, die noch im Verhältnis Faust–Gretchen vorhanden ist, ist damit ausgeschlossen. Auch von dieser Überlegung her läßt sich denken, daß die David-Szene eine sinnvolle Funktion im Drama hätte haben können.

Im Vordergrund steht die Liebe des Ich zum Ich, die Sehnsucht nach der Selbstbegegnung, der Vollendung in

der ganzheitlichen Person. Gleichsam als Programm des Bevorstehenden und als Verkündung des bereits Geschehenen, das nun gespielt vorgeführt werden soll (wodurch eine Identifizierung des Vergangenen mit dem Zukünftigen und – in der Vorwegnahme der Handlungsspannung – eine Aufhebung der transitorischen Zeit geschieht), sagt die Dichterin zu Beginn des Schauspiels, daß sie sich selbst begegnet sei: »Denn ich erhörte mich, da ich nach mir zeitlebens rief.«
Die Suche nach dem »Ebenmenschen«, die Sehnsucht nach dem »Ebenich« ist ein altes Motiv in Else Lasker-Schülers Dichtung. Eine bezeichnende Aussage findet sich in »Mein Herz«: »Wie man versöhnt mit sich sein kann, und Eigenes sein Ewiges küßt. Hätte ich je einen Menschen so unumstößlich erlebt, wie mich! Zweitönig Pochen, vertrautes Willkomm. Rundeilen meine Gedanken um mich, um alles Leben – das ist die große Reise um aller Herzen Schellengeläute und Geflüster, über Wälle, die Jubel aufwarf, über Gründe der Versunkenheit; und falle in Höhlen die der Schreck grub – und immer seine Herzstapfen wiederfinden, seinen Blutton, bis man den ersten Flügelschlag in sich vernimmt, sein Engelwerden – und auf sich herabblickt – süße Mystik.« Der »Wandel Ich und Ich«, als Selbstreflektion in der Entzweiung und Intuition in der Selbstbegegnung einer unio mystica, ist wohl weniger als Narzißmus denn als Selbstwahrnehmung innerhalb erfahrener Gottesbeziehung zu begreifen, einer Erfahrung, die in »Konzert« folgende Worte findet: »Jedes wahre Gebet ist eine Konzentration ... Ich und Ich. Und aus dieser Selbstverbindung entsteht doppelte Kraft.« Zu Gott kommen wird erlebt als zu sich selbst kommen, als zentral, eigentlich, wesentlich sein.

So wird denn auch das »Engelwerden« zum Schluß als ein geeintes Sein »zwischen« den beiden »Hälftenteilen« Faust und Mephisto, von denen nicht mit Eindeutigkeit auszumachen ist, welcher die »bessere Hälfte« ist, vorgestellt. Die Gegensätze gut und böse, weiß und schwarz, ja, als was immer sie in Erscheinung treten, sind aufgehoben, und in der liebenden IchundIch-Vereinigung geschieht der Gottesbeweis.

Heinz Thiel hat aufgezeigt, daß der formelhafte Ausdruck »Ich und Ich« vielerlei Ausprägungen in Leben und Werk Else Lasker-Schülers hat. Er weist auf die männliche Komponente der Autorin in der Maske des Mannes (Prinz von Theben) hin und auf die weiblich-männliche Namensdoppelung »Abigail Jussuf«[33].

Meir Gertner[34] untersuchte die »Bruderallegorien« in ihren biblischen Balladen, in denen jeweils ein Paar im Mittelpunkt steht: Kain–Abel, Ismael–Isaak, Jakob–Esau, (Joseph und seine Brüder), Saul–David, Pharao–Joseph, deren Verhältnis immer als brüderliches gedeutet ist, selbst wo es sich um ein Vater-Sohn-Verhältnis handelt. Hierfür gibt es auch biographische Beispiele, so, wenn Else Lasker-Schüler zu Klaus Mann von seinem »älteren Bruder Thomas Mann« spricht[35]. Franz Marc pflegte sie ihren »Halbbruder Ruben« zu nennen und zeichnete ihn als ihren »Spielgefährten« zusammen mit ihrem eigenen Portrait[36]. Solche Doppelbildnisse von der Hand Else Lasker-Schülers gibt es viele, und man kann

[33] A.a.O., S. 132ff.

[34] In: Lasker-Schüler, S. 172ff.

[35] Lieber gestreifter Tiger, S. 233.

[36] Siehe Umschlagzeichnung von »Lieber gestreifter Tiger«.

sie als graphische Manifestationen des Ich-und-Ich-Themas deuten.
Die Formel »Ich und Ich« kann auch als dramatische Grundstruktur von Protagonist und Antagonist aufgefaßt werden. In Else Lasker-Schülers Schauspiel wird diese Grundstruktur jedoch einigermaßen verwischt dadurch, daß die Ich-und-Ich-Figuration auf mehrere Gestalten verteilt wird, und dadurch, daß die Ich-und-Ich-Partner Faust und Mephisto keine eigentlichen Gegenspieler sind.
Erich Franzen[37] beobachtet, daß der Gegenspieler in der Moderne verschwindet und an seine Stelle die Doppelgänger-Figur tritt. Volker Klotz[38] weist nach, daß die Rolle des Gegenspielers von dem »Vertrauten« eingenommen wird, der nicht selbständig, sondern ein Teil »seines Herrn« ist, so daß die Dialoge eigentlich Monologe sind und die äußere Form des Dialogs nur eine »Versinnlichung des im Bewußtsein ausgetragenen Zwiespalts« ist (S. 66). Als Grundmuster des »geschlossenen Dramas« sieht er das Duell an, als ausgewogene Zweipoligkeit (S. 90). Ein solches Grundmuster könnte man im Schachspiel zwischen Faust und Mephisto erkennen, jedoch sorgt die Verschiebung der Ich-und-Ich-Konstellation dafür, daß das Drama »offen« bleibt.
Hans Rudolf Hilty betonte die dramengeschichtliche Bedeutung des Schauspiels, und es läßt sich an verschiedenen Komponenten ablesen, daß das Drama keineswegs isoliert, sondern in der modernen Tradition steht. Was

[37] Formen des modernen Dramas. Von der Illusionsbühne zum Antitheater, München 1961, S. 32.
[38] Geschlossene und offene Form im Drama, München 1969.

Hilty in seinen *Prolegomena zum modernen Drama*[39] für das moderne Drama im allgemeinen feststellt, trifft genau auf *IchundIch* zu. Die Verfremdungseffekte durch Desillusionierung, das Überspielen der Rampe, das Theater im Theater, das Mischen von Zeiten und Welten, die Polyperspektive, das Eindringen der Parodie deutet er als die Sichtbarmachung der existentiellen Aktualität und als dramaturgische Realisation der Wandlung von der äußeren zur inneren Realität und damit der Wandlung des Wahrheitsbegriffs (S. 44 ff.). Die Bühne ist unser geistiges Bewußtsein, indem unsere eigene Existenz als Theater verstanden wird: theatrum mundi (S. 49). In der Offenheit des modernen Dramas sieht Hilty die Gefahr des Zerflatterns der szenischen Formen, und er wirft die Frage auf, ob die Stelle des Regisseurs besetzt sei, denn die offene Form des Dramas vermittelt leicht den Eindruck des Stegreiftheaters (S. 50 f.).

Else Lasker-Schüler hat die Stelle des Regisseurs besetzt – wenn auch nur fiktiv und spielerisch –: mit Max Reinhardt! Und dennoch gibt es hier – in der Vermischung der Ebenen – das momentane, improvisierte Spielen aus dem Stegreif.

Ergänzend aber sollte man die Frage nach dem Zuschauer stellen. Wohl ist der Zuschauerraum von einem Publikum besetzt, doch läßt die Aufforderung der Dichterin an »my dearest Friend«, ihren Begleiter, der ungenannt bleibt und wohl ihr anderes Ich bedeutet, ihrem »Höllenspiel« zu lauschen, vermuten, daß der eigentliche Zuschauer die Dichterin selbst ist. Denn der

[39] In: Jeanne d'Arc bei Schiller und Anouilh.

eigentliche Schauplatz des Spiels wird als ihre »Herzensbühne« bestimmt. Er liegt in ihrem Bewußtsein, tut sich auf vor ihrem inneren Auge, liegt in der Phantasie, im Imaginären, in dem das Unvereinbare vereinbar wird, das Unmögliche möglich. Ihre Sehnsucht nach der Selbstbegegnung kann sich nur erfüllen im Imaginären, im Spielraum der Kunst: »Und da vermischt im dunklen, engen Leibe nie, So auf der weiten Bühne werden wir uns finden.«

Damit verbindet sich das Verständnis des Verhältnisses von Wahrheit und Faktizität, des Unterschiedes zwischen »Dichten und Berichten« (»himmelweiter Unterschied«) und der Wahrheitsanspruch der Kunst: »nur mein Vers war keine Illusion!« und »da die Wahrheit ich berichte wenn ich dichte, Laßt allen Zweifel ausser Acht!« Das ist eine Aufforderung zum Glauben an die Kunst (die damit in den religiösen Bereich gestellt wird, was ja auch aus Else Lasker-Schülers »kunsttheoretischen« Äußerungen in der Prosa bekannt ist), und der Vertreter der Faktizität, der Journalist Swet, erscheint gleichsam als kunstungläubiger Thomas, der von der Dichterin überzeugt wird. In seinem Zeitungsbericht muß er die »kühle Wahrheit« bringen und möchte den Sinn des Spiels, die Lösung des Rätsels, von der Dichterin erfahren. Diese antwortet mit der Aufforderung an die Vogelscheuche: »Reimt einen Reim«, denn das allein wäre »sachgemäss«, wie es »im Spiel steht«, alles andere wäre eben »ungereimt« und nicht die Wahrheit. Damit wird die Möglichkeit ausgeschlossen, daß es außerhalb der Kunst überhaupt eine wahrheitsgemäße Aussage geben kann.

Der Rang des Künstlers als Verkünder der Wahrheit, die

hier als religiöse Wahrheit gemeint ist, ist ein königlicher (wie es ausdrücklich in den »kunsttheoretischen« Äußerungen heißt)[40], und eine Liebesbeziehung zwischen dem biblischen König David und der Dichterin wäre unter diesen Aspekten nur folgerichtig. In der Andeutung dieser Beziehung wird die von Else Lasker-Schüler auch in anderen Werken formulierte Einheit von Glaube, Kunst und Liebe vorgeführt.

Alle drei Bereiche können für Else Lasker-Schüler nur im Spiel verwirklicht werden als der komplementären Hälfte des Ernstes. Nur im Spiel verwirklicht sich Ernst. Auch hier zeigt sich (unbewußt?) die Goethe-Tradition: »Nur aus innig verbundenem Ernst und Spiel kann wahre Kunst entspringen« (ein Ausspruch Goethes, den Herman Meyer seinem Buch *Das Zitat in der Erzählkunst* vorangestellt hat). Die einzig sinnvolle Tätigkeit für Else Lasker-Schüler ist spielen, nicht spielen ist Zeit verschwenden: »Ich höhne der Gelehrsamkeiten Professoren, die Zeit zum Spielen geht den Herren verloren. Wie spielerisch dreht uns beide doch der Reim.« So erklärt sich, daß der Partner immer der »Spielgefährte« ist. Spielen können aber setzt Kindlichkeit voraus, ewig jung bleiben, ewig »siebenjährig« wie das Teufelchen im Paradies, der Gottesschalk in der Kindschaft Gottes. Darum kehren Faust–Mephisto und die Dichterin schließlich wieder in die »Vorerinnerung« paradiesischer Anfänglichkeit zurück: »Im Paradiese wird man wieder klein«.

Spiel aber ist Gleichnis und Imitatio, ist parodistische Seinsweise, ideale Existenz in mythisch vorgeprägten,

[40] Siehe dazu auch meine Dissertation.

zeitlos gültigen Mustern. So ist das poetische Verfahren der Orientierung an vorgeprägten Modellen nicht allein eine Frage der Technik, sondern Ausdruck einer Sinnintegration. Nichts eigentlich ist in *IchundIch* Erfindung, sondern Auffindung, Zitat, Nachfolge – so naiv wie raffiniert im besten Sinne des Wortes. So ist die Kombination von Mysterienhaftem und Skurrilem, ist das Sublime in der Maske der Humorigkeit und Banalität ein Versteckspiel, das der Enthüllung dient. Hier ist Entdeckung mehr als Erfindung, sie ist Freilegung, Sinneröffnung. Und diese Nachfolge hat ihre eigene, unverwechselbare Originalität. Wie könnte es anders sein, als daß im Thema der Selbstbegegnung Else Lasker-Schüler in ihrem letzten großen Werk ihr Leben als zeitgeschichtliches Schicksal und religiöse Existenz in exemplarische Zusammenhänge stellt und ihre Dichtungen abschließend noch einmal in wechselseitigen Spiegelungen erhellt. *IchundIch* ist der letzte Versuch eines Umgriffs der Einheit ihres geistig-poetischen Daseins.

Das Selbstverständnis Else Lasker-Schülers, untrennbar verbunden mit ihrer Beziehung zu Gott und ihrer Beziehung zum Menschen, orientiert sich an der Symbolik der jüdischen Mystik. Die Anspielungen auf kabbalistisches Gedankengut im Schauspiel sind Medium der Bindung des politischen Themas an das religiöse. Wo im Menschheitsdrama alles in Bewegung gerät, werden die Richtungen der Taten und Untaten, der Gedanken, Zweifel, Sehnsüchte, Gebete, Erhörungen und Erkenntnisse von Ideen der Kabbala gelenkt, wie Else Lasker-Schüler sie auslegte und seit den zwanziger Jahren »sowohl in Prosa als in Versen« verkündigte. In *IchundIch* ergreift die nationalsozialistische »Bewegung« die ganze Erde und treibt sie in den Abgrund (»unsere Nazierde schon in Sicht«), wird damit zum horrenden Beispiel für den moralischen Verfall des Menschen überhaupt, der von seiner Gottebenbildlichkeit abgefallen ist und nicht mehr vom »Lächeln Gottes« bewegt wird, während der gefallene Engel Mephisto, Gott »treu« geblieben, die »gesamte Menschbillion« retten will und sich selbst wieder auf Gott zubewegt. Er (»ein Mensch wie du«) leidet unter der Gottesferne im »Exil«, unter der Blindheit, die er mit Faust in der Finsternis teilt, unter der Sehnsucht nach »Lichtung«, und die versöhnende und einigende Liebe führt schließlich die Klagen und Anklagen zur Freude. Auch die Dichterin singt am Ende das Lied von der Freude, weil sie Gott nahe ist. Ihr Sterben im Garten des Augenarztes transzendiert die Blindheit. Die beunruhigenden Fragen nach dem »Weltenrätsel« und der »Weltenillusion« beantworten sich in der Verschweigung, der trübe »Rest« löst sich auf in der Schau Gottes. Sowie die Dichterin im Tode die Augen schließt, werden sie ihr geöffnet zur Klarheit.

Somit scheint eine starke Akzentuierung auf der Bedeutungsebene »Jenseits« zu liegen. Aber das im Schauspiel immer wieder in Wort und Aktion gesetzte Thema »Liebe und Verantwortung für die Schöpfung Gottes« beinhaltet eine Botschaft für die Welt und ein besseres Leben in ihr. Das scheinbar triviale Liedchen »Freut euch des Lebens, da noch ein Lämpchen glüht« läßt Else Lasker-Schülers Überzeugung von der Existenz einer ursprünglich »heilen«, das ist hellen und natürlich-lebendigen Welt durchscheinen, eine Überzeugung, die zum Beispiel im Buch »Konzert« ihren Ausdruck findet und genau auf die Problemsituation des Nachlaßschauspiels zutrifft: »Die Folge aber unserer verfinsterten Paradieswelt ist: Kurzsichtigkeit bis zur Blindheit, Fehde, Herrschsucht, Haß und Krieg, und das Erkennen der Liebe scheint nur mager durch die Herzen der Menschen. Aber das Paradies lebt, wenn auch heimlich, in der Ampel der Welt. Nur sein ungetrübter Strahl vermag die Welt wieder zu erlösen, seine Liebe die Menschheit.« Auch hier geht es um das Entdecken des Verborgenen.

Verschiedene verwandte Ideen treffen zusammen. Mephistos Äußerung, er liebe nicht den »Unsichtbaren Mann«, ist ein Hinweis auf den deus absconditus ebenso wie Fausts Worte »Es ist ein Weinen in der Welt – Als ob der Liebe Gott gestorben wär«. Zwar sind – ebenso wie König David und die Dichterin – auch Mephisto selbst und der Gott Baal Kronzeugen Gottes, doch hat der äußerste Abstand des Menschen zu Gott zu dem Eindruck geführt, daß die Welt »gottverlassen« sei. Dies hat nach Else Lasker-Schülers kabbalistischer Auffassung theologische und ethische Gründe.

Kosmogonische Vorstellungen bestimmen ihre Dichtung seit den »Konzert«-Essays und dem »Hebräerland«-Reisebericht und sind in die symbolischen Bildfelder ihrer Lyrik eingegangen, haben auch ihre Spuren in *IchundIch* hinterlassen. Gott als Gottkörper erfüllte den Raum und hielt die körperlose Weltseele in seiner Hand. Er zog sich zurück, um Platz für die Welt zu machen, die er erschuf, indem er die Weltseele inkarnierte in einer Schalenwelt, zugleich sich selbst entkörperte zur Gottseele. Die Welt (»Erdenschrank«) und der Mensch (»Haus leiblicher Gefangenschaft«) befinden sich durch ihre Einkörperung im »Exil« ; Menschenseele und Weltseele, durch die verfinsternden Schalen von der lichten Gottseele getrennt (»überall nur Finsternis und nirgends Lichtung«), erinnern sich an ihre Urheimat Gott und sehnen sich nach ihr von Anfang an (»Die Heimkehr dachte sich die Welt zusamm, bevor sie auf die Welt noch kam«). In der Liebe, in der Kunst, in der visionären Entrücktheit und im Gebet gelingt es der Seele, die Schalen zu durchbrechen in Ewigkeitsaugenblicken, die Rückkehr geschieht erst nach dem Tode. Da die Wahrheit allein bei Gott ist, kommt dem stofflichen Modus der Welt keine eigentliche Wesenheit zu (»Weltenillusion«), die Welt hat ihren Wert und ihre Wirklichkeit aber darin, daß sie Ersatz der Hand Gottes und vorläufige Heimat der Seele ist, die teilhat an Unendlichkeit und Ewigkeit und diese Teilhabe in der Liebe und Verantwortung für alle Geschöpfe lebt, damit die kosmische Ordnung (»Gleichgewicht«) lebendig erhält. So das Gesetz.

Die Verfinsterung ist jedoch nicht allein Folge der kosmischen Entwicklung, sondern auch Schuld des Menschen. Ursprünglich war die Welt, wie es in »Konzert« heißt, »Paradies, eine glühende Melone am Zweig der Ewigkeit«. Der Sündenfall des Menschen war der Verrat an der Liebe, da er den Tod als Mord in die Welt brachte. Mephisto verweigert im Schauspiel die Verwandtschaft mit dem Brudermörder Kain, war er doch nie von Gott »abgelenkt«, sondern immer auf seiner Seite (»Teuflisches Element drängt zur göttlichen Moral«). So wie Gott stets »der Wache« ist, ist auch Mephisto »wach«, wird damit gegen alles Vorurteil zum Verwalter der Liebe Gottes und dem Menschen zum

Vorbild. Die Aussage »Ich liebe dich« enthüllt sich als Drehpunkt des Erlösungsdramas, das seine Gültigkeit auch für das immanente Leben hat, da die Verfinsterung, durch die Todsünde gegen die Liebe entstanden, wiederum nur durch Liebe und deren einigende Kraft aufgehoben werden kann. Hier werden die Idee »Liebe« und die Idee »Licht« kongruent. Die Liebe überwindet die Blindheit, macht sehend, klärt die Verhältnisse der Welt. Sie ist das Bollwerk gegen die Gefahr, daß der Mensch »lebendig tot« ist und »die Erde mit sich fortreißt«. Auch das Schauspiel *IchundIch* handelt von Else Lasker-Schülers »unbegrenztem Traum«, den die Dichterin in einer Prosaskizze aus dem Nachlaß schildert:

»Ich träumte und sah viele Menschen auf einem Erdenfleck, auch treue Tiere und andächtige Bäume, und einen kleinen durchsichtigen Kiesel herabrollen vom Fels, und sich mit Mensch und Tier und Baum vereinen, und nach Gott ausschauen. Aber die unsichtbare Schnur, der leuchtende Docht, der uns mit dem Herrn der Welt verbindet, frei im Weltenraum, beginnt sich zu lockern, aber auch die unzeitliche Bandschnur, die die Völker und ihre Menschen vereinte, von Gott geknotet. Der Sehnsucht innige Verschmelzung erfüllt sich nur noch trübe im fahlen Lichtverfall. Und stark und stand hielt nur der durchleuchtete Lichtparagraph, das Gesetz der Seele; ihm zu gehorchen, heißt: Weltordnung.

Liebreiche Weltordnung läßt keine Not ein.«

# BIBLIOGRAPHIE

DIE WUPPER

*Schauspiel in 5 Aufzügen / von Else Lasker-Schüler / Oesterheld & Co. Berlin 1909 /*

S. (5) Widmung: *Der lieblichen Prinzessin / Helle v. L. / schenke ich dieses Buch*

S. (6) *Das* ***Aufführungsrecht für sämtliche*** *Bühnen ist durch die Verlagsfirma Oesterheld & Co., Berlin W. 15 zu beziehen*

S. 7 *Personen*

S. 9–102 Text

S. 103 *Zur Kenntnis: Das Original dieses Schauspiels ist* en Wopperdhalerplatt *geschrieben worden.*

ferner als Fußnote: *Druckfehlerberichtigung:*

*Seite 31, Zeile 10 von oben lies statt: Sie liebt mir – Sie liebt mich. »Im Ton der Arbeiter« muß wegfallen.* (Siehe S. 996 oben.)

S. 104 *Von Else Lasker-Schüler erschienen bisher:*

*Styx. Gedichte.*

*Der siebente Tag. Gedichte.*

*Das Peter Hille-Buch.*

*Die Nächte Tino von Bagdads.*

Einband in blauer Pappe, mit Titel wie oben (ohne Jahreszahl) und Verlagssignet

DIE WUPPER

*Schauspiel in 5 Aufzügen / von Else Lasker-Schüler / Verlegt bei Paul Cassirer in Berlin / 1919*

S. (5) Widmung: *Der lieblichen Prinzessin Helle von Soutzo / schenke ich dieses Buch*

S. (6) *Das Aufführungsrecht ist durch den Verlag Paul Cassirer, Berlin W 10, Viktoriastr. 2, zu erwerben*

S. 7 *Personen*

S. 9–119 Text nach der Erstausgabe (der Druckfehler wurde nicht berichtigt)

S. 120 *Zur Kenntnis: Das Original dieses Schauspiels ist* en Wopperdhalerplatt *geschrieben worden.*

Auf dem Einband eine Zeichnung der Dichterin (weiblicher Kopf mit kurzem Haarschnitt) mit der Unterschrift: *Mein*

*Selbstbildnis (Prinz von Theben);* diese Zeichnung stammt aus der Erstausgabe des Briefromans *Mein Herz;* Umrandung in Orange

DIE WUPPER

*Schauspiel in 5 Aufzügen / von Else Lasker-Schüler / Das Buch ist zu beziehen im Selbstverlag von: / Else Lasker-Schüler, Berlin W 50, Postlagernd*

S. (5) Widmung wie Erstausgabe von 1909

S. 7 *Personen*

S. 9–102 Text nach der Erstausgabe von 1909 (der Druckfehler auf S. 31 wurde berichtigt)

S. 103 *Von Else Lasker-Schüler erschienen bisher:*
*Die gesammelten Bücher:*
*Die Kuppel. Gedichte.*
*Die hebräischen Balladen. Gedichte.*
*Der Malik. Roman.*
*Mein Herz. Roman.*
*Die Nächte Tinos von Bagdad.*
*Gesichte.*
*Essays.*
*Das Peter Hille-Buch.*
*Die Wupper.*
*Der Prinz von Theben.*
*Außerdem:*
*Der Wunderrabbiner von Barcelona.*
*Die Briefe St. Peter Hilles an Else Lasker-Schüler.*
*Broschüre: Ich räume auf ...*
*Luxusbuch: Theben. 10 Zeichnungen und 10 Gedichte.*
*(Beides von der Dichterin.)*
*Sämtliche Bücher sind zu beziehen im Selbstverlag von Else Lasker-Schüler, Berlin W 50, Postlagernd.*

Kartoniert in blauer Pappe (ohne Verlagsbezeichnung)

Es handelt sich um einen Nachdruck der Erstausgabe von 1909, der dieser auf den ersten Blick zum Verwechseln ähnlich sieht; das Buch wurde jedoch gänzlich neu gesetzt und auf schlechterem Papier gedruckt (Druckvermerk auf der

Rückseite des Einbands der Erstausgabe: *Schliemann & Co., Zittau;* des Nachdrucks: *Druck: Chr. André, Berlin-Halensee)*

ARTHUR ARONYMUS UND SEINE VÄTER
*(aus meines geliebten Vaters Kinderjahren) / von / Else Lasker-Schüler / Copyright 1932 by S. Fischer Verlag A.-G. Berlin* (nur als Bühnenmanuskript gedruckt)
S. (1) Widmung: *Meiner teuren Mutter: Jeannetta und meinem teuren Sohn Paul in Liebe.*
S. (1)–3 *Personen*
S. 4–142 Text
Broschiert, in ziegelrotem Pappumschlag

## *Die Wupper*

Da der späte Nachdruck im Selbstverlag zum Teil die Druckfehler der Erstausgabe von 1909 übernimmt, mit der er ja auch äußerlich übereinstimmt, wurde hier der verbesserte Wortlaut der zweiten Auflage von 1919 zugrunde gelegt. Die Uraufführung fand 1919 in Berlin als private Veranstaltung der Gesellschaft Das junge Deutschland im Deutschen Theater Max Reinhardts unter der Regie Heinz Heralds statt. Die zweite Aufführung fand 1927 in Berlin unter der Regie Jürgen Fehlings statt.

## *Arthur Aronymus und seine Väter*

Diese dramatische Bearbeitung der Erzählung (in *Der Prinz von Theben,* dtv Bd. 10644) stammt aus dem Jahre 1932.
Die Uraufführung fand 1936 in Zürich, unter der Regie von Ernst Ginsberg, statt. Das fünfzehnte Bild wurde damals von Ernst Ginsberg zusammen mit der Dichterin gekürzt und umgearbeitet. Unser Abdruck bietet beide Fassungen dieses Bildes. Einige Korrekturen aus dem Handexemplar des Nachlasses wurden übernommen.

## *IchundIch*
## *Editorische Notiz zur Taschenbuchausgabe*

In dem 1962 im Kösel-Verlag erschienenen Band 2 der Gesammelten Werke, aus dem für die vorliegende Taschenbuchausgabe *Die Wupper* und *Arthur Aronymus und seine Väter* übernommen wurden, war das aus dem Nachlaß der Autorin stammende Schauspiel *IchundIch* nicht enthalten. Ein Auszug daraus wurde vom Herausgeber Werner Kraft in den 1961 als Band 3 der Gesammelten Werke erschienenen Band *Verse und Prosa aus dem Nachlaß* mit aufgenommen (s. a. Editorische Notiz zur Taschenbuchausgabe des genannten Bandes, dtv Bd. 10648, S. 127). Wert und Zulässigkeit der Veröffentlichung dieses Schauspiels waren umstritten. Manfred Sturmann, der Verwalter des Nachlaßarchivs in Jerusalem, erteilte 1969 Margarete Kupper die Genehmigung zur Veröffentlichung einer kritischen und kommentierten vollständigen Ausgabe, allerdings zunächst nur zu wissenschaftlichen Zwecken (im *Jahrbuch der Deutschen Schillergesellschaft*, Bd. 14, 1970, S. 24–99). Erst 1979 erlebte *IchundIch* seine Welturaufführung am Großen Schauspielhaus Düsseldorf. 1980 erschien im Kösel-Verlag die von Margarete Kupper herausgegebene und mit einem ausführlichen Nachwort versehene vollständige Ausgabe, die der vorliegenden Taschenbuchausgabe beigegeben wurde, um alle Dramen Else Lasker-Schülers in einem Band zusammenzufassen.

INHALTSVERZEICHNIS